新时代新商科会计系列教材
国家级双语教学示范课程教材
省级精品课程教材

Principles of Accounting

会计学原理

（第四版）

陈晓芳 主 编
王 怡 副主编

东北财经大学出版社 大连
Dongbei University of Finance & Economics Press

图书在版编目（CIP）数据

会计学原理/陈晓芳主编．—4版．—大连：东北财经大学出版社，2022.6（2025.9重印）

（新时代新商科会计系列教材）

ISBN 978-7-5654-4456-2

Ⅰ．会…　Ⅱ．陈…　Ⅲ．会计学-教材　Ⅳ．F230

中国版本图书馆CIP数据核字（2022）第024490号

东北财经大学出版社出版

（大连市黑石礁尖山街217号　邮政编码　116025）

网　　址：http://www.dufep.cn

读者信箱：dufep@dufe.edu.cn

大连天骄彩色印刷有限公司印刷　　东北财经大学出版社发行

幅面尺寸：185mm×260mm　　字数：385千字　　印张：18　　插页：1

2022年6月第4版　　　　2025年9月第3次印刷

责任编辑：高　铭　　　　责任校对：王铭慧

封面设计：冀贵收　　　　版式设计：冀贵收

定价：39.00元

教学支持　售后服务　　联系电话：（0411）84710309

4TH EDITION PREFACE

第4版

前言

会计学原理是其他会计分支学科的基础理论，在会计学科体系中具有极其重要的地位。尽管经济的发展、科技的进步和现代管理对会计科学的发展提出了更高的要求，会计研究的领域也在不断扩展，会计信息化使会计信息处理系统发生了重大变革，但会计学原理仍然是向进入会计学科的初学者开启的第一道门。随着我国市场经济的进一步发展和不断完善，会计作为一个重要的经济信息系统，已越来越为人们所重视，同时，人们对会计的要求也更高。会计学是一门集理论性、实践性和技术性于一身的综合性边缘学科，且政策性、操作性很强。国家每一次经济体制改革，首先就是财务体制改革，因此会计教学内容需要不断更新和充实。

2006年，中国建成了与国际财务报告准则实质性趋同的会计准则体系，财政部发布了企业会计准则，实现了与国际财务报告准则的实质性趋同；2010年，响应二十国集团关于建立全球统一的高质量会计准则的倡议，财政部发布了《中国企业会计准则与国际财务报告准则持续趋同路线图》；2014年以来，财政部陆续发布了公允价值计量、财务报表列报、职工薪酬、长期股权投资、合并财务报表、合营安排、收入、金融工具确认和计量、金融工具列报、金融资产转移、套期会计、租赁、债务重组、非货币性资产交换等新制定或修订的企业会计准则，进一步保持了中国企业会计准则与国际财务报告准则的持续趋同。2024年，在中国会计学会2024年学术年会上，财政部会计司司长、中国会计学会常务副会长舒惠好发表了重要讲话，提出构建中国自主会计知识体系的重要性与信心。财政部会计司一级巡视员、中国会计学会刘光忠秘书长对中国自主会计知识体系的内涵特征、框架内容、如何构建等重要方面进行了深入剖析，为构建具有中国特色的会计知识体系提供了重要的思路与方向。

本书的修订以新颁布的会计准则及其应用指南以及相关会计制度为依据，及时吸收了会计理论研究的最新成果，并针对案例进行评析，引发学生思考，帮助学生识别案例的关键并分析其产生的原因，对学习、理解各章知识点具有重要意义。

本书共分十一章，主要包括会计基本理论、会计核算基本方法和会计工作组织三大部分。

1.会计基本理论

会计基本理论即第一章总论，从理论上阐述了会计的研究对象、会计的内容、会计职能与会计目标、会计方法与会计循环、企业会计准则等问题。

2.会计核算基本方法

会计核算基本方法即第二章至第十章，系统阐述了会计核算的各种专门方法以及运用会计核算方法进行会计业务处理的基本程序，大体可分为两方面：一方面是从第二章到第四章，主要论述会计要素与复式记账的基本原理，并结合制造业企业主要经营过程发生的各项经济业务，具体说明账户和借贷记账法的应用，同时了解各个账户的特征、共性，并加以分类研究；另一方面是从第五章到第十章，主要论述会计凭证、账簿、会计账务处理程序，介绍财产清查和资产计价方法，论述财务会计报告的内涵及编制方法，着重结合账表格式说明记账实务。

3.会计工作组织

会计工作组织即第十一章，介绍了会计工作组织设置的意义及内容，对会计机构的设置、会计人员的配备、会计工作管理体制内容等进行了详细论述。

本书紧扣改革开放的新形势，较系统地介绍了会计核算的基本原理、基本理论和方法，在内容上，既吸收了国内外先进的会计理论和技术，又充分体现了我国改革开放的新精神、新内容。本书注重实务操作，可读性和可操作性较强。一本好的会计教材，应该具有培养和激发教与学的热情、激情和感情的功能，这对教师和学生都是一种挑战。

“致天下之治者在人才，成天下之才者在教化。”《会计学原理》对会计专业的学生具有专业上的启蒙作用，对非会计类专业的学生具有奠定工作技能基础的作用。本书的特色主要有：

1.融入党的二十大精神和立德树人思政元素。教之以事而喻诸德，本书注重在教学中帮助学生树立勇于探索的科学精神、诚信敬业的职业精神、协作共进的团队精神，学会全面综合考虑社会、文化以及环境等因素，为会计信息使用者提供科学评价的结论，为决策提供翔实的依据。

2.“三位一体”的立体化教材建设。《会计学原理》教材有统一的纸质版、电子版和网络版，有全程课程录像，并拥有网络教学平台。教学内容全面，教学资源丰富。

3.“四位一体”的教学模式。设立理论教学、课外练习、课程设计和实践教学四大模块，并以此为出发点进行相应的网站建设，有利于教师与学生讨论、互动，加强师生之间的交流，从而更好地激发学生自主学习的主动性。

4.全面使用双语教学手段，培养国际化专业人才。会计专业双语教学是将英语与专业知识同步获取的一种教学模式，是一种现代教育思想，融外语与学科知识为一体。在教学中充分结合英语知识和会计学原理的理论与实务，通过各种途径提升学生的专业英语水平及听、说、读、写能力，效果显著。

为方便学生学习和查阅，我们还在各章后配备了练习题，并配套制作了中英文教学课件，以适应多媒体和双语形式进行课堂教学的需要，教师可登录财济书院（https://www.idufep.com）下载使用。

本书可作为高等教育本科院校会计学、财务管理、工商管理、金融学等专业的教材，

PREFACE

也可作为从事会计、审计、财务管理及证券监管等相关工作的人员进行培训和自学的参考资料。

本书主编博士生导师陈晓芳教授，负责全书写作大纲的拟定并总纂定稿。全书共十一章，陈晓芳教授编写第一章、第五章、第六章；洪荭教授编写第二章、第九章；兰飞副教授编写第八章、第十一章；王怡博士编写第四章、第十章；李超凡副教授编写第三章、第七章。

本书在编写过程中参考了国内外专家和学者的大量著作，吸收了诸多有益成果，在此表示衷心感谢。由于学识有限，书中的不妥或错误之处在所难免，期待并欢迎读者批评指正，以便修正和完善。

编　者

2022年2月（2024年8月修改）

Contents

目录

第一章 总论

会计学
原理
Principles of Accounting

第一章　总论

【学习目标】

- 掌握会计的含义；
- 掌握会计的基本职能和会计对象；
- 熟悉会计核算方法和会计信息质量要求；
- 了解会计法律制度和会计准则。

【本章重点】

- 会计的含义和内容；
- 会计信息使用者；
- 会计核算方法；
- 会计假设；
- 会计信息质量特征。

【本章难点】

- 会计的概念；
- 财务会计与管理会计的联系和区别；
- 收付实现制和权责发生制的特点。

案例一

林先生开设了一家企业，主要经营家居用品。林先生现在计划扩大经营业务，需要向银行办理贷款。在向银行提出贷款书面申请后，银行要求林先生提供企业法人营业执照(已年检)、企业连续三年的财务报表和最近一个季度的财务报表等资料，相关资料经过审核后才能决定是否贷款给林先生的企业。

为什么银行在做出贷款决定前，需要企业提供财务报表？银行贷款部门希望从财务报表中获取什么信息？

除了银行以外，还有哪些机构或人员需要利用企业的会计信息进行决策？他们关注会计信息的角度是一样的吗？这些信息怎样才算是有用的呢？

会计通常被认为是国际通用的商业语言，有了会计，各种经济事务才可以在企业内部，或者企业之间、企业与政府机构之间进行交流。读懂这种商业语言所表达的信息，就可以在企业与企业之间、企业与政府机构之间相互理解，不致发生歧义。

第一节　会计的概念

一、会计的发展历程

会计是随着社会生产的发展和经济管理的要求而产生、发展并不断完善起来的。人类要生存，社会要发展，就要进行物质资料的生产。生产活动一方面创造物质财富，取得一定的劳动成果；另一方面要发生劳动耗费，包括人力、物力的耗费。人们为了更好地发展生产，总是十分关心生产耗费和劳动成果，力求以尽可能少的劳动耗费取得尽可能多的劳动成果。因此，企业必须采用一定的方法对生产过程进行管理。当社会活动日益复杂，人们单凭头脑记忆来管理生活已不能适应客观需要时，人类社会就首先产生原始计量、记录行为，继而产生了会计。

世界文明古国在公元前1 000年左右就已有简单的计算和记录。会计最初表现为人类对经济活动的计量与记录行为，如我国的结绳记事、简单刻记等。这些简单的计量与记录行为主要计算劳动成果，为劳动成果的分配服务。随着社会经济的不断发展和生产力的不断提高，以及剩余产品的大量出现，会计作为生产经营过程的附带职能也逐渐独立出来，由专职人员负责。近代会计是商品经济发展的产物，一般认为始于15世纪末期。意大利数学家卢卡·帕乔利有关复式记账论著的出版标志着近代会计的开始。

随着社会过渡到商品经济社会，为适应商品经济和贸易发展的需要，会计核算内容、方法等也发生了很大的变化，会计技术获得了较大的发展。特别是随着电子计算技术引进会计领域，现代数学、现代管理学与会计相结合，更引起会计方法上的根本改变和会计内容、作用方面的深刻变化。20世纪50年代，会计分化为财务会计和管理会计两个分支，标志着近代会计发展成为现代会计。管理会计分支的出现大大地扩展了会计的职能，将会计的职能从财务会计单纯的核算扩展到将解析过去、控制现在、筹划未来有机地结合起来。此后，比较完善的现代会计便逐渐形成了。

随着电子信息技术的发展，大数据时代不期而至，会计向信息化方向发展是必然趋势。会计信息化的发展减轻了手工会计的工作量，提高了工作效率，实现了数据资料共享，优化了资源管控。如今的会计信息化体系越来越完善，智能财务软件也越来越成熟。会计信息化是会计发展史上的重大革命，不仅推动了会计的变革，对企业管理现代化也具有重要的现实指导意义。

二、会计的概念

从古代会计到现代会计，会计作为一门经久不衰的学科，其内涵一直在不断地发展与完善。人们的看法不同，侧重点不同，因而会计尚无一个统一而完整的定义。综观各种会计定义，大致有以下五种提法——“管理活动论”“管理工具论”“艺术论”“信息系统论”“既是管理活动又是信息系统”。我国学术界大致有以下三种主要观点：

1.管理活动论

这种观点认为会计本身就是一种管理活动，是管理的组成部分，认为会计工作就是一种管理工作，会计通过收集、处理和利用财务信息，对经济活动进行组织、管理、控制。

这种观点强调的是会计的控制职能。

2.管理工具论

这种观点认为会计是管理经济的一个工具、一种管理手段，会计本身并不是管理，而只是为管理服务。

3.信息系统论

这种观点认为会计是一个信息系统。这是从西方国家引进的一种观点，其实质与管理工具论比较接近。这种观点认为会计是一种处理数据或提供信息的方法或技术，突出会计方法的性质，突出会计的反映职能。

对会计进行定义，必须首先认识会计的本质，而人们对会计本质的认识差异必然形成不同的会计定义。我们将会计的本质理解为一种经济管理活动，但并不否认“会计是一个信息系统”，也不否认会计是管理经济的一种工具，如同我们说“地球是物质的”，并不否认“地球是圆形的”，同样，也不否认“地球围绕太阳旋转”。

会计产生与发展的历史事实说明会计的本质是一种管理活动。基于这样的认识，现阶段的会计定义是：会计是经济管理的组成部分，主要是运用会计方法以及提供会计信息，对经济活动进行价值管理，其目的是提高经济效益。

三、会计的内容

会计的内容是指会计作为一种会计信息的收集、整理、归类、报告的管理工作所包含的内容，与会计反映和控制的内容（会计对象）是不同的。会计的内容是发展变化的，并非固定不变，因而许多会计著作对这一问题的论述不尽相同。

有很长一段时间，会计的内容仅包括会计核算、会计分析和会计检查三个部分。会计核算以货币为主要计量尺度（价值尺度），对企业、机关和事业等单位的经济活动进行连续的、系统的、全面的、综合的反映和监督，是会计分析和会计检查的基础。会计分析是利用会计核算资料（主要是财务报表），结合具体情况，比较、研究、评定单位经济活动状况以及经济效益，从研究已发生的经济活动入手，着重对未来经济活动的指导和决策。会计检查是利用会计核算资料（主要是会计凭证），检查单位经济活动的合法性和合理性，以及会计记录的完整性和正确性。

随着经济的发展和管理水平的提高，会计的内容不仅包括传统的会计核算、会计分析和会计检查，还包括事前的会计预测与会计决策和事中的会计控制。会计预测，是会计人员利用会计信息和其他社会经济信息，运用科学预测方式对会计管理的基本内容所做的科学预见。会计决策，是按财务指标的一定目标，选择最优方案的过程。它是企业经营决策的重要组成部分。会计控制，是会计管理的重要内容，它通过财务法规、财务制度、财务定额、财务计划、财务目标等对资金运动及相应的经济活动进行指导、组织、督促和约束，以实现会计管理目标。

二维码1-1

会计的概念和内容

概括而言，会计的内容包括会计核算、会计控制、会计分析、会计检查以及会计预测与决策。

四、财务会计和管理会计

会计信息是会计数据经过加工处理后产生的为会计管理和企业管理所需要的经济信

息。会计通过信息的提供与使用，反映过去的经济活动，控制目前的经济活动，预测未来的经济活动。它既包括反映过去的财务信息，有关资金的取得、分配与使用的信息，如资产负债表等；又包括企业管理所需要的定向信息，如各种财务分析报表、对未来具有预测作用的决策信息、年度计划、战略规划等。

会计信息主要分为两类：一类是对外提供的企业财务会计信息；另一类是对内提供的管理会计信息。财务会计信息的作用在于反映企业过去已发生的经济业务的状况和经营成果，对外提供财务报告，满足企业外部债权人、投资者、财政税务部门、上级主管部门等的需要。管理会计信息则侧重于对企业的生产经营活动进行预测、决策、规划和控制，并对各个部门的工作业绩进行考核和评价，为企业内部各级管理人员提供有用信息。它不局限于分析过去，更侧重控制现在，以及预测和规划未来。因此，会计学科也出现了财务会计和管理会计两个分支。

财务会计，是将企业的财务状况和经营成果加以确认、计量、计算与汇总，定期提出报告，主要是供企业外界人士使用的会计，又叫对外会计。管理会计，主要是为帮助企业内部管理层做出决策，以制定企业经营方针及政策、选择计划与方案、控制日常作业、考核经营业绩为工作内容的会计，也称对内会计。

财务会计与管理会计同为企业管理活动的重要组成部分，是会计管理的一种技术分工。它们本质同一，职能上耦合，最终目标都是维护企业内外部利益相关者的合法权益，提高经济效益，但二者也存在着一些差异：

第一，服务对象不同。财务会计的主要服务对象是外部利益相关者。财务会计确认并计量过去经济业务的经济信息，反映企业过去资金活动的结果，定期向外报告企业的财务状况、经营成果和现金流量，履行会计受托责任，是企业外部利益相关者了解企业的主要渠道。管理会计的主要服务对象是单位内部管理者。管理会计通过利用相关信息，有机融合财务与业务活动，在单位规划、决策、控制和评价等方面发挥重要作用，为企业内部管理层提供经营决策信息。

第二，它们遵循的原则、标准不同。财务会计工作必须严格遵守会计准则和统一的会计制度，以保证所提供的财务报表在时间上的一致性和空间上的可比性。管理会计不受准则和制度的严格限制和约束，在工作中可灵活应用现代管理理论作为指导。

第三，二者作用时效不同。财务会计反映的是企业过去实际已经发生的经济业务，而管理会计不仅分析过去，还能控制现在并预测和规划未来。

第四，二者的信息特征及载体不同。财务会计的信息是全面的、连续的和综合的，其载体是有统一格式的凭证、账簿和财务报告。管理会计的信息往往是有选择的、不定期的管理信息，其载体多为无统一格式的各种内部报告。

除此之外，它们在方法体系、工作程序等许多方面也不尽相同。财务会计与管理会计既有联系又有区别，二者构成了现代会计的两大分支。

五、会计信息使用者

随着经济活动的不断发展，会计信息使用者对会计信息的质量提出了更高的要求。会计信息使用者可以分为内部使用者和外部使用者。外部使用者主要包括投资者、债权人、政府部门、供应商、企业职工等；内部使用者主要是企业管理层。这些使用者出于不同的目的，对会计信息的关注点各不相同。

（1）投资者

在企业所有权与经营权相互分离的情况下，投资者虽然不参与企业的日常经营管理，但需要利用财务会计信息对经营者受托责任的履行情况进行评价，并对企业经营中的重大事项做出决策，例如评价企业管理层的经营业绩，分析企业的发展潜力和面临的风险，做出维持现有投资、追加投资或转让投资的决策。

投资者除包括现有投资者外，还包括潜在投资者。潜在的投资者根据财务会计信息评价企业的各种投资机遇，做出是否对该企业进行投资的决策。

（2）债权人

债权人是企业信贷资金的提供者。债权人提供信贷资金的目的是按照约定的条件收回资金并获取利息收入。债权人关心的主要是企业能否到期还本付息。他们需要了解企业资产与负债的总体结构，分析企业资产的流动性，评价企业的获利能力以及产生现金流量的能力，从而做出向企业提供贷款、维持原贷款数额、追加贷款、收回贷款或改变信用条件的决策。

（3）企业管理层

企业管理层是会计信息的内部使用者。企业要完成既定的经营目标，就必须对经营过程中遇到的各种重大问题进行决策，而正确的决策必须以相关的、可靠的信息为依据。企业管理层在决策过程中，除利用财务会计信息外，还可通过其他途径获取外部信息使用者无法掌握的内部信息。

（4）企业职工

企业在决定有关职工工资、福利、劳动保险等涉及职工切身利益的问题时，应当事先听取工会和职工的意见。职工在行使和履行上述参与企业管理的权利和义务时，必然要了解相关的会计信息。

（5）政府部门

为了实现社会资源的优化配置，国家需要通过税收政策、货币政策和财政政策进行宏观经济管理。在宏观调控过程中，企业会计核算资料是国家统计部门进行国民经济数据统计的重要资料来源。税务部门进行的税收征管是以财务会计数据为基础的。证券监督管理机构无论是对公司上市资格的审查，还是进行公司上市后的监管，都离不开对会计数据的审查和监督。

二维码1-2

会计信息使用者

第二节　会计职能和会计对象

一、会计职能

会计职能，是指会计在经济管理活动中所具有的功能。会计的职能不仅包括提供会计信息，还包括企业管理层运用会计信息所产生的影响和效果。会计的职能也是随会计的发展而发展的。一般来讲，在生产力水平相当的情况下，会计的职能是大致相同的。现代会计具有反映、监督、控制和决策的职能。

（一）会计的反映职能

会计的反映职能，是从会计产生之日起就具有的一种基本职能，在会计的最早阶段，就从数量方面计算和记录经济活动的情况。在漫长的历史发展过程中，随着社会的进步和经济的发展，会计的内容日益充实，会计的反映职能随之加强。

广义地讲，反映是指客观事物作用于人的感官而引起的认识。因此，会计的反映职能既可以是反映已经发生或已经完成的经济活动，又可以是对未来情况的反映；既可以是对经济活动进行直观的低级反映，又可以是对经济活动进行概括的高级反映，即马克思所说的“观念总结”。会计的反映职能主要是运用价值形式对生产过程进行综合反映，通过对再生产过程中发展的各种数量的反映，透过各种数字信息认识再生产过程的质量。因此，我们认为会计记录是反映，而会计分析是一种高级的反映，是简单反映的深化。

生产运动，特别是价值增值的运动是由簿记来“确定和控制的”。马克思还把簿记概括为对生产“过程的控制和观念总结”。这里使用了“确定”和“观念总结”两个术语来表达会计反映的职能。这两个术语的含义都比“记录”的内容丰富。所以，会计的反映职能并不意味着会计仅仅作为经济活动的记录（记账），还对记录的结果加以整理、分析利用，以作为会计控制、参与经营决策的依据。

（二）会计的监督职能

会计的监督职能，是监督再生产过程中发生的各种经济活动，也是会计的基本职能之一。从时间上讲，监督职能不仅发生在事后，也发生在事前和事中。从会计发展的观点看，对事前、事中的监督控制比事后的监督更为重要。由于生产资料所有制形式不同，会计的监督职能在不同的社会制度下对会计对象进行管理的要求不同，其监督标准也不可能一样。我国会计的监督职能主要依据国家有关的方针、政策、法令、制度、计划和财经纪律等进行。

（三）会计的控制职能

会计的控制职能是会计本质的重要表现。马克思多次提到会计能够控制生产运动，或作为对生产过程的控制。所谓控制，是指通过指挥、调节和监督等作用，把生产经营活动纳入社会所要求、人们所希望的轨道，并在最有利的条件下完成预期目标。会计的控制职能，主要从价值运动的角度制订计划（预测或目标），组织计划的实施，把实际同计划相比较，评价已得的成果，以及在评价计划成果的基础上，总结经验教训，调整（修改）计划。

（四）会计的决策职能

会计的决策职能，应该说是会计职能发展的产物。在会计的最早阶段，会计主要发挥反映职能，一般没有什么决策职能。随着生产规模的扩大和生产社会化程度的提高，会计的活动范围日益扩大，会计在管理经济中的作用与日俱增，会计的决策职能日渐突出和加强。现代管理理论认为，决策是管理的重要职能。会计管理作为经济管理的组成部分，理所当然地具有决策职能。

从企业经营决策的层次分析，会计决策的职能一方面表现为参与企业最高层的决策，比如企业发展总目标的确定等；另一方面表现为直接从事一些中层的业务性决策。

在会计的反映、监督、控制和决策四种职能中，反映是控制、监督和决策的基础，监督、控制必须借助于反映，决策更是离不开反映职能所提供的信息。

由于会计职能是不断发展变化的，因而人们对会计职能的认识和表述存在差异。基于过去和现实，与基于现实和未来，对会计职能的认识不可能完全一致。

二、会计对象

会计对象是指会计核算和监督的内容。会计是以货币作为主要计量单位，对一定主体的经济活动进行监督和核算。凡是能够以货币表现的经济活动，都是会计核算和监督的内容。会计对象可以概括为社会再生产过程中能够用货币表现的经济活动，也可以称为资金运动及其所反映的经营活动或业务活动。

（一）制造业企业的会计对象

制造业企业主要是从事产品生产和销售的营利性经济组织，其会计对象主要是指企业的资金运动，包括资金的投入、资金的循环和周转、资金的退出。

1.资金的投入

制造业企业开展生产经营活动，必须有一定的资金投入，以形成一定的生产能力和经营能力。资金的来源主要包括所有者投入的资金和债权人投入的资金两部分。投入的资金会以不同的形态存在于企业，可以概括为两类：一类是流动资金，如现金、银行存款、材料等；另一类是非流动资金，如厂房、机器设备、运输车辆等。

2.资金的循环和周转

制造业企业需要不断地运用资金，开展生产经营活动，才能达到营利的目的。其生产经营过程可分为采购过程、生产过程和销售过程。采购过程是生产的准备阶段，在这一过程中，企业以货币资金购买各种材料物资，并存放于仓库，为生产储备必要的物资。这时货币资金形态转变为储备资金形态。生产过程既是产品的制造过程，又是各类生产资料的消耗过程，在这一过程中，企业将原材料投入生产并产出产品，期间会发生各种耗费，如材料的耗费、机器设备的磨损、劳动报酬的支付等，使储备资金及一部分货币资金转化为生产资金。随着产品完工入库，生产资金又转化为成品资金。销售过程是产品价值的实现过程。在这一过程中，企业将产成品销售出去取得销售收入，同时支付销售过程中发生的各种费用，使成品资金转化为货币资金。

在这三个过程中，货币资金依次转化为储备资金、生产资金、成品资金，最后又回到货币资金。我们将这个过程称为资金的循环。资金的不断循环就是资金的周转。

3.资金的退出

在企业资金周转的过程中，有些资金会离开周转，退出企业，如企业偿还各项债务、上缴各项税金、向所有者分配利润等。这些资金退出企业，不再参与资金周转。制造业企业的资金运动过程如图1-1所示。

（二）商品流通企业的会计对象

商品流通企业主要是从事商品的购进和销售的营利性经济组织。其会计对象主要是指企业的资金运动。商品流通企业的经营过程主要包括商品的购进和销售，在商品购进阶段，用货币购买商品，货币资金转化为商品资金；在商品销售阶段，销售商品，取得销售收入，商品资金又转化为货币资金。商品流通企业的资金运动流程如图1-2所示。

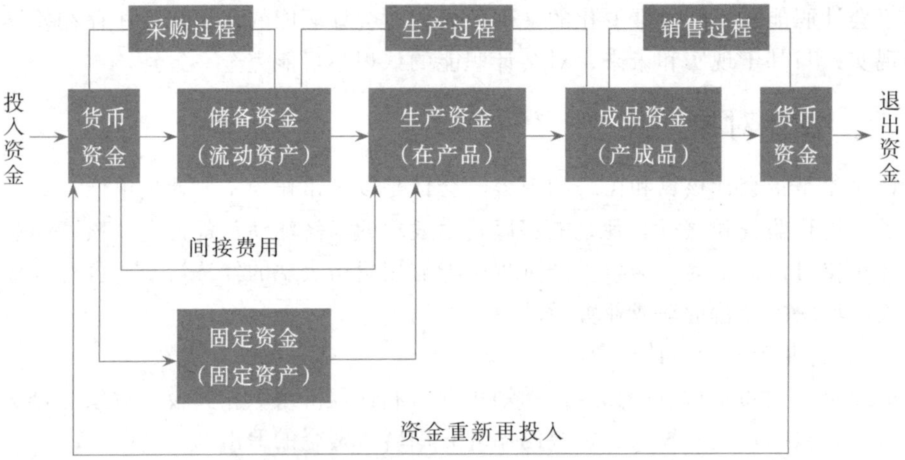

图1-1 制造业企业资金运动过程图

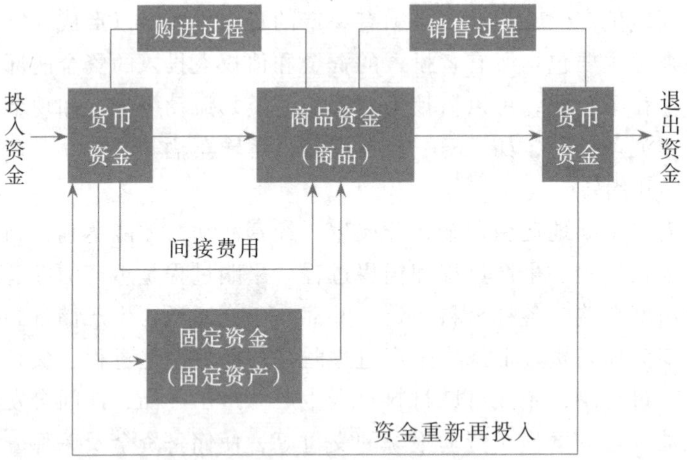

图1-2 商品流通企业资金运动流程图

二维码1-3

会计职能和会计对象

第三节 会计方法和会计循环

一、会计方法

会计方法是反映和控制会计对象、完成会计任务的手段。一般认为，会计的内容包括会计核算、会计分析和会计检查。随着会计的发展和会计管理作用的加强，会计的内容日益丰富，会计的职能不断加强。会计具有参与预测、决策的职能。因此，会计的内容除了传统的会计核算、会计分析和会计检查之外，还有会计预测、会计决策和会计控制等。因而，会计方法包括会计核算方法、会计分析方法、会计检查方法、会计预测决策方法、会计控制方法等。本节主要介绍会计核算方法。

会计核算是会计的基本环节。会计核算方法是初学会计者必须掌握的基本知识。各种会计核算方法相互联系，密切配合，共同构成了一个完整的方法体系。会计核算方法是对会计对象进行连续、系统、全面、综合的记录、计算、反映和日常监督所应用的方法，主要包括设置账户、复式记账、填制和审核会计凭证、登记账簿、成本计算、财产清查、资产计价、编制财务报表等。会计核算方法的流程和具体内容将结合下文的会计循环一起介绍。

要掌握会计方法必须了解会计工作的基本环节，会计的环节就是会计信息的加工过程，包括确认、计量、列报和披露三个环节。

会计确认是会计核算过程中的一个重要程序。它是指当经济活动发生时，根据一定的标准和方法，辨认和确定经济活动是否以及何时作为会计信息进行正式记录和列入报表的过程。会计确认主要解决以下问题：企业发生的经济活动是否应该进入会计系统；何时确认经济活动对会计要素的影响；进入会计系统中的哪个项目；会计期末再次确认时应如何报告。某一会计事项一旦被确认，就要同时以文字和数据形式进行记录。

会计计量是根据被计量对象的属性，选择运用一定的计量基础和计量单位，衡量、计算、确定应记录项目金额的会计处理过程。它以货币为主要计量单位，主要解决经济活动在会计信息上“反映多少”的问题。会计计量是会计处理的第二步。

列报和披露是指将会计信息在财务报表中列示和在附注中披露。通常“列报”强调对会计信息在财务报表中的列报，各类会计信息以货币金额的形式列示在财务报表中，通常反映资产负债表、利润表、现金流量表和所有者权益变动表等信息。“披露”则是在财务报表正表以外，通常以附注说明、补充信息和其他报告的形式进行信息传递，包括财务信息和非财务信息，帮助会计信息使用者更好地理解和分析财务报表的会计信息。

二、会计循环与会计核算方法

从分析经济业务发生开始，依照一定步骤、方法将经济业务加以记录、归类、汇总直至编制财务报表的整个过程，周而复始，形成了会计循环。会计循环的基本内容包括：经济业务发生后，经办人员要填制或取得原始凭证，经会计人员审核整理后，按照设置的会计科目，运用复式记账法编制记账凭证，并据以登记账簿。对于在生产经营过程中发生的各项费用，要进行成本计算；进行会计记录时，要运用资产计价方法计量入账资产的价值；对于账簿记录，要通过财产清查加以核实，在保证账实相符的基础上，定期编制财务报表。每个企业的会计循环步骤不一定完全相同，但一般的会计循环过程如图1-3所示。

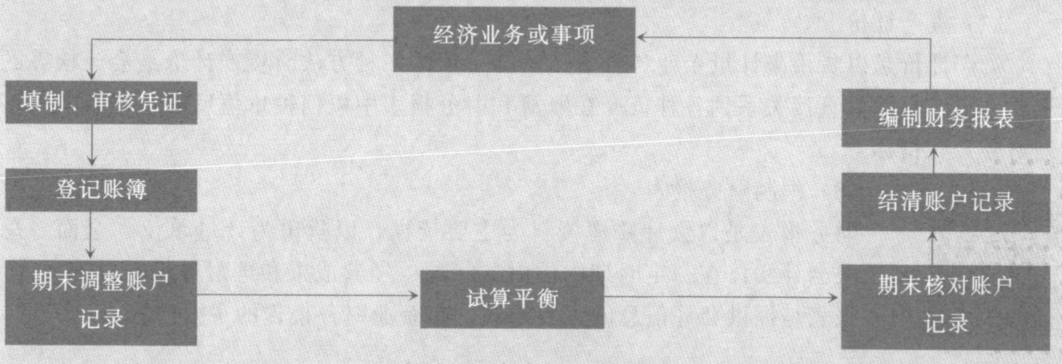

图1-3　会计循环过程图

从会计循环的定义可以发现，会计循环不仅要遵循一定的程序、步骤，更重要的是要运用一些方法，其中最主要的就是会计核算方法。主要的会计核算方法包括以下几种。

（1）设置账户

设置账户是对会计对象的具体内容进行科学分类、反映和监督的一种方法。会计对象的具体内容是多种多样的。要对其进行系统的核算和监督，就必须按照经济业务的内容和管理要求，分别设置账户，分析登记，以便提供所需的会计信息。

（2）复式记账

复式记账就是对每一笔经济业务必须同时在两个或两个以上相互联系的账户中等额记录的一种专门方法。复式记账较好地体现了资金运动的内在规律，它能如实地、全面地、系统地记录每项经济业务。通过账户的关系可以了解经济业务的来龙去脉，便于检查账户记录的正确性。

（3）填制和审核会计凭证

会计凭证是记录经济业务、明确经济责任的书面证明，是登记账簿的重要依据。已经发生的经济业务必须由经办人或单位填制原始凭证，并签名盖章。所有原始凭证必须经过会计部门和其他有关部门审核。只有经过审核并认为正确无误的会计凭证，才能作为记账的依据。填制和审核会计凭证能够为经济管理提供真实可靠的数据资料，也是实施会计监督的一个重要方面。

（4）登记账簿

账簿是用来全面、连续、系统地记录各项经济业务的簿籍。登记账簿是运用复式记账原理在账簿上连续、完整地记录和反映经济业务的一种方法，是会计信息加工的一个重要程序。

（5）成本计算

成本计算是将企业在各经营过程中发生的各种费用，按各种不同的成本计算对象进行归集和分配，借以确定各个对象的总成本和单位成本的一种专门方法。通过成本计算与考核，可以发挥会计的职能。

（6）财产清查

财产清查是指通过盘点实物、核对账目，保持账实相符的一种方法。通过财产清查，可以查明各项财产物资和货币资金的保管和使用情况，以及往来款项的结算情况。

（7）资产计价

资产计价是以货币来计量企业各种资产实际价值的一种方法。资产计价是会计核算的重要方法。它不仅直接关系到各种资产在账簿和财务报表中以何种价值反映，还影响一系列财务会计指标。

二维码 1-4

会计循环和会计核算方法

（8）编制财务报表

财务报表是以会计账簿资料为主要依据，以货币为计量单位，全面、总括反映会计实体在一定时期内的财务状况、经营成果和理财过程的报告文件。财务报表是提供会计信息的主要形式，是企业财务报告的主要内容。

第四节　会计规范

一、会计法律制度及会计法规体系

会计法律制度，是国家权力机关和行政机关制定的各种有关会计工作的规范性文件的总称。会计法律制度是调整会计关系的法律规范。会计关系是会计机构和会计人员在办理会计事务过程中以及国家在管理会计工作过程中发生的经济关系。为了保证会计工作的有序进行，国家通过制定一系列会计法律制度，调整并规范各种会计关系。

会计法规体系是指由国家权力机关或其他授权机构制定的，用来规范会计核算实务、会计基础工作、会计主体和相关会计人员职责，以便及时调整经济活动中各种会计关系的规范性文件的总和。它们构成了我国会计从业人员必须遵守的职业纪律和规范。目前，我国基本形成了以《中华人民共和国会计法》（以下简称《会计法》）为主体的比较完整的会计法律、法规体系，主要包括四个层次，即会计法律、会计行政法规、国家统一的会计制度和地方性会计法规。会计法律、法规体系如图 1-4 所示：

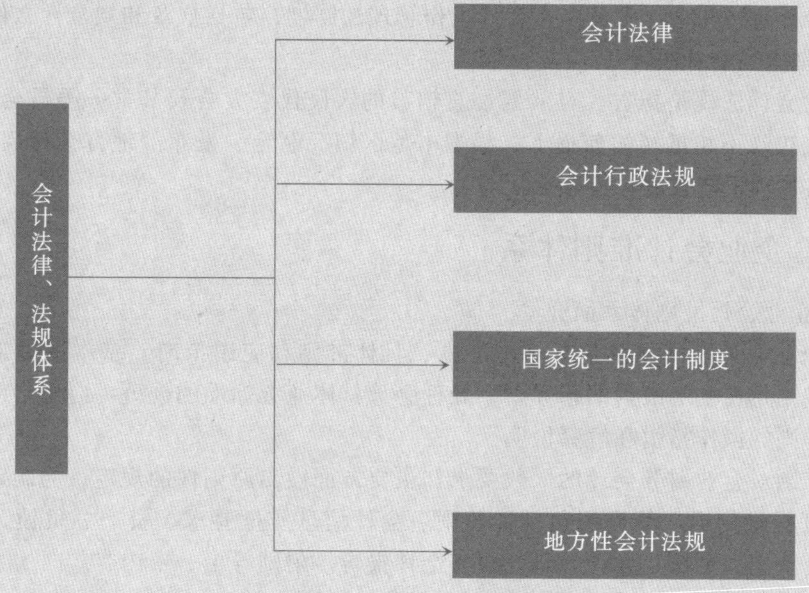

图 1-4　会计法律、法规体系图

（一）会计法律

会计法律，是指由全国人民代表大会及其常务委员会经过一定立法程序制定的有关会计工作的法律，是调整我国经济生活中会计关系的法律总规范。我国现行的会计法律是 2017 年 11 月 4 日第十二届全国人民代表大会常务委员会第三十次会议修订通过的《中华人民共和国会计法》，它是会计法律制度中层次最高的法律规范，是制定其他会计法规的依据，是指导会计工作的最高准则。《会计法》主要规定了会计工作的基本目的、会计管理权限、会计责任主体、会计核算和会计监督的基本要求、会计机构和会计人员的职责权限，并对会计法律责任做出了详细规定。

然而，一些会计人员违反道德和法律、提供虚假信息、做假账、伪造财务报表，误导财务报表使用者，造成经济上难以估量的损失，严重地干扰了正常的社会经济秩序，损害了社会公众利益，因此加强会计工作者的职业道德规范建设就显得越来越迫切。修订后的《会计法》突出了规范会计行为、保证会计资料质量的立法宗旨。《会计法》第三十九条规定："会计人员应当遵守职业道德，提高业务素质。"这是对会计人员职业道德教育问题的规定，也是修订后的《会计法》在原《会计法》第二十三条关于"会计人员应当具备必要的专业知识"规定的基础上充实、强化的一项重要内容。

（二）会计行政法规

会计行政法规，是指国务院制定发布或者国务院有关部门拟定、经国务院批准发布，调整经济生活中某些方面会计关系的法律规范，如国务院于1990年12月31日发布的《总会计师条例》、于2000年6月21日发布的《企业财务会计报告条例》，以及财政部于2006年2月15日发布的《企业会计准则——基本准则》（2014年7月23日，根据《财政部关于修改〈企业会计准则——基本准则〉的决定》修改）、于2011年10月18日发布的《小企业会计准则》、于2015年10月23日发布的《政府会计准则——基本准则》等。

（三）国家统一的会计制度

国家统一的会计制度，是指国务院财政部门根据《会计法》制定的关于会计核算、会计监督、会计机构和会计人员以及会计工作管理的制度，包括规章和规范性文件。

（四）地方性会计法规

地方性会计法规是指省、自治区、直辖市的人民代表大会及其常务委员会在与宪法、法律和行政法规不相抵触的前提下，根据本地区情况制定、发布的地方会计规范性文件，如《湖北省代理记账管理暂行办法》等。

二、企业会计准则体系

（一）企业会计准则体系简介

我国企业会计准则体系包括基本准则、具体准则和应用指南。基本准则是总纲、主导。具体准则是在基本准则的指导下，处理会计具体业务标准的规范。应用指南是基本准则与具体准则的操作指引和解释说明。

基本准则对企业财务会计的一般要求和主要方面做出原则性的规定，为制定具体准则和会计制度提供依据。其提纲包括：总则、会计信息质量要求、资产、负债、所有者权益、收入、费用、利润、会计计量、财务会计报告、附则等十一章内容。

具体准则内容包括一般业务准则、特殊业务准则、报告类准则三大类。一般业务准则是规范普遍适用的一般经济业务的确认、计量要求，如存货、固定资产、无形资产、职工薪酬、所得税等。特殊业务准则可分为各行业共有的特殊业务准则和特殊行业的特殊业务准则。前者如外币业务、租赁业务、资产减值业务、债务重组业务、非货币性资产交换业务等准则，后者如适用于银行等金融领域的保险合同准则，适用于石油企业的石油天然气开采准则，适用于农牧业的生物资产准则等。报告类准则主要规范各类企业通用的报告类准则，如财务报表列报、现金流量表、合并财务报表、中期财务报告、分部报告等。

会计准则应用指南是根据基本准则和具体准则制定的，指导会计实务的操作细则。主要解决在运用会计准则处理经济业务时所涉及的会计科目、账务处理、财务报表及其格式以及编制说明。应用指南从不同角度对企业具体准则进行强化，解决实务操作中的具体问题，包括具体准则解释部分、会计科目和财务报表部分。

（二）会计假设

会计假设即会计假定，是指会计进行核算工作必须具备的前提条件。由于会计所处环境的复杂性和某些不确定的因素，其反映的经济活动也具有不确定性。为了使会计能够连续、系统、综合地反映企业的生产经营活动，必须根据客观的、正常的情况或趋势对那些未知的情况做出合理的判断。这些合理的判断或规定就构成了会计假设。会计假设是建立会计原则的基础，也是进行会计实务的必要条件，所以又叫会计核算的基本前提。会计假设主要包括会计主体、持续经营、会计分期和货币计量。

（1）会计主体

会计主体是指会计为之服务的特定单位或者组织。为了向会计信息使用者反映企业的财务状况、经营成果和现金流量，提供与其决策有用的信息。会计核算和财务报告的编制应当反映特定对象的经济活动，才能实现会计的目标。会计主体的实质在于它规定了会计核算的空间范围。

会计主体假设要求会计核算应当区分自身的经济活动与其他企业单位以及与企业投资者的经济活动。一个会计主体应当拥有独立的资金来开展经济活动或者财务活动，并且是一个独立或者相对独立的实体。会计主体可以是股份有限公司、有限责任公司，也可以是合伙企业、独资企业，还可以是企业中的特定部门（如分公司、某个部门、零售点等），甚至是具有经济业务特点的非营利性组织（如学校、医疗机构、机关团体等）。

特别需要注意的是，会计主体与法律主体并不能完全等同。例如，有的独资企业和合伙企业不具有法人资格，不是法律主体，却是会计主体。公司内部的某个部门也不具有法人资格，但也可以是会计主体。任何企业，不管是独资、合资还是合伙，无论是哪一种组织形式，从会计的角度来看都可以被假定为一个会计主体。因此，一般来说，法律主体必然是会计主体，但会计主体并不一定是法律主体。

（2）持续经营

持续经营是指一个会计主体的生产经营活动在可以预见的未来将持续下去，不会长期停业，也不会面临破产、解散、倒闭而进行清算。会计主体假设是对会计核算对象在空间范围上的界定，而持续经营假设则是在时间上对会计核算予以界定，以更好地反映会计核算对象。

在持续经营的前提下，会计主体在会计信息的核算和处理上所使用的会计处理方法才能保持稳定，会计记录和财务报表才能真实可靠。会计核算应当以企业持续、正常的生产经营活动为前提。只有这样，会计业务处理才能按照账面价值进行合理计算，企业现有的资产才能按照原定用途使用，债权、债务才能按照承诺的条件得到合理清偿，企业发生的有关预付、待摊等费用才能在受益期间合理分配，以保证财务成果的真实合理。持续经营假设要求会计人员在会计主体持续、正常的经营活动的前提下，选择会计程序及会计处理方法，提供会计信息。一旦企业经济状况持续恶化、经营终止或者破产清算，所有以持续经营假设为基础的会计原则和方法就不再适用，要改变会计核算原则和会计业务处理方法。

(3) 会计分期

会计分期又称会计期间，是指将一个企业持续不断的生产经营期间划分为若干个持续的、长短相同的会计期间。会计分期的目的在于通过会计期间的划分，将持续经营的生产经营活动划分为连续的、相等的期间，据以核算经济业务、结算盈亏、按期编制财务报告，从而及时向财务报告使用者提供有关财务状况、经营成果、现金流量的信息。

在持续经营的前提下，企业的经济活动在时间上是持续不断的。为了及时地提供制定决策所需要的经济信息，就必须定期计量、登记和呈报企业的经济活动，会计期间的划分对会计核算具有重要的影响和作用。有了会计期间，才产生了本期与非本期的区别；有了本期与非本期的区别，才产生了权责发生制和收付实现制，产生了费用要与收入确认期间相配比和一致性的会计信息质量要求。

会计期间通常为一年，所以又称会计年度或营业年度。我国将日历年度作为会计年度，即从每年1月1日至12月31日为一个会计年度。企业也可以根据需要按季、按月编制财务报表，但无论如何划定，会计期间的长度必须相等，以便进行比较。其中，短于一个完整会计年度的报告期间称为中期。

(4) 货币计量

货币计量，是指会计主体在会计确认、计量、列报时以货币作为计量单位，反映会计主体的生产经营活动。在会计核算中选择货币为基础进行计量，是由货币的属性决定的。货币是商品的一般等价物，是衡量商品价值的共同尺度，是交换的媒介和价值的储藏物，是债权和债务的清算手段。其他计量单位，如长度、重量等只能从一个侧面反映企业的经营状况，无法在量上汇总和比较，不便于会计计量和经营管理。会计核算采用货币计量，使企业的经营活动统一地表现为以货币表示的资金运动，从而能够全面、完整地反映企业的经营成果和财务状况。

货币计量假设表明，财务报表所列报的内容，只限于那些能够用货币来计量的企业经营活动，而不反映其他情况。我国规定，企业通常应选择人民币为记账本位币。如果企业的主要经济活动是以外币进行收支结算的，可以选择一种外币作为记账本位币，但必须提供以人民币反映的财务报表。在境外经营的企业向国内报送财务报表时也应将财务报表折算为人民币。

二维码1-5

会计假设

在货币计量假设下，一个重要的基础假设是币值稳定不变。然而，货币作为一种特殊的商品，其自身价值也在不断变化。有的国家或地区在某个时期内的货币价值会发生急剧变化，出现恶性通货膨胀。这对货币计量提出了挑战。针对恶性通货膨胀的情况，可以采用通货膨胀会计。尽管如此，货币计量仍然是会计核算的基本前提。

(三) 会计信息质量要求

会计目标解决了信息使用者需要什么样的信息的问题，在总体上规范了信息的需求量，即在信息提供的“多与少”上做出了界定，但是合乎需要的信息还有一个“好与坏”的问题，即信息的质量问题。所有对决策有用的信息在质量上必须达到一定的质量要求，这就是会计信息质量要求，主要包括可靠性、相关性、可理解性、可比性、实质重于形式、重要性、谨慎性和及时性等。

（1）可靠性

可靠性又称真实性。在会计信息质量体系中，可靠性是基础、核心。可靠性要求企业应当以实际发生的交易或者事项为依据进行确认、计量和报告，如实反映符合确认和计量要求的各项会计要素及其他相关信息。保证会计信息真实可靠、内容完整。

可靠性要求会计核算时：①应以实际发生的交易或者事项为依据，而不能虚构交易或事项；②要如实反映，而不能歪曲或错误地反映；③内容完整。

（2）相关性

相关性又称决策有用性。判断会计信息是否有价值的重要一点就是看其是否与使用者的决策相关。相关性体现在预测价值和反馈价值两个方面：①预测价值，有助于会计信息使用者预测将来事项的可能结果。目前的财务报告所提供的会计信息，虽然主要是企业过去经济活动的信息，但是未来是现在的延续，如果不了解历史，预测就会缺乏基础。②反馈价值，有助于会计信息使用者证实或者纠正过去决策的结果。企业提供的会计信息应当与财务会计报告使用者的经济决策需要相关，有助于财务会计报告使用者对企业过去、现在或者未来的情况做出评价或者预测。

（3）可理解性

可理解性又称明晰性。企业编制财务报告、提供会计信息的目的在于使用，而要使使用者有效地使用会计信息，应当能让其了解会计信息的内涵和会计信息的内容，这就要求财务报告所提供的会计信息清晰明了，易于理解。为了避免会计信息使用者因为模糊不清或产生误解而导致错误的决策，可理解性要求财务报告提供的会计信息要简单明了，以利于信息使用者正确理解并做出决策。

（4）可比性

可比性的目的在于增强会计决策的有用性，包括两个方面：①纵向可比，可比性要求同一企业对于不同时期发生的相同或者相似的交易或者事项，采用一致的会计政策，不得随意变更。可比性并非表明企业不得变更会计政策。如果按照规定或者在会计政策变更后可以提供更可靠、更相关的会计信息，可以变更会计政策。变更的情况应当在附注中予以说明。②横向可比，即不同企业同一会计期间发生的相同或者相似的交易或者事项，应当采用规定的会计政策，确保会计信息口径一致，相互可比，以便会计信息使用者比较和决策。

（5）实质重于形式

实质重于形式是指企业应当按照交易事项的经济实质进行会计核算，而不应当仅将交易事项的法律形式作为会计核算的依据。若企业仅仅以交易或者事项的法律形式为依据进行会计确认、计量和报告，就容易导致会计信息失真，无法反映经济现实和实际情况。因此，会计人员应根据业务活动的经济实质来进行确认、计量和报告。

（6）重要性

企业提供的会计信息应当反映与企业财务状况、经营成果和现金流量等有关的所有重要交易或事项。重要性是成本效益原则在会计核算领域中的体现。如果会计信息的省略或者错报会导致财务报表使用者做出不准确的经济决策，则该信息就具有重要性。在一般情况下，可以从项目的性质和金额两方面来判断重要性。性质方面，交易事项能够对经济决策产生一定影响时，则该事项属于重要项目；金额方面，某一事项的金额达到一定规模时，就认为其具有重要性。重要会计事项，应按规定的方法和程序处理，并在财务会计报告中予以充分、准确的披露；次要的会计事项，在不影响会计信息真实性和不会产生误导的前提下，可适当简化处理。

（7）谨慎性

谨慎性又称稳健性。在市场经济条件下，企业发展面临着诸多风险，大起大落会阻碍企业发展。因此，会计在核算时保持应有的谨慎，将一些可预见的费用、损失列入成本或支出，目的是尽可能地规避市场经济风险，增强企业抵御风险能力，不应高估资产或者收益、低估负债或者费用。该原则要求体现在会计核算的全过程。从会计确认来说，要求确认标准和方法建立在稳妥合理的基础上；从会计计量来说，要求不得高估资产和利润的数额；从财务报告来说，要求财务报告向会计信息使用者提供尽可能全面的信息，特别是应报告可能发生的有关风险损失。

（8）及时性

及时性是保证相关性的重要因素。及时性要求：①及时收集会计信息——在交易或事项发生后，及时收集和登记各种原始凭证；②及时对会计信息进行处理——及时对交易或事项进行确认、计量、记录和报告；③及时传递会计信息——按照国家有关规定，及时将财务报告传递给信息使用者。在会计实务中，为了及时提供会计信息，可能要在获得有关交易或者事项的全部信息之前进行会计处理，满足会计信息的及时性要求，但可能会影响会计信息的可靠性；反之，如果等到获得有关的全部信息之后再进行会计处理，可能会失去时效性。这就需要在及时性和可靠性之间进行权衡，以最好地满足会计信息使用者的经济决策需要为判断标准。

二维码 1-6

会计信息质量特征

（四）会计处理基础

由于会计分期的存在，每一个会计期间都要确定该会计期间的收入和费用，然后计算企业在该期间的利润。在经济活动过程中，会大量地、频繁地发生各种各样的会计事项。这些会计事项，有属于本期的，也有不属于本期即跨期的。例如，企业可能在本期销售了商品，却没有在本期收到款项，本期支付了费用却与本期收入无关。如何把收入和费用在时间上进行匹配呢？这就是处理会计业务的出发点，即会计处理基础。只有确定了这种出发点才能正确计算本期盈亏。

收入和费用的收支期间是指收入收到了款项和费用用款支付的会计期间。收入和费用的应归属期间是指应获得收入和应负担费用的会计期间。因此，在确认收入和费用的时间基础时，就产生了以收支期间为标准确认收入和费用的方法（收付实现制），和以归属期间为标准确认收入和费用的方法（权责发生制）。

（1）收付实现制

收付实现制又叫现金收付制、实收实付制。它以款项的实际收付为确定本期收入、费用的基础。无论款项是否属于本期，只要在本期实际发生，就作为本期的收入和费用进行确认。收付实现制强调的是收入和费用“是否是实际收付的款项”。

在收付实现制下，由于不存在应收应付的款项，因而无须设置相应的递延性质的账户，因此核算手续比较简单，但这种处理基础不能准确、均衡地反映各期间的财务成果，一般只适用于非营利性组织，如行政单位。

（2）权责发生制

权责发生制又叫应计制、应收应付制。它以应收、应付为计算收入、费用的依据。凡属本期的收入和费用，无论其是否发生，均要计入本期；凡不属于本期的收入、费用，即使发生了，也不计入本期。权责发生制强调的是收入和费用“是否应该归属于该期间”。

权责发生制根据经济业务是否发生而不是款项是否收到来确认本期的收入和费用，因此会形成预收、预付、费用分摊等事项，这在收付实现制下是不可能存在的。权责发生制强调应计的收入和为取得收入而发生的费用相匹配，因而比较科学、合理。我国企业会计准则规定：企业应当以权责发生制为基础进行会计确认、计量和报告。

权责发生制和收付实现制的区别可以用下面的例子加以说明：丽达公司2021年3月发生下列经济业务：①销售商品一批，总售价70 000元，款已收讫。该批商品的成本为65 000元。②以银行存款支付下月水电费500元。③预收货款2 000元，商品将在下月发出。④本年1月份已预付第一季度仓库租金3 000元。

二维码1-7

会计处理基础

在收付实现制下，本月发生的费用为65 500元（65 000+500），确认的收入为72 000元（70 000+2 000）。

在权责发生制下，本月发生的费用为66 000元（65 000+3 000÷3），确认的收入为70 000元。

案例—评析

财务报表在银行贷款审批流程中的作用是非常重要的。银行采用行之有效的方式和方法审核企业的财务报表。银行通过资产负债表、现金流量表等财务报表所反映的信息，对企业的资产负债情况、经营状况以及预期企业的还款能力做出全面、系统的评价，进而对企业贷款申请做出正确的决策。相应地，企业也会对财务报表分析中存在的问题加以防范，并且会努力提高自己的经营方式和策略来保证贷款流程的顺利进行。

总体而言，会计信息应当真实可靠，并且对会计信息使用者的决策有用。会计信息使用者及其了解信息的侧重点是不同的：

（1）投资者。投资者通过对财务报表的阅读和分析，可重点了解其投资的完整性和投资报酬、企业资本结构的变化、未来的获利能力和利润分配政策等。

（2）债权人。债权人通过对财务报表的阅读和分析，可重点了解企业的偿债能力、债权的保障和利息的获取，以及债务人是否有足够的能力按期偿付债务。

（3）政府及其机构。政府及其机构通过阅读和分析财务报表，可了解企业的经营活动和社会资源的分配情况，以作为决定税收等经济政策和国民收入等统计资料的基础。

（4）潜在的投资者和债权人。潜在的投资者和债权人通过阅读和分析财务报表，可了解企业的发展趋势、经营活动的范围，为选择投资和贷款方向提供依据。

练习题

一、名词解释

会计　会计目标　会计主体　会计核算方法

二、填空题

1.会计是以________________为主要量度的管理活动。

2.会计处理基础有________、________。

3.会计方法体系有________、________、________、________、________。

4.企业会计的对象是________________________。

5.近代会计的第一个重要里程碑是意大利数学家________出版的________。他提出了复式记账法。

6.会计基本假设包括________、________、________、________。

7.会计核算方法主要包括________、________、________、________、________、________、________、________。

三、简答题

1.什么是会计循环？请简述会计循环的过程。

2.我国会计法律、法规体系主要包括哪几个层次？结合《会计法》阐述如何依法依规开展经营活动和会计工作。

3.请谈谈你对会计人员职业道德的看法。

四、单项选择题

1.下列关于会计假设，说法错误的是（　　）。

A.会计基本假设包括会计主体、持续经营、会计分期和货币计量

B.会计主体是指企业会计确认、计量和报告的空间范围

C.会计主体不同于法律主体，一般来说，会计主体必然是一个法律主体

D.在会计确认、计量和报告中之所以选择货币为基础进行计量，是由货币的本身属性决定的

2.会计的基本的职能是（　　）。

A.记账和算账　　B.核算和监督　　C.分析和检查　　D.预测和决策

3.会计的本质是（　　）。

A.一种管理工具　　B.一种技术工作　　C.一种管理方法　　D.一种管理活动

4.甲公司于2021年10月份发生了一项费用，会计人员在2022年1月才入账，这违背了会计信息质量要求中的（　　）。

A.重要性　　B.可比性　　C.谨慎性　　D.及时性

5.在下列选项中，不属于我国企业会计准则提出的会计信息质量要求的是（　　）。

A.可靠性　　B.重要性　　C.实质重于形式　　D.权责发生制

6.在下列选项中，对会计核算的空间范围进行限定的是（　　）。

A.会计主体　　B.持续经营　　C.会计分期　　D.货币计量

7.会计核算的主要计量单位是（　　）。

A.实物计量单位　　B.劳动计量单位　　C.货币计量单位　　D.时间计量单位

8.在会计信息质量体系中，（　　）是基础、核心。

A.真实性　　B.实质重于形式　　C.重要性　　D.相关性

9.会计的对象是社会再生产过程中的（　　）。

A.全部经济活动　　B.商品运动

C.以货币表现的经济活动　　D.财产物资运动

10.在以下会计信息使用者中，属于会计信息内部使用者的是（　　）。

A.投资人　　B.债权人　　C.企业管理者　　D.税务部门

五、多项选择题

1.综观各种会计定义，大致的观点有（　　）。

A.管理工具论　　B.管理活动论　　C.信息系统论　　D.系统控制论

2.概括而言，会计的内容包括（　　）。

A.会计核算　　B.会计分析　　C.会计检查　　D.会计控制

3.会计信息的使用者通常包括（　　）。

A.政府有关部门　　B.投资者　　C.债权人　　D.企业管理人员

4.下列（　　）是会计需要记录的业务。

A.企业招聘10个员工　　B.企业销售商品10万元，已发出货物

C.企业举办产品宣传会　　D.企业向银行借款5万元，约定半年后还款

5.在下列选项中，属于会计信息质量特征的有（　　）。

A.真实性　　B.实质重于形式　　C.重要性　　D.相关性

六、判断题

1.管理活动论认为会计不仅是一种管理活动，还是一种管理工具。（　　）

2.会计的实质就是记账、算账、报账。（　　）

3.会计是一种商业语言。（　　）

4.会计最主要的产品是财务报表。财务报表是外部投资者了解公司相关信息的重要途径。（　　）

5.会计主体一定是法律主体。（　　）

6.根据重要性原则，只有金额大的项目才是重要的。（　　）

7.本月预收甲公司货款2 000元，约定商品下月发出，在权责发生制下，本月应该确认收入2 000元。（　　）

8.会计一方面要对经济活动进行确认、计量和报告，另一方面要对业务活动的真实性、合法性和合理性进行审查。（　　）

9.在我国境内经营的企业必须以人民币为记账本位币。（　　）

10.我国企业会计准则规定，应采用权责发生制确认收入和费用。（　　）

二维码1-8

练习题
参考答案

第二章　会计要素

会计学
原理
Principles of Accounting

第二章　会计要素

【学习目标】

- 理解并掌握会计要素的含义、内容及相互之间的关系；
- 理解并掌握会计等式，了解会计事项对会计等式的影响；
- 掌握会计科目的内容和账户的基本结构，理解会计科目和账户的关系。

【本章重点】

- 会计要素的构成；
- 会计等式的含义；
- 会计科目与账户的关系。

【本章难点】

- 对会计六大要素概念的理解；
- 会计等式的应用；
- 会计账户的基本结构。

案例二

周先生现有10万元存款，准备全部用于投资创业。2018年7月，他正式注册成立星光贸易公司，注册资本金10万元；租用了一间100平方米的办公室，支付3万元作为1年的租金；支付各种办公费用1万元；用银行存款购入商品8万元，并于当月全部卖出，收到货款12万元，货款已经存入银行。

在第一章，我们了解到企业会计的核算对象是资金运动。星光贸易公司的上述经营活动，同时也是资金运动过程。如何记录星光贸易公司在这些经济活动中的资金变化过程和变化结果？如何评价星光贸易公司第一个月的经营情况？采用什么样的方式报告资金运动？使用会计语言表达这个过程，就是财务报表列报和财务报表要素回答的问题。

第一节　会计要素概述

会计要素指会计对象的构成要素，是针对会计对象具体内容所做的进一步分类，是根据会计核算和监督的具体内容细化分类而成的项目。

由于会计要素通常也是财务报表的基本分类项目，所以会计要素也称为财务报表要素。财务报表要素的定义为会计确认与计量提供理论依据。作为一个基本的会计概念，会计要素的定义必须置身于整个财务会计概念框架之中，必须符合财务报告的目标和财务会计信息质量特征，要受会计假设、会计对象等的制约。各概念之间必须前后一致，富有严密的逻辑。

不同国家的会计准则制定机构所确定的财务报表要素并不完全相同。

美国财务会计准则规定财务报表要素为资产、负债、所有者权益、业主投资、派给业主款、收入、费用、利得、损失与综合收益共十项，前三项为资产负债表要素，第四、五项为所有者权益变动表要素，后五项为收益表或综合收益表要素。

国际会计准则把财务报表要素分为资产、负债、权益、收益与费用五项。前三项为资产负债表要素，后两项为收益表要素。

我国继2006年颁布企业会计准则后，于2014年对《企业会计准则——基本准则》进行了修订，仍将企业会计要素划分为资产、负债、所有者权益、收入、费用和利润等六大类。

我国自2013年1月1日起施行的《事业单位会计准则》中规定：会计要素包括资产、负债、净资产、收入、支出或者费用，结余是净资产的一个组成部分。

我国自2016年1月1日起施行的《财政总预算会计制度》规定：会计要素包括资产、负债、净资产、收入和支出。

我国自2017年1月1日起施行的《政府会计准则——基本准则》规定：政府会计由预算会计和财务会计构成。政府预算会计要素包括预算收入、预算支出与预算结余，而政府财务会计要素包括资产、负债、净资产、收入和费用。

企业应当按照交易或者事项的经济特征确定会计要素。当会计数据进入会计系统，开始进行记录时，要首先明确某一经济业务涉及哪个会计要素。划分会计要素有利于分门别类地进行会计核算和编制财务报表，为企业外部的信息使用者和企业内部的管理者提供有用的经济信息。

本章以制造业企业为例，重点介绍我国企业会计准则中的六大会计要素。

一、资产负债表要素

资产负债表是根据资产、负债、所有者权益之间的相互关系，按照一定的分类标准和一定的顺序，把某一特定日期的资产、负债、所有者权益各项目予以适当排列，并对该会计主体在经济活动中形成的大量数据进行高度浓缩整理后编制而成的。我国已执行2017年新金融工具准则或新收入准则的企业，其资产负债表的基本格式见表2-1。

（一）资产

资产是指企业过去的交易或者事项形成的、由企业拥有或者控制的、预期会给企业带来经济利益的资源。

企业过去的交易或者事项包括购买、生产、建造行为或其他交易或者事项。预期在未来发生的交易或者事项不形成资产。由企业拥有或者控制，是指企业享有某项资源的所有权，或者虽然不享有某项资源的所有权，但该资源能被企业所控制。预期会给企业带来经济利益，是指直接或者间接导致现金和现金等价物流入企业的潜力。

按照流动性的强弱，资产通常可分为流动资产和非流动资产。

1.流动资产

流动资产，是指可以在一年（含一年）或者超过一年的一个正常营业周期内变现、出售或耗用的资产。资产满足下列条件之一的，应当归类为流动资产：

第一，预计在一个正常营业周期中变现、出售或耗用；

表 2-1　资产负债表（简表）

编制单位：　20××年 12 月 31 日　单位：元

资产	期末余额	负债和所有者权益（或股东权益）	期末余额
流动资产：		流动负债：	
货币资金		短期借款	
交易性金融资产		交易性金融负债	
衍生金融资产		衍生金融负债	
应收票据		应付票据	
应收账款		应付账款	
预付款项		预收款项	
其他应收款		应付职工薪酬	
存货		应交税费	
		其他应付款	
⋮		⋮	
流动资产合计		流动负债合计	
非流动资产：		非流动负债：	
债权投资		长期借款	
其他债权投资		应付债券	
长期应收款		长期应付款	
长期股权投资		⋮	
其他权益工具投资		非流动负债合计	
⋮		负债合计	
投资性房地产		所有者权益（或股东权益）：	
固定资产		实收资本（或股本）	
在建工程		其他权益工具	
⋮		资本公积	
无形资产		其他综合收益	
商誉		盈余公积	
⋮		未分配利润	
非流动资产合计		所有者权益（或股东权益）合计	
资产总计		负债和所有者权益（或股东权益）总计	

第二，主要为交易目的而持有；

第三，预计自资产负债表日起一年内（含一年，下同）变现；

第四，自资产负债表日起一年内，交换其他资产或清偿负债的能力不受限制的现金或现金等价物。

一个正常营业周期通常是指企业从购买用于加工的资产起至实现现金或现金等价物的期间。以制造业企业为例，一个正常营业周期是指“企业投入货币—购买原料—投入加工—制成成品—销售产品—收回货币”的过程。正常营业周期通常短于一年，在一年内有几个营业周期。但是，也存在正常营业周期长于一年的情况，如房地产开发企业开发用于出售的房地产开发产品，造船企业制造用于出售的大型船只等。这些企业的产品往往超过一年才变现、出售或耗用，但仍应将其划分为流动资产。正常营业周期不能确定的，应当以一年（12个月）作为一个正常营业周期。

流动资产主要包括货币资金、交易性金融资产、应收票据、应收账款、预付款项、其他应收款、存货等。

（1）货币资金，包括库存现金、银行存款、其他货币资金。

库存现金是一种流动性最强的流动资产，可以自由流通，随时用来购买企业所需的财产物资，偿还债务，支付各种费用等。银行存款是企业存放在银行或者其他金融机构，可以自由支配的存款。其他货币资金包括企业的银行汇票存款、银行本票存款、信用卡存款、信用证保证金存款、外埠存款等。

（2）交易性金融资产主要是指企业为了近期内出售而持有的，以公允价值计量且其变动计入当期损益的金融资产，如企业以赚取差价为目的从二级市场购入的股票、债券、基金等。

（3）应收票据和应收账款分别是指企业在日常生产经营过程中因销售商品、产品等业务，应向购买单位收取的商业汇票或款项。

（4）预付款项主要是指企业按照合同规定预先向供货方支付的款项，一般包括预付的货款、支付的购货定金。

（5）其他应收款主要是指应收股利、应收利息和其他应收或暂付的债权。

其中，应收股利是指企业应收取的现金股利和应收取其他单位分配的利润。应收利息是指企业持有交易性金融资产、债权投资或其他债权投资等应收取的利息。

（6）存货是指企业在日常活动中持有以备出售的产成品或商品、处在生产过程中的在产品、在生产过程或提供劳务过程中耗用的材料和物料等，具体包括原材料、在产品、产成品、周转材料等。

2.非流动资产

除流动资产以外的资产应当归类为非流动资产。

非流动资产主要包括债权投资、长期应收款、长期股权投资、固定资产、在建工程、无形资产等。

（1）债权投资是指资产负债表日企业以摊余成本计量的长期债权投资。通常是具有长期性质的债券投资。

（2）长期应收款是指企业的长期应收款项，主要包括融资租赁产生的应收款项，采用递延方式确认、具有融资性质的销售商品和提供劳务等业务产生的应收款项等。

(3) 长期股权投资，包括企业持有的能够对被投资单位实施控制的权益性投资（母公司对子公司的投资），企业持有的能够与其他合营方一同对被投资单位实施共同控制的权益性投资（对合营企业的投资），企业持有的能够对被投资单位施加重大影响的权益性投资（对联营企业的投资）。

(4) 固定资产是指同时具有下列特征的有形资产：为生产商品、提供劳务、出租或经营管理而持有的；使用寿命超过一个会计年度。

(5) 在建工程是指企业基建、更新改造等在建工程发生的支出。

(6) 无形资产是指企业拥有或者控制的没有实物形态的可辨认非货币性资产。无形资产主要包括专利权、非专利技术、商标权、著作权、土地使用权等。

企业拥有的经济资源的总量是有限的，需要将资源进行合理分配，创造最大的价值。如果资源分配不合理，就不能集中优势在有发展前景的产品或服务上。如果使用很多资源只创造出很少的成果，则企业的经营成本是巨大的，企业也会因为没有足够的经济利益用于产品和服务创新，进而难以生存下去。

（二）负债

1.负债的含义

负债是指企业过去的交易或者事项形成的、预期会导致经济利益流出企业的现时义务。

现时义务是指企业在现行条件下已承担的义务。未来发生的交易或者事项形成的义务不属于现时义务，不应当确认为负债。

现时义务在同时满足以下条件时，确认为负债：

第一，与该义务有关的经济利益很可能流出企业；

第二，未来流出的经济利益的金额能够可靠地计量。

2.负债的构成内容

按照偿付期限的长短，负债通常分为流动负债和非流动负债。

（1）流动负债

流动负债，是指将在一年（含一年）或者超过一年的一个正常营业周期内偿还的债务。

负债满足下列条件之一的，应当归类为流动负债：

第一，预计在一个正常营业周期中清偿；

第二，主要为交易目的而持有；

第三，自资产负债表日起一年内到期应予以清偿；

第四，企业无权自主地将清偿推迟至资产负债表日后一年以上。

流动负债主要包括短期借款、交易性金融负债、应付票据、应付账款、预收款项、应付职工薪酬、应交税费、其他应付款等。

①短期借款是指企业向银行或其他金融机构等借入的期限在一年以下（含一年）的各种借款。

②交易性金融负债是指企业采用短期获利模式进行融资所形成的负债。

③应付票据是指企业购买材料、商品和接受劳务供应等开出、承兑的商业汇票，包括银行承兑汇票和商业承兑汇票。

④应付账款是指企业因购买材料、商品和接受劳务等经营活动应支付的款项。

⑤预收款项主要是指企业按照合同规定预收的款项。

⑥应付职工薪酬是指企业根据有关规定应付给职工的各种薪酬，包括职工工资、奖金、津贴和补贴，社会保险费，住房公积金，工会经费和职工教育经费，非货币性福利等。

⑦应交税费是指企业按照税法等规定计算应缴纳的各种税费，包括增值税、消费税、企业所得税、资源税、车船税、教育费附加等，另外也包括企业代扣代缴的个人所得税。

⑧其他应付款包括应付股利、应付利息及其他应付或暂收的款项。

（2）非流动负债

除流动负债以外的负债应当归类为非流动负债。

非流动负债主要包括长期借款、应付债券、长期应付款等。

①长期借款是指企业向银行或其他金融机构借入的期限在一年以上（不含一年）的各项借款。

②应付债券是指企业为筹集（长期）资金而发行债券的本金和利息。

③长期应付款是指企业除长期借款和应付债券以外的其他各种长期应付款项，包括应付融资租入固定资产的租赁费、以分期付款方式购入固定资产等发生的应付款项等。

（三）所有者权益

1.所有者权益的含义及特征

所有者权益是指企业资产扣除负债后由所有者享有的剩余权益。公司的所有者权益又称为股东权益。

所有者权益的来源包括所有者投入的资本、直接计入所有者权益的利得和损失（其他综合收益）、留存收益等。

所有者投入的资本具有以下特征：

（1）所有者投资所形成的资产可供企业长期使用，其出资额依法登记后，不得随意抽回。

（2）所有者投资所形成的资产是企业清偿债务的物资保证。

（3）所有者以其出资额享有获取企业利润的权益，同时也承担企业的经营风险。

2.非日常活动的利得和损失

企业之所以存在，是因为投资者期望通过企业这一组织的设立、运作获取经济利益，然而在现实生活中，企业经济利益的形成除了日常的经营活动所带来的经济利益的流入和流出（详见收入和费用的定义）以外，非日常活动或者说是企业非主观能够控制的、非主观臆想到的活动结果也能够为企业带来经济利益的流入和流出。这部分经济利益的增减，我们将其称为“利得和损失”。

利得是指由企业非日常活动形成的、会导致所有者权益增加的、与所有者投入资本无关的经济利益的流入。损失是指由企业非日常活动形成的、会导致所有者权益减少的、与向所有者分配利润无关的经济利益的流出。

由定义可知，利得与损失具有三个特点：

（1）由非日常活动形成；

（2）会导致所有者权益变动；

（3）与所有者投入资本或者向所有者分配利润无关。

直接计入所有者权益的利得和损失，是指不应计入当期损益、会导致所有者权益发生增减变动的、与所有者投入资本或者向所有者分配利润无关的利得或者损失。

我国企业会计准则规定，“利得和损失”的确认分两种情况：一种情况是直接计入当期损益（形成利润），另一种情况是直接计入所有者权益（形成其他综合收益）。直接计入所有者权益的利得和损失，即其他综合收益，构成所有者权益的一部分。

3.所有者权益的构成分类

公司制企业的所有者权益主要包括实收资本/股本、其他权益工具、资本公积、其他综合收益、留存收益（盈余公积和未分配利润）。

（1）实收资本，是指企业实际收到的投资人投入的资本，包括投资者作为资本投入企业的各种财产，是企业注册登记的法定资本总额的来源，它表明所有者对企业的基本产权关系。

（2）其他权益工具，是指企业发行的除普通股以外的归类为权益工具的各种金融工具，如企业发行的分类为权益工具的优先股和永续债。

（3）资本公积主要包括资本（或股本）溢价以及其他资本公积。

资本（或股本）溢价，是指企业收到投资者的超过其在企业注册资本（或股本）中所占份额的投资。形成资本溢价（或股本溢价）的原因有溢价发行股票、投资者超额缴入资本等。

其他资本公积主要包括以权益结算的股份支付在等待期内确认的成本费用。

（4）其他综合收益，是指企业根据会计准则规定未在当期损益中确认的各项利得和损失，包括以后会计期间不能重分类进损益的其他综合收益和以后会计期间满足规定条件时将重分类进损益的其他综合收益两类。

（5）盈余公积，是指企业按照有关规定从净利润中提取的积累资金。

公司制企业的盈余公积包括法定盈余公积和任意盈余公积。法定盈余公积是指企业按照规定的比例从净利润中提取的盈余公积。任意盈余公积是指企业按照股东会或股东大会决议提取的盈余公积。

企业提取的盈余公积经批准可用于弥补亏损、转增资本或发放现金股利或利润等。

（6）未分配利润是指企业实现的净利润经过弥补亏损、提取盈余公积和向投资者分配利润后留存在企业的、留待以后年度分配的利润。

相对于所有者权益的其他部分来说，企业对于未分配利润的使用有较大的自主权。

二维码2-1

资产负债表要素

二、利润表要素

利润表（损益表）是反映企业在一定会计期间的经营成果的财务报表。利润表把一定期间的收入与其相关的费用进行配比，以计算企业一定时期的净利润（或净亏损）。利润表反映企业经营业绩的主要来源和构成，有助于财务报表使用者判断利润的质量及其风险，预测净利润的持续性，从而做出正确的分析决策。已执行2017年新金融工具准则或新收入准则的企业，其利润表基本格式见表2-2。

表2-2 利润表（简表）

编制单位： 20××年 单位：元

项目	本期金额
一、营业收入	
减：营业成本	
税金及附加	
销售费用	
管理费用	
财务费用	
…	
加：其他收益	
投资收益	
…	
二、营业利润	
加：营业外收入	
减：营业外支出	
三、利润总额	
减：所得税费用	
四、净利润	

（一）收入

1.收入的含义

收入是指企业在日常活动中形成的、会导致所有者权益增加的、与所有者投入资本无关的经济利益的总流入。收入主要包括销售商品收入、提供劳务收入和让渡资产使用权收入等。让渡资产使用权收入包括利息收入和使用费收入等。

我国2017年颁布的《企业会计准则第14号——收入》规范的收入有三种，销售商品、提供劳务和让渡资产使用权，与建造合同准则中的收入一并在利润表中的营业收入中列示。

收入只有在经济利益很可能流入从而导致企业资产增加或者负债减少，且经济利益的流入额能够可靠计量时才予以确认。例如，销售商品，企业应当在履行了合同中的履约义务，即在客户取得相关商品控制权时确认收入。取得相关商品控制权，是指能够主导该商品的使用并从中获得几乎全部的经济利益。当企业与客户之间的合同同时满足下列条件时，企业应当在客户取得相关商品控制权时确认收入：

（1）合同各方已批准该合同并承诺将履行各自义务；

（2）该合同明确了合同各方与所转让商品或提供劳务（以下简称“转让商品”）相关的权利和义务；

（3）该合同有明确的与所转让商品相关的支付条款；

（4）该合同具有商业实质，即履行该合同将改变企业未来现金流量的风险、时间分布或金额；

（5）企业因向客户转让商品而有权取得的对价很可能收回。

2.日常活动

日常活动是指企业为完成其经营目标所从事的经常性活动以及与之相关的活动。例如，制造业企业生产并销售产品、商品流通企业销售商品、保险公司签发保单、咨询公司提供咨询服务、软件企业为客户开发软件、安装公司提供安装服务、商业银行对外发放贷款、租赁公司出租固定资产等，均属于企业为完成其经营目标所从事的经常性活动，即日常活动；由此产生的经济利益的总流入构成收入。另外，制造业企业转让无形资产使用权、出售不需用的原材料等，属于与经常性活动相关的活动，由此产生的经济利益的总流入也构成收入。

3.收入的构成分类

按照企业经营业务的主次，收入通常分为主营业务收入和其他业务收入。

主营业务收入是指企业经常性的、主要业务所产生的收入，如制造业的销售产品、半成品和提供工业性劳务作业的收入；商品流通企业的销售商品收入；旅游服务业的门票收入、客户收入、餐饮收入等。

其他业务收入是指企业主营业务收入以外的所有通过销售商品、提供劳务收入及让渡资产使用权等日常活动中所形成的经济利益的流入，如材料物资及包装物销售、固定资产出租、包装物出租、运输、废旧物资出售收入等。

（二）费用

1.费用的定义

费用是指企业在日常活动中发生的、会导致所有者权益减少的、与向所有者分配利润无关的经济利益的总流出。

费用只有在经济利益很可能流出从而导致企业资产减少或者负债增加，且经济利益的流出额能够可靠计量时才能予以确认。符合费用定义和费用确认条件的项目应当列入利润表，计入当期损益，主要包括以下情况：

第一，企业为生产产品、提供劳务等发生的可归属于产品成本、劳务成本等的费用，应当在确认产品销售收入、劳务收入等时，将已销售产品、已提供劳务的成本等计入当期损益。

第二，企业发生的支出不产生经济利益的，或者即使能够产生经济利益但不符合或者不再符合资产确认条件的，应当在发生时确认为费用，计入当期损益。

第三，企业发生的交易或者事项导致其承担了一项负债而又不确认为一项资产的，应当在发生时确认为费用，计入当期损益。

2.期间费用和产品成本

费用应当按照功能分类，分为从事经营业务发生的成本、期间费用等。制造业企业的费用通常由期间费用和产品成本两部分构成。

（1）期间费用

期间费用，是指企业本期发生的、不能直接或间接归入营业成本，而是直接计入当期损益的各项费用，包括销售费用、管理费用和财务费用。期间费用一般不能直接归属于某个特定产品。它随着时间的推移而发生，与当期产品的管理和产品销售直接相关，而与产品的产量、产品的制造过程无直接关系，即容易确定其发生的期间，而难以判别其所应归属的产品。根据配比原则，期间费用不能列入产品成本，而在发生的当期从损益中扣除。

销售费用，是指企业在销售商品和材料、提供劳务的过程中发生的各种费用，包括保险费、包装费、展览费和广告费、商品维修费、预计产品质量保证损失、运输费、装卸费等，以及为销售本企业商品而专设的销售机构（含销售网点、售后服务网点等）的职工薪酬、业务费、折旧费等经营费用。

管理费用，是指企业为组织和管理企业生产经营所发生的费用，包括企业在筹建期间发生的开办费，董事会和行政管理部门在企业的经营管理中发生的或者应由企业统一负担的公司经费、工会经费、聘请中介机构费、咨询费（含顾问费）、诉讼费、业务招待费、技术转让费等。

财务费用，是指企业为筹集生产经营所需资金等而发生的应予费用化的筹资费用，包括利息支出（减利息收入）、汇兑损益以及相关的手续费、企业发生的现金折扣或收到的现金折扣等。

企业在期间费用的使用和管理中应贯彻厉行勤俭节约、反对铺张浪费的宗旨，完善公务接待、财务预算和审计、考核问责等管理制度，通过建立健全立体式、全方位的制度体系，以刚性的制度约束、严格的制度执行、有力的监督检查、有效的惩戒机制，遏制费用支出中各种违法违规违纪现象。

（2）产品成本

产品成本是指企业进行工业性生产发生的各项生产成本（直接材料、直接人工及制造费用），包括生产各种产品（产成品、自制半成品等）、自制材料、自制工具、自制设备等发生的生产成本。

产品成本有狭义和广义之分。狭义的产品成本是指产品的制造成本。制造成本是企业为了生产产品而发生在基层生产单位（车间、分厂）的各种耗费，主要有原材料、燃料和动力、生产工人薪酬和各项制造费用。广义的产品成本除了制造成本，还包括期间费用。在本章节所指的产品成本为狭义的产品成本，即制造成本。服务型企业对外提供劳务发生的成本称作劳务成本而非制造成本。

（三）利润

1.利润的定义

利润是指企业在一定会计期间（如月、季、年）的经营成果。利润包括日常活动的收入减去费用后的净额、非日常活动直接计入当期利润的利得扣除损失的净额等。

利润 = 收入 − 费用 +（直接计入当期利润的利得 − 直接计入当期利润的损失）

直接计入当期利润的利得和损失，是指应当计入当期损益、会导致所有者权益发生增减变动的、与所有者投入资本或者向所有者分配利润无关的利得或者损失，如资产减值损失、其他收益、投资收益、公允价值变动损益、资产处置收益、营业外收入和营业外支出等。

从利得与损失本身所具有的特点上看，无论是“直接计入所有者权益”还是“直接计入当期利润”，利得和损失最终均构成所有者权益的一部分。两者的区别仅在于前者直接计入所有者权益，后者直接计入当期损益。

之所以这样分类，其关键在于是否能够将利得和损失确认为利润的一部分进行分配或者减少利润分配。如果经确认，利得和损失可以作为利润的一部分进行分配或者减少利润分配，则“直接计入当期利润”；相反，如果经确认，利得和损失不能作为利润的一部分进行分配或者减少利润分配，则“直接计入所有者权益”。

2. 利润的构成分类

利润实际上是依据收入和费用、利得和损失计算的结果。利润的多少取决于收入和费用、直接计入当期利润的利得和损失金额的计量。确定企业利润，首先要正确核定各会计期间的收入和费用、利得和损失，再根据配比原则，确定企业各个会计期间的利润。

在利润表中，利润的金额依次根据营业利润、利润总额和净利润三个层次计算确定。

营业利润是利润总额最重要的组成部分；由营业收入减去营业成本、税金及附加、期间费用等项目的余额，再加上其他收益、投资收益、公允价值变动收益、资产处置收益等项目之后的总额形成。其中：

①营业收入是指主营业务收入和其他业务收入。

②营业成本是指主营业务成本和其他业务成本。

③税金及附加主要包括企业经营业务应承担的消费税、城市维护建设税等。

④其他收益是指与企业日常活动相关但不宜确认收入或冲减成本费用的政府补助。

⑤投资收益是投资收益与投资损失的差额。

⑥公允价值变动收益是指企业应当计入当期损益的资产或负债公允价值变动净收益。

⑦资产处置收益是指企业出售划分为持有待售的非流动资产（金融工具、长期股权投资和投资性房地产除外）或处置组时确认的处置利得或损失，以及处置未划分为持有待售的固定资产、在建工程、生产性生物资产及无形资产而产生的处置利得或损失；债务重组中因处置非流动资产产生的利得或损失和非货币性资产交换产生的利得或损失也包括在内。

利润总额由营业利润、营业外收支净额等组成，反映企业的综合经营成果。

营业外收支净额是营业外收入与营业外支出的差额。其中，营业外收入是企业发生的除营业利润以外的收益，主要包括债务重组利得、与企业日常活动无关的政府补助、盘盈利得、捐赠利得等。

二维码2-2

利润表要素

营业外支出包括企业发生的除营业利润以外的支出，主要包括债务重组损失、公益性捐赠支出、非常损失、资产盘亏损失、非流动资产毁损报废损失等。

利润总额扣除所得税费用后，余额为净利润，也称为税后利润。

第二节　会计要素的关系

我国企业会计准则分别列示了资产、负债、所有者权益、收入、费用和利润等六项会计要素。每个会计主体的各项会计要素之间在数量上存在恒等的关系，这种恒等关系用数学等式表达出来即会计等式。

一、会计等式

会计等式又称会计方程式、会计平衡公式、会计恒等式，反映了会计要素之间的数量关系，是各会计主体设置账户、进行复式记账、编制财务报表的基本理论依据。

（一）静态会计等式

企业经营的主要目的是获取利润，那么首先要具备可供经营活动使用的资产，而资产必有其来源。企业的资产可以由投资者出资购置，也可以通过向债权人借款等方式获得。显而易见，企业的资产不外乎来自投资者的投资和向债权人的借款，因此投资者和债权人对企业的资产拥有权益，这种权益代表资产的来源。资产与权益是同一事项的两个方面，所以两者的金额必然相等，用公式表示如下：

资产=权益

债权人和投资者对企业资产拥有权益。债权人的权益即企业的负债，因此上述公式可改写为：

资产=负债＋所有者权益

二维码2-3

会计恒等式

这是静态会计等式，表达了资产、负债和所有者权益三项会计要素之间的基本关系，反映了企业在某一特定时点所拥有的资产及债权人、投资者对资产要求权的基本状况。

（二）动态会计等式

企业运用债权人和投资者所提供的资产，经过生产经营，以支付费用为代价获得收入，将一定期间实现的收入与支付的费用进行比较，就可以确定该期间企业的经营成果，用公式表示如下：

收入-费用=利润（或亏损）

这是动态会计等式，表达了收入、费用和利润三项会计要素之间的基本关系，反映了企业在某一特定时期获得收入、发生费用并由此确定利润的基本状况。收入、费用和利润之间的上述关系是编制利润表的基础。

广义而言，企业一定时期所获得的收入扣除所发生的各项费用后的余额即表现为利润，但依据我国企业会计准则，收入的概念仅涉及日常活动中形成的、会导致所有者权益增加的、与所有者投入资本无关的经济利益的总流入，费用的概念也仅涉及日常活动中发生的、会导致所有者权益减少的、与向所有者分配利润无关的经济利益的总流出。此时，收入减去费用后的差额只是日常活动形成的那部分利润，而非日常活动形成的利润（直接计入当期利润的利得扣除损失的净额）也应属于利润的一部分。公式如下：

（收入-费用）+（直接计入当期利润的利得-直接计入当期利润的损失）=利润（或亏损）

由于利润最终将转化为所有者权益，因此，收入、费用和利润与资产、负债和所有者权益的关系又可以用公式表示如下：

资产=负债+所有者权益+利润

资产=负债+所有者权益+（收入-费用）

资产+费用=负债+所有者权益+收入

二维码2-4

综合会计等式

这是会计等式的几种转化形式，也可以称为静态与动态相结合的综合会计等式。

待会计期末结账、利润转入所有者权益项目后，会计等式又恢复为静态，即：

资产=负债+所有者权益

二、会计事项

会计事项是指使企业资产、负债和所有者权益等会计要素发生增减变动的经济事项，又称为交易事项或经济业务。会计事项必须进行会计记录，并按照规定的会计程序处理，最后汇总报告。

企业日常发生的经济业务是多种多样的，例如，向银行借款、向供应商采购原材料、向客户销售产品、向职工支付工资等。每一项经济业务都会影响相关会计要素的增减变化。下面举例说明。

【例2-1】表2-3为华兴公司20××年1月1日有关资产、负债及所有者权益具体构成项目的数据资料。

表2-3 华兴公司资产负债情况

20××年1月1日

单位：元

资产		负债及所有者权益	
库存现金	3 000	短期借款	5 000
应收账款	8 000	应付账款	3 000
存货	12 000	所有者权益	30 000
固定资产	15 000		
资产总额	38 000	负债及所有者权益总额	38 000

从表2-3中可以看出，资产等于权益，符合会计等式“资产=负债+所有者权益”。

【例2-2】华兴公司用库存现金买入一批货物，共计1 500元。

这项经济业务的发生，一方面使公司“存货”（资产项目）增加了1 500元，另一方面使“库存现金”（资产项目）减少了1 500元。公司资产总额没变，依然与负债及所有者权益总额相等，保持平衡关系。

【例2-3】华兴公司用库存现金600元偿还前欠应付账款。

这项经济业务的发生，一方面使公司“库存现金”（资产项目）减少了600元，另一方面使公司的“应付账款”（负债项目）减少了600元。资产与负债及所有者权益两方同时减少了600元，两方总额相等，依然保持平衡关系。

【例2-4】华兴公司赊购货物一批，共计1 800元。

这项经济业务的发生，一方面使公司“存货”（资产项目）增加了1 800元，另一方面使公司的“应付账款”（负债项目）增加了1 800元。资产与负债及所有者权益两方同时增加1 800元，两方总额相等，依然保持平衡关系。

【例2-5】华兴公司向银行借入短期借款2 000元，用以归还前欠的应付账款。

这项经济业务的发生，一方面使公司“短期借款”（负债项目）增加了2 000元，另一方面使公司的“应付账款”（负债项目）减少了2 000元。负债及所有者权益总额没变，依然与资产总额保持平衡关系。

【例2-6】假设华兴公司1月份仅发生了以上4项会计事项，则该公司1月末的资产负债情况见表2-4。

表2-4 华兴公司资产负债情况

20××年1月31日

单位：元

资产		负债及所有者权益	
库存现金	900	短期借款	7 000
应收账款	8 000	应付账款	2 200
存货	15 300	所有者权益	30 000
固定资产	15 000		
资产总额	39 200	负债及所有者权益总额	39 200

如上所述，企业会计事项的发生会引起会计要素发生以下4种变化：

①一种资产增加，同时，另一种资产减少（如【例2-2】）。

②一种负债或所有者权益减少，同时，一种资产减少（如【例2-3】）。

③一种负债或所有者权益增加，同时，一种资产增加（如【例2-4】）。

④一种负债或所有者权益增加，同时，另一种负债或所有者权益减少（如【例2-5】）。

这4种情况变化的结果都不会破坏会计等式的平衡。

由此可以得出以下结论：每项会计事项的发生必然会引起会计等式某一会计要素增加的同时，另一会计要素等额减少，或者引起会计等式左右两方会计要素同时发生等额的增减变化，而无论怎样变化，都不会破坏会计等式的平衡关系，会计等式两端的金额永远保持相等。

第三节　会计科目与会计账户

一、会计科目

（一）会计科目的定义

如前所述，会计要素把会计核算和监督的具体内容进行了进一步的划分。

然而，如果仅利用资产、负债、所有者权益、收入、费用和利润这六大类来记录和反映企业的每一笔经济业务，会计信息就太过简略，远远不能满足会计信息使用者对会计信息的不同需求。为了使种类繁多的经济业务获得具体、适当的归纳，以便会计系统、连续地记录和反映经济业务，就必须把会计要素的具体内容进行进一步的分类，即设置会计科目。

会计科目是对会计要素对象的具体内容进行分类核算的项目。设置会计科目是对会计对象的具体内容加以科学划分，是会计核算方法的重要内容之一。

（二）会计科目的分类

会计科目可以按照多种标准进行分类设置，按会计要素对会计科目进行分类是其基本分类之一。

我国现行会计科目分为资产类、负债类、共同类、所有者权益类、成本类和损益类六大类。

另外，会计科目也可以按其提供核算指标的详细程度进行分类，即总分类科目和明细分类科目。

总分类科目，也称一级科目，是对会计要素的具体内容进行总括分类的科目；明细分类科目，简称明细科目，是对总分类科目进一步分类的科目，它所反映的经济内容或提供的指标比较具体、详细。

有些总分类科目反映的经济内容比较广泛，可以在总分类科目下先设置二级科目，在二级科目下再设置三级科目。二级科目和三级科目都称为明细分类科目。例如，某些钢铁冶炼企业的原材料数量、品种繁多，为了满足会计核算的需要，先设置“原材料”为一级科目，再设置“金属材料”“非金属材料”为二级科目，最后设置“黑色金属材料”“有色金属材料”等为三级科目。

（三）设置会计科目的原则

会计科目的设置需要遵循下列原则：

①必须根据会计主体经济活动的特点进行科学分类，做到既全面反映会计对象的内容，相互又不交叉重叠。

②必须适应经济业务发展的需要，有利于会计核算的正常进行并保持相对稳定，做到统一性与灵活性相结合。

③在保证满足会计信息使用者要求的前提下，对会计科目的分类要做到简明、适用，不宜过于繁复。

④便于分类、排列和编号。

（四）会计科目的编号

为了便于编制会计凭证、登记账簿、查阅账目、实行会计电算化，还应在对会计科目进行分类的基础上，为每个会计科目编制一个固定的号码。这些号码称为会计科目编号，简称科目编号。科目编号能清楚地表示会计科目所属的类别及其在类别中的位置。

我国企业会计准则采用4位数对会计科目进行编号，资产类科目均以1为第一位数字，负债类科目均以2为第一位数字，共同类科目均以3为第一位数字，所有者权益类科目均以4为第一位数字，成本类科目均以5为第一位数字，损益类科目均以6为第一位数字。在上述主要类别之下，业务性质相同的会计科目都以同样的号码为第二位、第三位数字；在相同业务性质的会计科目下，再以第四位依次排列各个会计科目。在会计科目的第四位数之间留有适当的空号，以备增加会计科目之用。

为了便于会计工作进行，会计制度通常以会计科目表的形式对会计科目的编号、类别和名称加以规范。

已执行2017年新金融工具准则或新收入准则的工业企业及商业企业，其主要会计科目名称和编号见表2-5。

表2-5　　企业会计科目表

顺序号	编号	会计科目名称	顺序号	编号	会计科目名称
		一、资产类	29	1481	持有待售资产
1	1001	库存现金	30	1482	持有待售资产减值准备
2	1002	银行存款	31	1485	应收退货成本
3	1012	其他货币资金	32	1501	债权投资
4	1101	交易性金融资产	33	1502	债权投资减值准备
5	1121	应收票据	34	1503	其他债权投资
6	1122	应收账款	35	1504	其他权益工具投资
7	1123	预付账款	36	1511	长期股权投资
8	1131	应收股利	37	1512	长期股权投资减值准备
9	1132	应收利息	38	1521	投资性房地产
10	1221	其他应收款	39	1531	长期应收款
11	1231	坏账准备	40	1532	未实现融资收益
12	1321	受托代销商品	41	1601	固定资产
13	1401	材料采购	42	1602	累计折旧
14	1402	在途物资	43	1603	固定资产减值准备
15	1403	原材料	44	1604	在建工程
16	1404	材料成本差异	45	1605	工程物资
17	1405	库存商品	46	1606	固定资产清理
18	1406	发出商品	47	1701	无形资产
19	1407	商品进销差价	48	1702	累计摊销
20	1408	委托加工物资	49	1703	无形资产减值准备
21	1411	周转材料	50	1711	商誉
22	1471	存货跌价准备	51	1801	长期待摊费用
23	1473	合同资产	52	1811	递延所得税资产
24	1474	合同资产减值准备	53	1901	待处理财产损溢
25	1475	合同履约成本			二、负债类
26	1476	合同履约成本减值准备	54	2001	短期借款
27	1477	合同取得成本	55	2101	交易性金融负债
28	1478	合同取得成本减值准备	56	2201	应付票据

续表

顺序号	编号	会计科目名称	顺序号	编号	会计科目名称
57	2202	应付账款	82	4103	本年利润
58	2203	预收账款	83	4104	利润分配
59	2205	合同负债	84	4201	库存股
60	2211	应付职工薪酬	85	4301	专项储备
61	2221	应交税费			五、成本类
62	2231	应付利息	87	5001	生产成本
63	2232	应付股利	88	5101	制造费用
64	2241	其他应付款	89	5201	劳务成本
65	2245	持有待售负债	90	5301	研发支出
66	2314	受托代销商品款			六、损益类
67	2401	递延收益	91	6001	主营业务收入
68	2501	长期借款	92	6051	其他业务收入
69	2502	应付债券	93	6101	公允价值变动损益
		二、负债类	94	6111	投资收益
70	2701	长期应付款	95	6115	资产处置收益
71	2702	未确认融资费用	96	6117	其他收益
72	2711	专项应付款	97	6301	营业外收入
73	2801	预计负债	98	6401	主营业务成本
74	2901	递延所得税负债	99	6402	其他业务成本
		三、共同类	100	6403	税金及附加
75	3101	衍生工具	101	6601	销售费用
76	3201	套期工具	102	6602	管理费用
77	3202	被套期项目	103	6603	财务费用
		四、所有者权益类	104	6701	资产减值损失
78	4001	实收资本	105	6711	营业外支出
79	4002	资本公积	106	6801	所得税费用
80	4003	其他综合收益	107	6901	以前年度损益调整
81	4101	盈余公积			

注：上述会计科目主要适用于制造业企业和商业企业，以供参考。

企业在不违反会计准则中有关确认、计量和报告规定的前提下，可以根据本单位的实际情况自行增设、分拆、合并会计科目。企业不存在的交易或者事项，可不设置相关会计科目。对于明细科目，企业可以比照企业会计准则的规定自行设置。

会计科目编号供企业填制会计凭证、登记会计账簿、查阅会计账目、使用会计软件系统参考。企业可结合实际情况自行确定会计科目编号。

二、会计账户

（一）会计账户的定义

会计账户是以会计科目为名称，具有特定的结构和明确的核算内容，用以系统、连续地记录和反映由企业经济业务所引起的相关会计要素增减变化及其结果的一种会计核算方法，简称账户。

会计账户的设置应与会计科目的设置相适应。首先，根据总分类会计科目开设总分类账户，以提供总括分类的核算指标。总分类账户一般只用货币计量；根据明细分类科目开设明细分类账户，以提供各种具体、详细的分类核算资料。明细分类账户除了用货币作为计量单位外，有的还用实物量度（如件、千克、吨等）以适应明细核算的需要。

（二）会计账户的基本结构

每个会计账户都有专门的结构，严格反映一定的经济内容。随着经济业务的不断发生，这些内容相应的金额（主要以货币计量）随之发生增减变化，而这种变化的结果将通过会计记录、计算在会计账户中呈现。

一般来说，会计账户的基本结构应包括：

①账户名称及编号，即会计科目及其编号；

②经济业务发生日期和内容摘要；

③凭证号数，即账户记录的来源和依据；

④增加或减少的金额。

会计账户的一般格式见表2-6。

表2-6 账户名称

日期	凭证编号	摘要	金额	日期	凭证编号	摘要	金额

表2-6中的会计账户格式是手工记账经常采用的格式之一——左右对照式，分为左右两方，一方反映增加，另一方反映减少。如果规定在左方记录增加额，就应该在右方记录减少额。反之，如果在右方记录增加额，就应该在左方记录减少额。

具体账户的左右两方究竟规定哪一方记录增加额、哪一方记录减少额，取决于各账户所记录的经济内容和所采用的记账方法。

每个会计账户都有4个金额要素，即期初余额、期末余额、本期增加额、本期减少额。

经济业务发生时，会计账户左方和右方平时登记的增减金额称为本期发生额，而到会计期末，应当结算出期末余额。

本期的期末余额转入下期，即为下期的期初余额。

这4个金额要素之间的关系为：

期末余额=期初余额+本期增加额-本期减少额

会计账户的本期发生额反映一定时期内该账户核算内容的增减变动情况，而期末余额则反映其变动的结果。会计账户的余额一般与记录的增加额在同一方向。

在理论研究和教学工作中，为了便于说明，常常将上述会计账户格式简化为“T”形账户：

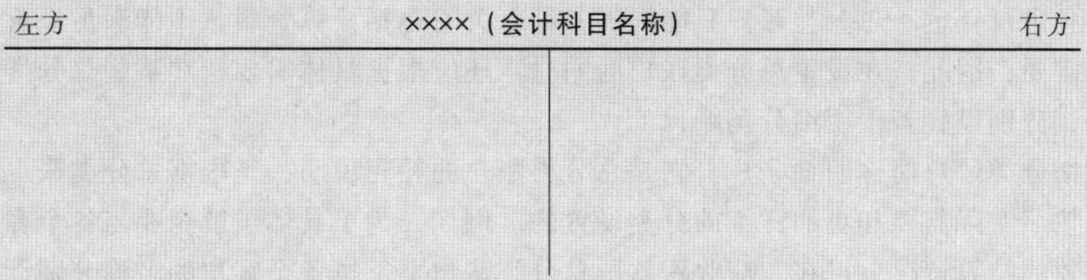

会计账户的具体格式取决于企业采用的记账方法。

根据我国企业会计准则，企业会计记账应采用借贷记账法。

在借贷记账法下，会计账户的左方称为“借方”，会计账户的右方称为“贷方”。在此处，“借”“贷”二字并无借入和贷出的具体含义，只是表示左方与右方的符号而已。

有关借贷记账法的详细内容将在第三章讲述。

三、会计科目与会计账户的联系

在实践中，由于会计账户按照会计科目命名，因此人们常常把它们等同起来使用。但是，会计科目与会计账户是两个不同的概念。

（一）会计科目与会计账户的共同点

会计科目与会计账户都是对会计对象具体内容的项目分类。两者口径一致，性质相同。会计科目是会计账户的名称，也是设置会计账户的依据，而会计账户是会计科目的具体运用。

首先，两者都是对会计对象的具体内容——会计要素所做的进一步分类。针对某一个具体的会计科目和账户而言，两者的分类口径完全一致。例如，“应收账款”科目与“应收账款”账户的核算内容、范围是相同的。

其次，从全部会计科目和全部会计账户的分类来看，两者的分类方法和结果是相同的。

（二）会计科目与会计账户的不同点

会计科目与会计账户的区别是：会计科目是账户的名称，不存在结构；会计账户具有一定的格式和结构。

首先，作为一个名词，会计科目仅仅说明其反映的经济内容是什么，而会计账户具有一定的格式和结构，不仅能够说明其反映的经济内容是什么，还能够系统地核算、监督其经济内容的增减变化及结余情况。

其次，设置会计科目的作用主要是开设账户、填制记账凭证，而会计账户的作用主要是系统地提供某一会计科目的会计资料，以编制财务报表，服务于企业的经营管理。

在实际工作中，对会计科目和会计账户不严格区分，相互通用。

二维码2-5

会计科目和会计账户

四、总分类账户与明细分类账户

在会计工作中，为了适应经营管理的需要，企业发生的每一项经济业务都要在有关账户中登记。按提供资料的详细程度不同，会计账户可分为总分类账户和明细分类账户。

总分类账户也称一级账户。它以一级会计科目为名称，以货币为统一的计量单位，对经济业务进行登记。总分类账户只能提供各种有关的总括核算资料，不能满足经营管理上的具体需要；因此，在设置总分类账户的同时，还应根据具体需要，在某些总分类账户的统驭下，分别设置若干明细分类账户。

明细分类账户简称明细账户。它是总分类账户的补充说明，是根据总分类账户的核算内容，按照实际需要和更加详细的分类设置的。例如，为了具体了解企业与各个客户之间销售货款的结算情况，可在“应收账款”总分类账户下，按各个客户的名称分别设置若干个明细分类账户。又如，为了具体了解并掌握各种材料收入、发出和结存情况，可在“原材料”总分类账户下，按照原材料的品名和规格分别设置若干明细分类账户。在原材料明细分类账户中，实物计量单位和货币计量单位需要同时进行登记，以便加强财产物资的管理。

（1）总分类账户和明细分类账户的联系

①某一总分类账户与它所属的明细分类账户所反映的对象相同，账户的性质也相同。例如，“原材料”总账与各个“原材料”明细账反映的对象都是原材料的增减变化及结存情况；“原材料”总账与各个“原材料”明细账都属于资产类账户，性质相同，账户结构和记账方向都一致。

②某一总分类账户与它所属的明细分类账户据以登记账户的原始依据相同。例如，“原材料”总账与各个“原材料”明细账登记增加，其原始依据都是“材料入库单”等凭证；“原材料”总账与各个“原材料”明细账登记减少，其原始依据都是“材料出库单”或“领料单”等凭证。

（2）总分类账户和明细分类账户的区别

①某一总分类账户与它所属的明细分类账户所反映的经济内容详细程度不同，提供的核算指标也不尽相同。总分类账户以货币为计量单位，提供总括的核算指标；明细分类账户以货币计量单位为主，以实物计量单位为辅，提供详细的核算指标。例如，“原材料”总账反映的是以金额表示的企业所有原材料的增减变化及其结存情况，而每个“原材料”明细账反映的是以实物量和金额表示的企业某一类原材料的增减变化及其结存情况。

②某一总分类账户与它所属的明细分类账户所起的作用是不同的。总分类账户对明细分类账户起着统驭、综合的作用；明细分类账户则是总分类账户的具体化，对其起着补充作用。

案例二评析

周先生的公司在经过案例二中的经济活动后，其资金变动结果见表2-7。

表2-7　　资金变动结果　　单位：万元

	资产（10）+费用		负债＋所有者权益（10）+收入
房租	−3	+3	
办公费	−1	+1	
购入货物	−8，+8		
销售收款	+12		+12
销货成本	−8	+8	
合计	0	12	12

结论：每项经济业务的发生必然会引起会计等式某一会计要素增加的同时另一会计要素等额减少，或者引起会计等式左右两方会计要素同时发生等额的增减变化，而无论怎样变化都不会破坏会计等式的平衡关系，会计等式两端的金额永远保持相等。

资金变化过程和变化结果，是指企业资金变动所引起会计要素之间变化的类型。在日常的经济业务中，企业对资金运动进行分类，归类为不同的会计要素，对这些会计要素相互之间不断发生的变化进行记录。星光贸易公司第一个月的经营活动会引起会计要素之间同增、同减，或同数额一增一减，或引起一个会计要素之间内部转化的增减变化，可以通过月初月末资产、负债、所有者权益的增减变动评价其经营情况，采用财务报表的形式报告资金运动的结果。

练习题

一、名词解释

会计要素　会计账户　资产　利润　费用　所有者权益

二、填空题

1.资产按其流动性可分为________和________。

2.负债按其________可分为流动负债和非流动负债。

3.借贷记账法下，账户的左方一律称为________，账户的右方一律称为________。

4.权益应由________和________两部分构成。

5.资产类账户的期末余额=期初余额+________−________。

6.利润实际上是依据________和________、________和________计算的结果。

7.负债类账户的期末余额=期初余额+________−________。

三、选择题（在下列答案中选出一个或多个正确答案）

1.下列会计科目属于资产要素的有（　　）。

A.“应收账款”　　B.“长期股权投资”

C.“库存现金”　　D.“短期借款”

2.下列会计科目属于费用要素的有（　　）。

A.“应交税费”　　B.“原材料”

C.“销售费用”　　D.“应付票据”

3.下列会计科目属于所有者权益要素的有（　　）。

A.“实收资本” B.“盈余公积”

C.“资本公积” D.“应付账款”

4.会计科目可以按照（　　）进行分类。

A.会计要素 B.提供指标的详细程度

C.企业的类型 D.所有制种类

5.下列说法不正确的是（　　）。

A.所有者权益是指企业资产扣除负债后由所有者享有的剩余权益

B.所有者权益的金额等于资产减去负债后的余额

C.所有者权益也称为净资产

D.所有者权益包括实收资本（或股本）、资本公积、盈余公积和留存收益

6.下列各项，不属于反映企业财务状况的会计要素是（　　）。

A.资产 B.负债

C.所有者权益 D.利润

7.下列经济业务会引起资产类科目和所有者权益类科目同时增加的是（　　）。

A.赊购原材料

B.接受投资者投入的现金资产

C.向银行借入长期借款

D.用银行存款归还企业的短期借款

8.某公司的资产总额为20万元，负债总额为5万元。现以银行存款2万元偿还短期借款，并以银行存款2万元购买设备，则上述业务记账后该公司的负债总额为（　　）万元。

A.2 B.3 C.25 D.15

9.下列项目属于期间费用的是（　　）。

A.“管理费用” B.“制造费用”

C.“销售费用” D.“财务费用”

10.企业的资金来源分为（　　）。

A.所有者投入资金 B.债权人投入资金

C.销售产品收入 D.提供劳务收入

四、简答题

1.试述利得和损失的含义及分类。

2.什么是会计等式？什么是会计事项？它如何影响会计等式的平衡？

3.企业的利润表是以动态会计等式为依据，以权责发生制为基础编制的。请问如何编好人生的利润表，以反映我们一生对社会的净贡献。

五、业务题

王东是计算机专业的在校大学生。20××年6月1日，他用3万元银行存款作为初始投资，租用校内门面，开办电脑维修部，主要提供电脑维修服务并附带销售电脑配件。小店每月房租1 500元，6月2日以银行存款支付3个月房租4 500元；花费5 500元买了一部手提电脑用作办公；6月5日，支付15 000元购买了电脑配件；支付勤工助学修理电脑同学的报酬1 800元。6月12日，向银行申请短期贷款2万元；银行批准后款项存入小店账户。6月20日，购买电脑配件价值5 000元，未付款。6月25日，收到本月水电费缴费单，共计300元，尚未支付。月末盘点，当月购买的电脑配件全部销售，全部收入28 000元已存入银行。

（1）请分析计算该电脑维修部6月份会计要素的变化情况，完成表2-8。

（2）请编制6月30日的资产负债表和6月份的利润表（以简表形式）。

表 2-8　　经济业务记录

业务序号	银行存款	库存商品	固定资产	预付账款	短期借款	应付账款	实收资本	收入	成本	费用
（1）										
（2）										
（3）										
（4）										
（5）										
（6）										
（7）										
（8）										
（9）										
（10）										
合计										

二维码 2-6

练习题
参考答案

第三章　复式记账

会计学原理

Principles of Accounting

第三章　复式记账

▶【学习目标】

- 理解记账方法的意义和种类，掌握复式记账法的基本原理；
- 理解借贷记账法的基本原理，了解其账户设置；
- 掌握会计分录的编制方法；
- 理解试算平衡原理，掌握借贷记账法的方法及其应用。

▶【本章重点】

- 单式记账的特点；
- 复式记账的特点和作用；
- 借贷记账法的内容；
- 会计分录的编制方法。

▶【本章难点】

- 借贷记账法的记账规则；
- 试算平衡原理。

案例三

在【案例二】中，周先生的星光贸易公司支付3万元作为租用办公室1年的租金费用，用银行存款购入商品8万元，当月底前将这些商品全部卖出，收到货款12万元，货款已经存入银行。这几笔经济活动涉及银行存款、库存商品、管理费用等账户的增减变化，那么，该如何记录这些经济业务发生后各账户的变动金额呢？

一种方法是，收到一笔钱记一次，支付一笔钱记一次，用这种方法该如何记录上述各项业务？可公司关心的不光是钱的问题，还要关心商品的购买和销售，购买的8万元商品该如何记录？商品销售出去后又该如何记录？如果某一笔业务记错了，你是否能知道并查找出具体是哪里错了？

单一的只记录钱的变动或商品的增加和减少，难以保证会计账户记录的正确性。有没有更好的方法，让会计成为一项精确的工作？

第一节　复式记账原理

设置会计科目，按照会计科目开设账户，是会计核算的基本环节。在确立账户体系之后，要完整、真实、连续地对某一账户所反映的经济内容的增减变化情况进行核算和监督，还必须采用特定的方法对账户的左右两方进行登记。这种方法通常被称为记账方法。

记账方法通常分为两种：单式记账法和复式记账法。

一、单式记账法

单式记账法是对经济业务只作单方面登记，不反映其来龙去脉的一种记账方法。例如，用现金购买材料，则只登记现金的减少，而不登记材料的增加。又如，赊购商品，只登记所欠的款项增加，却不登记所取得商品的增加。这种方法除了对有关人欠（应收款）、欠人（应付款）的现金和银行存款在两个或两个以上的有关账户中进行登记以外，其他经济业务都只在一个账户中登记或不予登记。

单式记账法在实际运用中手续简便，但它不能全面反映经济活动过程，账户记录的数字之间缺乏必然的联系，因而会计资料不完整，难以满足会计信息的质量要求。因此，除了个人和家庭记账外，企业一般不适宜采用单式记账法进行核算，但可以选择它作为辅助记账的一种方法。

二、复式记账法

（一）复式记账法的含义

复式记账法是相对于单式记账法而言的，是对发生的每一项经济业务都要以相等的金额在两个或两个以上相互联系的账户中进行登记的一种记账方法。例如，用现金购买材料，一方面登记现金的减少，另一方面登记材料的等额增加；赊购商品，一方面登记所欠的款项增加，另一方面登记所取得商品的等额增加。现代会计采用复式记账法。

复式记账法以“资产=负债+所有者权益”这一会计等式为理论依据。按照会计等式的平衡原理，任何一项经济业务的发生必然会引起会计等式某一会计要素增加的同时另一会计要素等额的减少，或者引起会计等式左右两方会计要素同时发生等额的增减变化。无论怎样变化，都不会破坏会计等式的平衡关系，会计等式两端的金额永远保持相等。为了完整、真实地反映各项会计要素的增减变动情况，每一项经济业务都要在两个或两个以上相互联系的账户中进行双重平衡的记录，从而在形式上保证会计等式的平衡关系，在实质上全面反映经济业务的来龙去脉。

（二）复式记账法的特点

1.复式记账法能够全面反映经济活动情况

在复式记账法下，每一笔经济业务所涉及的两个或两个以上的账户之间必然形成一种相互依存的关系。这种关系称为“账户对应关系”。存在对应关系的账户称为“对应账户”。不同的经济业务会形成不同的账户对应关系。通过不同的账户对应关系，可以将全部账户有机地联系起来，构成一个严密的账户体系。这样，账户就能够完整地反映经营活动的来龙去脉，提供系统的会计信息。

2.在复式记账法下，账户记录的结果可以进行试算平衡，有利于检查账户记录的正确性

复式记账法对发生的每一项经济业务都要以相等的金额在两个或两个以上相互联系的对应账户中做出双重记录，使得对应账户之间在数字上产生了一种互相核对、互相平衡的关系。如果在记账过程中发生遗漏、差错，这种平衡就会被破坏，因此，利用复式记账法产生的平衡关系对账户记录的结果进行试算平衡，可以有效地防止记账过程中数字上的失误。

（三）复式记账法的基本内容

复式记账法一般由记账符号、账户设置、记账规则和试算平衡等四部分内容组成。

根据这四部分内容的不同，复式记账法可划分为收付记账法、增减记账法和借贷记账法。我国企业会计准则规定，会计记账采用借贷记账法。

三、中国古代的复式记账

三脚账是我国复式记账法的萌芽。三脚账在记录债务债权之间的关系时存在复式记账法的思想，而对收入和费用的记录仍采用单式记账法。

到明末清初时期，中国又出现了“龙门账法”。其记账方法根据唐宋期间的“四柱结算法”拓展而成，将全部的经济活动编入进、缴、存、该四大类当中。它们的关系是：该+进=存+缴。当公式平衡时，称作“合龙门”。“龙门账”的诞生标志着中国的会计开始由单式记账向复式记账转变。

二维码3-1

复式记账的概念和特点

四脚账法是对三脚记账法和龙门账法的进一步完善，在三脚账的基础上增加了现金科目的表示。这种记账方法对所有的经济业务均按照“有来必有去，来去必相等”的原则进行记录，与西方复式记账的思想和原理基本相同。四脚账法被认为是中国古代复式记账法的巅峰。

第二节　借贷记账法原理

借贷记账法是以“借”“贷”作为记账符号，运用复式记账原理，记录资产、负债和所有者权益等会计要素的增减变化及其结果的一种记账方法。其基本内容包括记账符号、账户设置、记账规则和试算平衡等四部分。

一、记账符号

借贷记账法以“借”“贷”作为记账符号，表示记账方向。将所有账户的左方称为“借”方，右方称为“贷”方，其中一方登记增加数，另一方登记减少数。作为借贷记账法的一种记账术语，“借”“贷”二字并无实际意义，只是分别代表账户左方和右方的两个记账符号而已，其具体含义因账户的性质不同而不同。

二维码3-2

资产、负债、所有者权益类账户的记账方法

二、账户设置

在借贷记账法下，按照所反映的会计要素划分，账户分为资产类、负债类、所有者权益类、收入类、费用类、利润类等六大类。这六大类会计账户的具体结构如下：

借方　　　　　　　　　资产类账户　　　　　　　　　贷方

期初余额	××××		
本期增加额	××××	本期减少额	××××
本期发生额合计	××××	本期发生额合计	××××
期末余额	××××		

负债类账户

借方		贷方	
		期初余额	××××
本期减少额	××××	本期增加额	××××
本期发生额合计	××××	本期发生额合计	××××
		期末余额	××××

所有者权益类账户

借方		贷方	
		期初余额	××××
本期减少额	××××	本期增加额	××××
本期发生额合计	××××	本期发生额合计	××××
		期末余额	××××

收入类账户

借方		贷方	
本期减少额	××××	本期增加额	××××
本期发生额合计	××××	本期发生额合计	××××

费用类账户

借方		贷方	
本期增加额	××××	本期减少额	××××
本期发生额合计	××××	本期发生额合计	××××

利润类账户

借方		贷方	
		期初余额	××××
本期减少额	××××	本期增加额	××××
本期发生额合计	××××	本期发生额合计	××××
期末余额（亏损）	××××	期末余额（盈利）	××××

二维码 3-3

收入、费用、利润类账户的记账方法

可以看出，资产类和费用类账户的结构相似，负债类、所有者权益类、收入类和利润类账户的结构相似。

按照规定，在会计期末（如月末、季末、年末）要将所有会计账户的本期借方发生额及本期贷方发生额做出合计，以确定期末余额。对于一个会计账户来说，记入该账户增加方的数额一般要大于或等于记入其减少方的数额，所以账户余额一般应在记录增加额的那一方。

期末尚未进行结账时，资产类和费用类账户余额通常在借方，负债类、所有者权益类和收入类账户余额通常在贷方。期末结账后，费用类和收入类账户期末一般无余额。企业本期经营若是盈利，利润类账户期末余额通常在贷方；若是亏损，则利润类账户期末余额在借方。

为了方便了解和掌握借贷记账法下的会计账户结构，现将各类账户的结构列示，见表3-1。

表3-1　账户种类及结构

会计账户种类	借方	贷方	期末余额方向
资产类	增加	减少	借方
负债类	减少	增加	贷方
所有者权益类	减少	增加	贷方
收入类	减少	增加	一般无余额
费用类	增加	减少	一般无余额
利润类	减少	增加	贷方（或借方）

运用借贷记账法在会计账户中登记经济业务时，凡是记入账户借方的账项称为借项，凡是记入账户贷方的账项称为贷项。每个会计账户的借方和贷方在一定时期内所登记的金额合计称为本期发生额。账户借方的金额合计称为借方发生额，账户贷方的金额合计称为贷方发生额。

各类会计账户如果有期末余额，分别按下列公式计算：

资产类账户的期末余额（借方余额）=期初余额（借方余额）+本期借方发生额-本期贷方发生额

费用类账户期末若有余额，可参照资产类账户期末余额的计算公式。

负债类账户的期末余额（贷方余额）=期初余额（贷方余额）+本期贷方发生额-本期借方发生额

所有者权益类、收入类和利润类账户期末若有余额，可参照负债类账户期末余额的计算公式。

在借贷记账法下，由于“借”和“贷”两个记账符号在资产、负债、所有者权益、收入、费用及利润中表示了不同的含义，因此，除了可以设置这几类账户外，还可设置既能核算资产、费用，又能核算收入、负债、所有者权益的双重性质的共同类账户，即资产负债共同类账户，其期末余额方向不定。当期末余额为借方时，具有资产的性质；当期末余额在贷方时，具有负债的性质。

企业会计准则中的企业会计科目表列示的第三类账户“共同类”会计科目包括清算资金往来、货币兑换、衍生工具、套期工具、被套期项目。依此开设的账户就属于典型的双重性质账户。该类科目在资产负债表中如何归类取决于账户期末余额的方向。

一般而言，双重性质账户可根据账户期末余额的方向来判断账户的性质，即：如果是借方余额，则为资产类或费用类账户；如果是贷方余额，则为负债类、收入类或所有者权益类账户。这样既增加了账户运用的灵活性，又不影响对账户的确认。

三、记账规则

在借贷记账法下，任何一项经济业务都应按照其内容，同时在两个或两个以上相互联系的账户中进行登记，记入某账户的借方和其对应账户的贷方，且记入借方和贷方的金额相等。这就形成了“有借必有贷，借贷必相等”的记账规则。

宏光公司是一家制造业企业，下面以该公司20××年3月份的有关资料举例说明。

通常，企业发生的经济业务主要分为以下几种类型：

1.经济业务的发生导致资产和负债，或者资产和所有者权益同时等额增加。

（1）资产和负债在经济业务发生后同时等额增加。

资产↗=负债↗+所有者权益→

【例3-1】宏光公司购入材料，货款30 000元尚未支付。此业务涉及资产类“原材料”账户和负债类“应付账款”账户。这两个账户同时登记增加30 000元。

结合借贷记账法下的记账符号及账户结构，做如下登记：

借记资产类（原材料）30 000	贷记负债类（应付账款）30 000

用“T”形账户可以简化表示为：

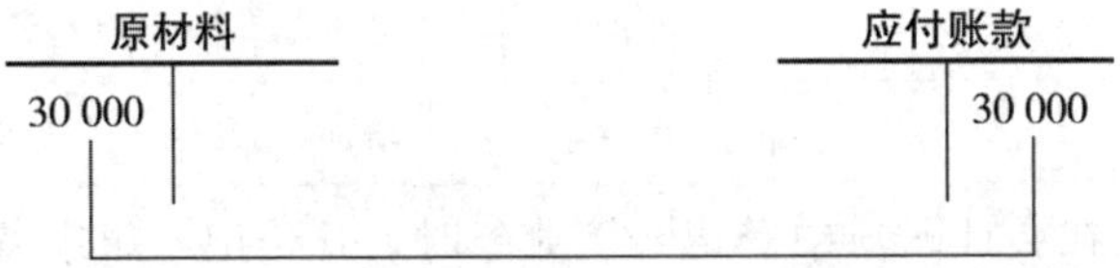

（2）资产和所有者权益在经济业务发生后同时等额增加。

资产↗=负债→+所有者权益↗

【例3-2】宏光公司接受投资者投入的1台设备，价值25 000元。这项业务涉及资产类“固定资产”账户和所有者权益类“实收资本”账户。这两个账户同时登记增加25 000元。

结合借贷记账法下的记账符号及账户结构，做如下登记：

借记资产类（固定资产）25 000	贷记所有者权益类（实收资本）25 000

用“T”形账户可以简化表示为：

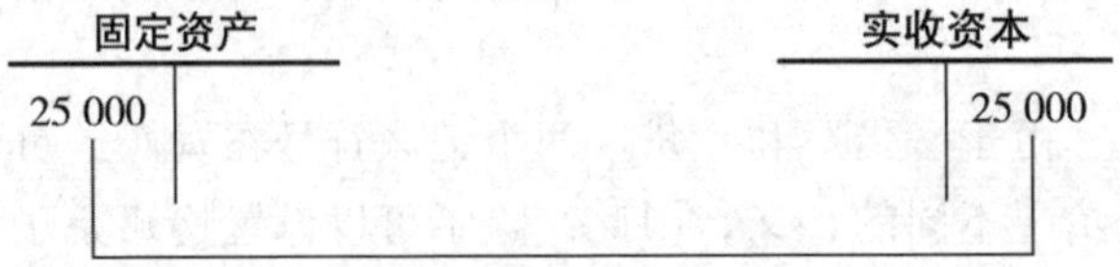

2.经济业务的发生导致资产和负债，或资产和所有者权益同时等额减少。

（1）经济业务引起资产和负债同时等额减少。

资产↘=负债↘+所有者权益→

【例3-3】宏光公司以银行存款100 000元偿还所欠原材料款。这项业务涉及资产类“银行存款”账户和负债类“应付账款”账户。这两个账户同时登记减少100 000元。

结合借贷记账法下的记账符号及账户结构，做如下登记：

借记负债类（应付账款）100 000	贷记资产类（银行存款）100 000

用“T”形账户可以简化表示为：

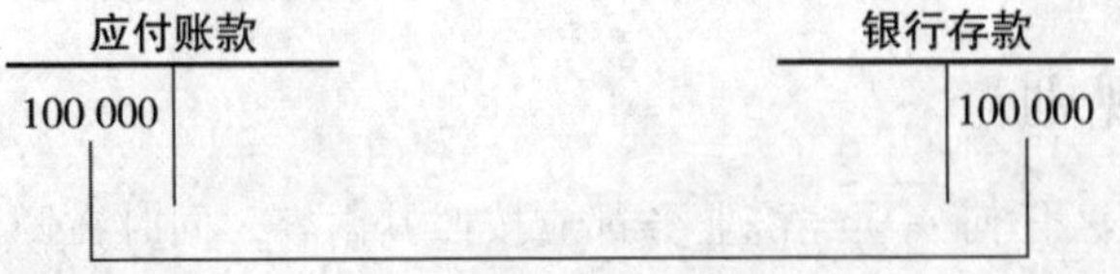

（2）经济业务引起资产和所有者权益同时等额减少。

资产↘=负债→+所有者权益↘

【例3-4】宏光公司因资本过剩而决定减资，用银行存款退还投资者的投资100 000元。此项经济业务涉及资产类的“银行存款”账户和所有者权益类的“实收资本”账户，应在这两个账户中同时登记减少100 000元。

结合借贷记账法下的记账符号及账户结构，做如下登记：

借记所有者权益类（实收资本）100 000	贷记资产类（银行存款）100 000

用“T”形账户可以简化表示为：

3.经济业务的发生导致资产类内部项目有增有减，增减额相等。

这种类型的经济业务只引起资产类不同项目的数量发生变化，不涉及负债和所有者权益变化，也不影响资产总额。

资产（↗，↘）=负债→+所有者权益→

【例3-5】宏光公司从银行提取现金1 000元。这项业务的发生，需要在资产类的“库存现金”账户登记增加1 000元，在资产类的“银行存款”账户登记减少1 000元。资产总额不发生变化。

结合借贷记账法下的记账符号及账户结构，做如下登记：

借记资产类（库存现金）1 000	贷记资产类（银行存款）1 000

用“T”形账户可以简化表示为：

4.经济业务的发生导致负债和所有者权益各自内部有关项目之间，或两者有关项目之间发生增减变化。

（1）负债类账户内部，有的项目增加，有的项目减少，增减金额相等。

资产→=负债（↗，↘）+所有者权益→

【例3-6】宏光公司开出商业汇票一张，抵偿应付账款3 000元。这项业务为负债类不同项目的此增彼减，即负债类的“应付账款”账户登记减少3 000元，负债类的“应付票据”账户登记增加3 000元。

结合借贷记账法下的记账符号及账户结构，做如下登记：

借记负债类（应付账款）3 000	贷记负债类（应付票据）3 000

用“T”形账户可以简化表示为：

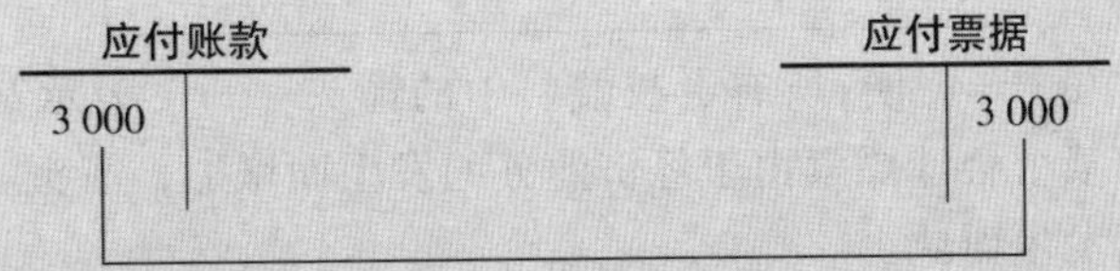

（2）所有者权益类账户内部，有的项目增加，有的项目减少，增减金额相等。

资产→=负债→+所有者权益（↗，↘）

【例3-7】宏光公司将所有者权益项目中的资本公积40 000元转增资本。这项业务需要在所有者权益类的“资本公积”账户登记减少40 000元，在所有者权益类的“实收资本”账户登记增加40 000元。

结合借贷记账法下的记账符号及账户结构，做如下登记：

借记所有者权益类（资本公积）40 000	贷记所有者权益类（实收资本）40 000

用“T”形账户可以简化表示为：

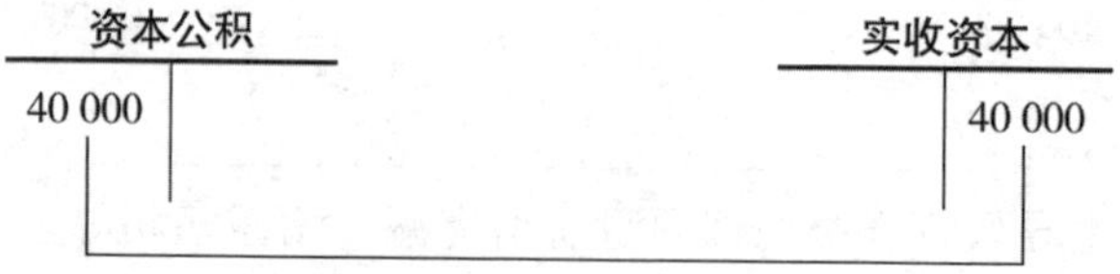

（3）负债增加，同时所有者权益减少。

资产→=负债↗+所有者权益↘

【例3-8】宏光公司宣布将向股东分配现金股利30 000元，实际尚未办理发放手续。这项业务需要在负债类的“应付股利”账户登记增加30 000元，在所有者权益类的“利润分配”账户登记减少30 000元。

结合借贷记账法下的记账符号及账户结构，做如下登记：

借记所有者权益类（利润分配）30 000	贷记负债类（应付股利）30 000

用“T”形账户可以简化表示为：

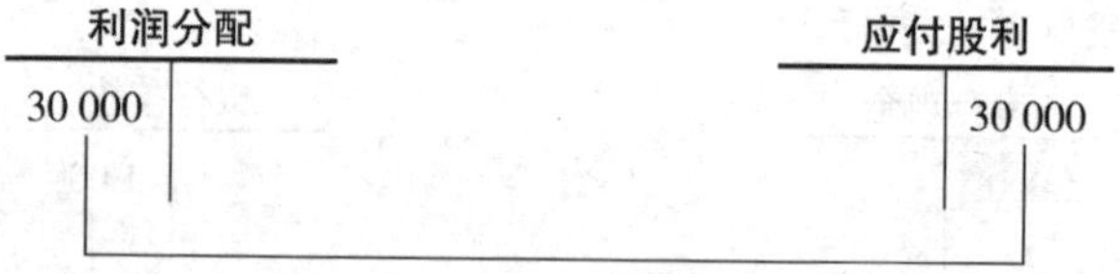

（4）负债减少，同时所有者权益增加。

资产→=负债↘+所有者权益↗

【例3-9】宏光公司原欠昌隆公司长期应付款100 000元。经双方协商，昌隆公司同意将这笔长期应付款转为对宏光公司的股权投资。这就需要在负债类的“长期应付款”账户登记减少100 000元，并在所有者权益类的“实收资本”账户登记增加100 000元。

结合借贷记账法下的记账符号及账户结构，做如下登记：

借记负债类（长期应付款）100 000	贷记所有者权益类（实收资本）100 000

用“T”形账户可以简化表示为：

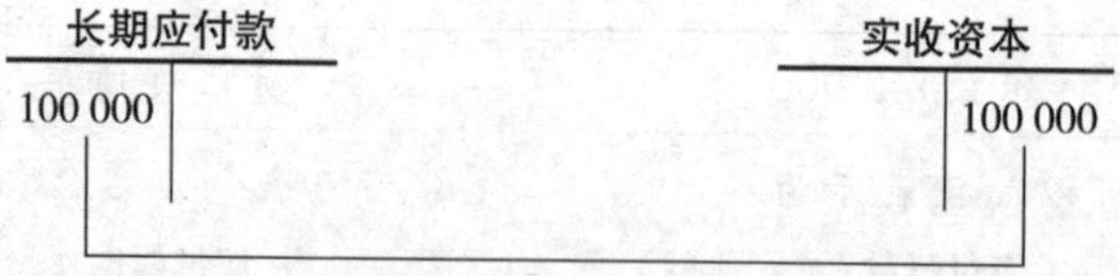

上述会计等式“资产=负债+所有者权益”中的箭头“→”表示某个会计要素保持不变，箭头“↗”表示某个会计要素由于经济业务的发生而增加，箭头“↘”表示某个会计要素由于经济业务的发生而减少。

综合上面的9种经济业务类型，可以看出，每一项经济业务至少要在两个账户中进行登记，而且在记入一个账户借方的同时必然记入另一个账户的贷方，并且记入借方和记入贷方的金额相等，即遵循了“有借必有贷，借贷必相等”的记账规则。

四、试算平衡

（一）试算平衡的含义

试算平衡是根据复式记账原理，利用会计要素之间的平衡关系来检查各类账户的记录是否正确的一种方法。具体而言，在借贷记账法下，试算平衡就是根据“资产=负债+所有者权益”的平衡原理，按照“有借必有贷，借贷必相等”的记账规则，通过汇总、计算和比较，来检查会计账户处理和账户记录的正确性、完整性的一种方法。

由于借贷记账法对每一笔经济业务的账务处理是按照“有借必有贷，借贷必相等”的规则进行的，因此在正确无误地完成账户记录工作后，一定时期所有会计账户的借方发生额合计数必然等于所有会计账户的贷方发生额合计数。根据会计等式“资产=负债+所有者权益”，资产类账户余额通常在借方，负债类和所有者权益类账户余额通常在贷方，在会计期末结出账户余额后，所有会计账户的借方期末余额合计数也必然等于所有会计账户的贷方期末余额合计数。如果不是这样，即试算未达到平衡，则说明在记账过程中存在科目运用或金额计算上的错误。

（二）试算平衡的内容

试算平衡属于会计核算方法——对账所采用的具体手段之一，应用于账账核对环节。

对账是指为了保证账簿记录的正确性而进行的有关账项的核对工作，是会计账务处理程序中非常重要的步骤。账账核对是指不同账簿记录之间的核对。对账的具体内容在以后的章节中将进行详细介绍。

在借贷记账法下，试算平衡的主要内容包括：

（1）总分类账户试算平衡：检查所有总分类账户的记录是否平衡，包括本期发生额和期末余额。

（2）总分类账户及其所属的明细分类账户的试算平衡：检查所有的总分类账户及其所属的明细分类账户的记录是否平衡，包括本期发生额和期末余额。

总分类账户及其所属的明细分类账户的试算平衡与平行登记相关。

平行登记是指对单位发生的每笔经济业务，应以编制的会计分录（会计实务中的会计凭证）为原始依据，一方面记入有关总分类账户，另一方面记入有关总分类账户所属明细分类账户的方法。前面章节涉及的借贷记账法主要研究如何在总分类账户中记账；平行登记则研究如何在总分类账户和明细分类账户中进行记账，以便将账户的总括记录与详细记录有机结合起来，从而满足会计信息的不同需要。

（三）总分类账户试算平衡的常用方法

在借贷记账法下，对总分类账户进行试算平衡的方法通常有两种，分别简称为发生额平衡法和余额平衡法。

1.发生额平衡法

在借贷记账法下，根据“有借必有贷，借贷必相等”的记账规则，每一项经济业务都要以相等的金额，分别记入两个或两个以上账户的借方和贷方，借贷双方的发生额必然相等。那么，将一定时期内全部经济业务的会计分录记入有关账户后，所有账户的本期借方发生额合计与所有账户本期贷方发生额合计必然是相等的。

发生额平衡法，是指将全部账户的本期借方发生额和本期贷方发生额分别加总后，利用“有借必有贷，借贷必相等”的记账规则来检验本期发生额账户处理正确性的一种试算平衡方法。

当我们要检验所有总分类账户在某一期间内对各项经济业务的记录是否正确时，可用发生额平衡法，其公式是：

所有总分类账户本期借方发生额合计=所有总分类账户本期贷方发生额合计

2.余额平衡法

在借贷记账法下，由于资产余额表现为账户的借方余额，负债和所有者权益的余额都表现为账户的贷方余额。根据会计等式可知，各项资产余额的总和必然等于各项权益余额的总和。余额平衡法是指在会计期末账户余额在借方的全部数额和在贷方的全部数额分别加总后，利用“资产=负债+所有者权益”的平衡原理来检验会计处理正确性的一种试算平衡方法。

当需要检验所有总分类账户记录的内容经过一个时期的增减变动之后，在某一时点上（期初或期末）的结果是否正确时，可采用余额平衡法，其公式是：

所有总分类账户期初借方余额合计=所有总分类账户期初贷方余额合计

所有总分类账户期末借方余额合计=所有总分类账户期末贷方余额合计

3.编制总分类账户发生额和余额试算平衡表

在实际工作中，对总分类账户进行试算平衡的方法是通过编制总分类账户发生额和余额试算平衡表来实现的，格式见表3-2。

表3-2　总分类账户发生额和余额试算平衡表

年　月　日

单位：元

账户名称	期初余额		本期发生额		期末余额	
	借方	贷方	借方	贷方	借方	贷方
合计						

制单：　复核：　会计主管：

试算平衡表各栏数字应根据有关总分类账户的发生额和余额填列，分别汇总试算期初余额、本期发生额和期末余额各自借贷是否平衡。在编制试算平衡表时，必须保证所有总分类账户的发生额和余额均已记入试算平衡表，因为会计等式是对六项会计要素整体而言的，缺少任何一个账户的发生额和余额，都会造成试算平衡表的期初余额合计数、本期发生额合计数和期末余额合计数借贷不相等。

如果试算平衡表借贷不相等，试算不能平衡，就可以肯定账户的记录或者是计算有错误。应认真查找，直到实现平衡为止。即使实现了有关三栏的平衡关系，也不能说明账户记录绝对正确，因为有些错误并不会影响借贷双方的平衡关系。例如，漏记某项经济业务，将使本期借贷双方的发生额等额减少，借贷仍然平衡；重记某项经济业务，将使本期借贷双方的发生额等额虚增，借贷仍然平衡；某项经济业务的会计分录记错了账户，借贷仍然平衡；某项经济业务在账户记录中颠倒了记账方向，借贷仍然平衡；借方或贷方发生额中，偶然发生多记、少记并相互抵销，借贷仍然平衡等。由于这类错误不会破坏试算平衡公式，所以通过试算平衡难以发现。因此，试算平衡对保证账户记录正确所起的作用也是有限的。要完全保证账户记录正确，必须辅以其他会计方法，如对账的账证核对、账实核对等方法。

（四）总分类账户及其所属的明细分类账户试算平衡的常用方法

在借贷记账法下，总分类账户与其所属的明细分类账户应进行平行登记，而平行登记的检验是通过总分类账户和所属明细分类账户之间的账账核对完成的，即通过进行总分类账户与其所属明细分类账户的试算平衡，来检验平行登记过程中相关账户记录的正确性。这样才能使总分类账户和明细分类账户真正起到相互配合、相互制约的作用。

总分类账户与其明细分类账户试算平衡的方法也有两种，分别简称为余额平衡法和发生额平衡法。

1.余额平衡法

余额平衡法的公式如下：

某一总分类账户的期初余额=该总分类账户所属明细分类账户期初余额之和

某一总分类账户的期末余额=该总分类账户所属明细分类账户期末余额之和

2.发生额平衡法

发生额平衡法的公式如下：

某一总分类账户的借方发生额=该总分类账户所属明细分类账户借方发生额之和

某一总分类账户的贷方发生额=该总分类账户所属明细分类账户贷方发生额之和

3.总分类账户与其所属明细分类账户试算平衡表

将总分类账户与其所属明细分类账户进行试算平衡，与前面讲述的总分类账户试算平衡一样，要编制总分类账户与其所属明细分类账户试算平衡表。

总分类账户与其所属明细分类账户试算平衡表一般有两种格式，一种适合三栏式明细账的核对，另一种适合数量金额式明细账的核对，通常每月编制一次。编制前，要先在各明细分类账户中结出本期发生额和期末余额。三栏式明细账的核对适用于只有货币指标，没有实物指标的账户核对；数量金额式明细账的核对适用于既有货币指标，又有实物指标的账户核对。

下面分别以原材料总分类账户与明细分类账户试算平衡表、应付账款总分类账户与明细分类账户试算平衡表为例说明，见表3-3和表3-4。

利用总分类账户与其所属明细分类账户试算平衡表，可以检查每一个总分类账户与其所属明细分类账户的记录是否正确，还可以加强对财产、物资和往来结算账项的管理。但是，即使明细分类账户试算平衡了，也不能说明总账和明细账登记没有错误。例如，总账和明细账都漏记了一笔业务或该记入甲明细账的却记入了乙明细账等，都不影响明细账的试算平衡，因此我们在记账时必须认真细致，并加强复核，从而确保账户记录正确无误。

表 3-3　　原材料总分类账户与明细分类账户试算平衡表

20××年 10 月 31 日

金额单位：元

账户名称	数量单位	单价	期初余额		本期发生额				期末余额	
			数量	余额	收入（借方）		发出（贷方）		数量	金额
					数量	金额	数量	金额		
原材料——甲材料	吨	2 000 元/吨	20	40 000	10	20 000	20	40 000	10	20 000
原材料——乙材料	件	400 元/件	50	20 000	100	40 000	125	50 000	25	10 000
合 计				60 000		60 000		90 000		30 000
原材料				60 000		60 000		90 000		30 000
核对				√		√		√		√

制单：××　　复核：××　　会计主管：××

表 3-4　　应付账款总分类账户与明细分类账户试算平衡表

20××年 10 月 31 日

单位：元

账户名称	期初余额		本期发生额		期末余额	
	借方	贷方	借方	贷方	借方	贷方
应付账款——宏达公司		20 000	30 000	20 000		10 000
应付账款——昌运公司		10 000	40 000	40 000		10 000
合计		30 000	70 000	60 000		20 000
应付账款		30 000	70 000	60 000		20 000
核对		√	√	√		√

制单：××　　复核：××　　会计主管：××

五、借贷记账法下账务处理基本程序

采用借贷记账法进行账务处理的基本程序是：

（1）在会计期初，根据单位的实际状况，设置会计账户；

（2）在会计期间，根据本期经济业务，逐一编制会计分录；

（3）在会计期间，审核会计分录，据以登记相关会计账户；

（4）在会计期末，对账户本期发生额做出合计，并结出期末余额；

（5）在会计期末，对账户记录进行试算平衡；

（6）在会计期末，根据账户记录编制财务会计报告。

其中，编制会计分录是账务处理的重要环节，详见本章第三节。

第三节 会计分录

在实际工作中，经济业务并不是先行记入各有关账户的。由于同一笔经济业务的内容分别记录在两个或两个以上账户中，而每一个账户仅设置一本账簿，当经济业务繁多时，记账时必然前后翻阅，容易发生记账错误（如重记或漏记等）。为了保证账户记录的正确性，在把经济业务记入账户之前，首先要编制会计分录。

编制会计分录，是一种以货币为计量单位，按照每一笔经济业务所涉及的会计科目，根据账户结构和记账符号，分别记录各账户增加或减少金额的会计方法。在借贷记账法下，会计分录就是对每笔经济业务列示其应借记或应贷记的账户名称及其金额的一种记录。

一、编制会计分录的步骤

每发生一笔经济业务，应按照以下步骤编制会计分录：

首先，确定该经济业务涉及的账户及其性质。

其次，确定各账户的变动是增加还是减少，增减的金额分别是多少。

再次，根据"有借必有贷，借贷必相等"的记账规则，确定各账户的记录应记入借方还是贷方。

最后，按照规定的格式编制会计分录。

二、会计分录的格式

在实际工作中，编制会计分录是通过填制记账凭证的方式进行的。在理论教学过程中，会计分录具有规定的简化格式，具体表示如下：

借：××××（账户名称）　　××（金额）

　贷：××××（账户名称）　　　××（金额）

由此可知，会计分录包含三个要素——账户名称、借贷方向、记账金额。

编制会计分录必须遵守规定的格式，主要从以下几个方面入手：

（1）在确定了应借记和贷记的账户后，进行记录时应先借后贷，借项在上，贷项在下。

（2）借项与贷项必须错开位置，不能齐头并进。当借方或贷方涉及多个账户时，应先将所有借项各占一行，上下对齐；记录完毕后，再向下向右退一格或两格，记录贷项，并且所有贷项各占一行，上下对齐。

（3）借方金额与贷方金额的书写也必须错开位置，不可以写在同一行，但每一账户与其对应的金额必须在同一行。

现将本章第二节列举的9笔经济业务的会计分录编制如下：

（1）借：原材料　　30 000

　　　贷：应付账款　　　30 000

（2）借：固定资产　　25 000

贷：实收资本　25 000
(3) 借：应付账款　100 000
　　贷：银行存款　100 000
(4) 借：实收资本　100 000
　　贷：银行存款　100 000
(5) 借：库存现金　1 000
　　贷：银行存款　1 000
(6) 借：应付账款　3 000
　　贷：应付票据　3 000
(7) 借：资本公积　40 000
　　贷：实收资本　40 000
(8) 借：利润分配　30 000
　　贷：应付股利　30 000
(9) 借：长期应付款　100 000
　　贷：实收资本　100 000

三、会计分录的分类

会计分录按其结构不同，分为简单会计分录和复合会计分录。

简单会计分录是指仅涉及两个对应账户，且由一个借方账户与一个贷方账户所组成的会计分录。账户对应关系为一借一贷（如【例3-1】至【例3-9】）。

复合会计分录是指涉及两个以上对应账户，且由一个借方账户与几个贷方账户或一个贷方账户与几个借方账户所组成的会计分录。账户对应关系可以是一借多贷、一贷多借和多借多贷。为了保证账户对应关系的清晰性，一般不宜编制多借多贷的会计分录。当经济业务比较复杂、涉及两个以上的账户时，才需要编制复合会计分录。现举例说明。

宏光公司是一家制造业企业，20×9年9月份的有关资料如下：

【例3-10】宏光公司购入原材料一批，买价及运杂费共计15 000元，已用银行存款付清50%货款，余款开具商业汇票，3个月后支付，不考虑相关税费。这项业务涉及3个账户：资产类的“原材料”账户要登记增加，资产类的“银行存款”账户要登记减少，负债类的“应付票据”账户要登记增加。

会计分录编制如下：

借：原材料　15 000
　贷：银行存款　7 500
　　　应付票据　7 500

【例3-11】宏光公司销售商品，总价20 000元，已收到买方用银行存款支付的80%货款，余款暂欠。这项业务涉及3个账户：资产类的“银行存款”账户要登记增加，资产类的“应收账款”账户要登记增加，收入类的“主营业务收入”账户要登记增加。

会计分录编制如下：

借：应收账款　4 000
　　银行存款　16 000

贷：主营业务收入 20 000

备注：【例 3-10】和【例 3-11】中的会计分录就是复合会计分录。一笔复合会计分录由几笔简单会计分录组成，是根据同一项经济业务复合编制的会计分录。【例 3-10】和【例 3-11】的复合会计分录分别由两笔简单会计分录组成。

【例 3-10】拆分后的会计分录如下：

（1）借：原材料 7 500
　　贷：银行存款 7 500
（2）借：原材料 7 500
　　贷：应付票据 7 500

【例 3-11】拆分后的会计分录如下：

（1）借：应收账款 4 000
　　贷：主营业务收入 4 000
（2）借：银行存款 16 000
　　贷：主营业务收入 16 000

编制复合会计分录的目的是简化会计分录的编制，提高记账工作效率。初学者宜在熟练掌握简单会计分录的基础上，练习编制复合会计分录。

案例三评析

单式记账法是只在一个账户中做单方面登记的一种方法，平时只登记现金、银行存款的收付业务和各种往来账项，记账手续简单，但账户设置不完整，不能全面、系统地反映经济业务的来龙去脉，无法了解各会计要素有关项目的增减变动情况，也不便于检查账户记录的正确性和真实性。例如，星光贸易公司支付的两次银行存款，一次3万元是支付费用，另一次8万元是采购商品，单式记账仅仅记录银行存款的减少，不能反映资金支出的具体用途，也不能体现3万元的费用支出最终导致了所有者权益的减少；而8万元的采购支出导致一项资产增加、另一项资产减少，不会对公司所有者权益产生影响。因此，单式记账法不适应现代经济管理的需要。

复式记账法对发生的每一笔经济业务，在两个或两个以上相互联系的账户中进行登记，虽然记账手续比单式记账法复杂，但能够完整地反映每一项经济业务的过程和结果；在全部经济业务登记入账以后，可以通过账户之间的相互关系，对记录的结果进行试算平衡，以检查账户记录的正确性。因此，复式记账是一种科学的记账方法，使会计成为一项精确的工作。

练习题

一、名词解释

单式记账法　会计分录　余额平衡法　试算平衡

二、填空题

1. 借贷记账法的记账规则是________。

2. 在借贷记账法下，一定时期末全部账户的借方本期发生额合计=________；一定时期末全部账户的借方余额合计=________。

3. 会计分录可以划分为________和________两种。

4. 借贷记账法以“借”“贷”作为记账符号，表示________。

三、选择题（在下列答案中选出一个正确答案）

1.“应收账款”账户的期初余额为8 000元，本期增加额为12 000元，期末余额为6 000元，则该账户本期减少额为（　　）元。

A.10 000　　B.14 000　　C.2 000　　D.4 000

2.（　　）反映了会计对象要素间的基本数量关系，同时也是复式记账法的理论依据。

A.会计科目　　B.会计恒等式　　C.记账符号　　D.账户

3.一项资产增加，不可能引起（　　）。

A.另一项资产减少　　B.一项负债增加

C.一项所有者权益增加　　D.一项负债减少

4.在借贷记账法下，负债类账户的结构特点是（　　）。

A.借方记增加，贷方记减少，余额在借方　　B.贷方记增加，借方记减少，余额在贷方

C.借方记增加，贷方记减少，一般无余额　　D.贷方记增加，借方记减少，一般无余额

5.在复式记账法下，对每项经济业务都可以用相等的金额，在（　　）账户中进行登记。

A.不同的　　B.两个

C.两个或两个以上　　D.一个或一个以上

6.在借贷记账法下，资产类账户的结构特点是（　　）。

A.借方记增加，贷方记减少，余额在借方

B.贷方记增加，借方记减少，余额在贷方

C.借方记增加，贷方记减少，一般无余额

D.贷方记增加，借方记减少，一般无余额

7.在借贷记账法下，所有者权益类账户的期末余额=（　　）。

A.期初借方余额+本期借方发生额-本期贷方发生额

B.期初贷方余额+本期贷方发生额-本期借方发生额

C.期初借方余额+本期贷方发生额-本期借方发生额

D.期初贷方余额+本期借方发生额-本期贷方发生额

8.下列关于借贷记账法下账户的记账方向，说法正确的是（　　）。

A.费用类账户和负债类账户结构相同

B.资产类账户和收入类账户结构相同

C.所有者权益类账户和资产类账户结构相同

D.损益类账户期末结转后一般无余额

9.下列记账错误，不能通过试算平衡检查发现的是（　　）。

A.将某一分录的借方发生额600元，误写成6 000元

B.某一分录的借贷方向写反

C.借方的金额误记到贷方

D.漏记了借方发生额

10.某企业本期期初资产总额为100万元，本期期末负债总额比期初减少了10万元，所有者权益比期初增加了30万元，则该企业本期期末资产总额为（　　）万元。

A.90　　B.100　　C.120　　D.130

四、简答题

1.借贷记账法包括哪些基本内容？

2.复式记账法有什么特点？

3.为什么要进行试算平衡？

4.中国古代出现过“龙门账”和“四柱结算法”等具有复式记账理念的记账方法，那么，为什么在拥有良好的基础之后，西方复式记账方法后来者居上？我们该如何对待传统文化？

五、业务题

1. 某企业20×8年9月末部分总账期末余额见表3-5。

表3-5 总分类账期末余额 单位：元

会计账户	借方	贷方
库存现金	1 600	
短期借款		31 000
银行存款	68 000	
应付账款		70 600
原材料	96 000	
实收资本		560 000
固定资产	506 000	
本年利润		60 000
应收账款	50 000	
合计	721 600	721 600

（1）10月份发生的经济业务如下：

①2日，股东甲投资190 000元，款项已存入银行。

②4日，从工商银行取得借款20 000元，存入存款账户。

③7日，用银行存款购买设备，价值150 000元。

④8日，购入材料50 000元，已验收入库，货款尚未支付。

⑤10日，以银行存款31 000元偿还上月短期银行借款。

⑥12日，以银行存款偿还上月所欠购料款14 000元。

⑦13日，接到银行收款通知，收到上月赊销给红星厂的商品货款25 000元。

⑧15日，从银行提取现金2 000元备用。

（2）要求：

①根据上述资料，开设有关的“T”形账户，并登记期初余额；

②编制会计分录；

③根据所编会计分录登记有关账户，并在月末结出余额；

④编制试算平衡表。

2. 王云和谢飞共同创办了一家便利店，主要销售日化用品，并在淘宝网开设了网店。他们自学过会计知识，自行设计了一个用来登记日常经济业务的记账系统。

下面列示的是该便利店本月发生的一些交易：

（1）收到客户订单，货物已发出，预计将在三天后收到1 000元现金。

（2）发出一份商品订单，订购价值600元的商品，选择到货付款方式。

（3）前述业务（1）的顾客验货付款，收到1 000元现金。

（4）收到前述业务（2）所订购的货物并支付600元现金。

（5）用现金40元支付本月应承担的银行借款利息。

（6）赊购6 000元的办公设备，已投入使用。

他们对以上业务进行了简单的手工记录，见表3-6。

表3-6 交易记录

资产		负债和所有者权益		收入-费用	
收到商品订单	+1 000元			销售商品	+1 000元
发出订购商品的订单	-600元			存货支出	-600元
收到现金	+1 000元				
将货物发运给顾客	-1 000元				
收到所订购的商品	+600元	应付账款	+600元		
支付现金	-40元			利息支出	-40元
赊购设备		应付账款	+6 000元	设备支出	-6 000元

要求：分析这个记账系统存在的问题，试着完善该系统。

二维码3-4

练习题
参考答案

第四章 制造业企业生产经营过程核算

【案例四】
第一节　资金筹集过程的核算
第二节　供应过程的核算
第三节　生产过程的核算
第四节　销售过程的核算
第五节　财务成果的核算
第六节　生产经营过程账户的结账
【案例四评析】
【练习题】

会计学原理

Principles of Accounting

第四章　制造业企业生产经营过程核算

▶【学习目标】

- 了解制造业企业生产经营过程的资金运动；
- 掌握生产经营过程核算主要账户的用途和结构；
- 掌握供产销过程及财务成果形成的业务核算；
- 了解其他经济业务的核算方法。

▶【本章重点】

- 采购、生产和销售过程的资金运动和业务核算；
- 财务成果的形成和利润计算方法。

▶【本章难点】

- 采购成本的确定；
- 产品成本的计算；
- 增值税、固定资产折旧、计提利息费用业务的理解。

案例四

一个家具生产厂最近获得了生产一批办公桌的订单，订单报价230 000元。为此，工厂购进了一批木材（价值110 000元）和一台木材加工机床（价值60 000元，该机床预计可以使用10 000小时），并于本月初开始了办公桌的生产。在生产过程中，车间领用了木材共计100 000元。本月应付给生产工人的工资为60 000元，应付给行政管理人员的工资为20 000元。新机床本月共使用160小时，本月车间的水电费为2 000元，暂时未付款。月末，该批办公桌全部完工，验收入库后，向客户发货。

在生产办公桌的过程中发生了哪些经济活动？在这个过程中，不同形态的资金是如何变动的？这批办公桌的制作成本是多少？如果本月没有其他生产经营活动，这个订单本月能给企业带来利润吗？

第一节　资金筹集过程的核算

制造业企业是最早出现的企业类型之一。它是为满足社会需要并获得盈利，从事制造性生产经营活动、自主经营、自负盈亏、独立核算并具有法人资格的经济组织。制造业企业开展生产经营活动，首先需要筹集必要的资金。资金筹集业务是企业获取资金的过程，也是企业资产的最初获得过程。

在资金筹集阶段，企业通过接受投资者的投资和向债权人借入各种款项筹集资金，以满足生产经营的资金需求。

一、向投资人筹集资本金

《中华人民共和国民法典》中明确规定，设立企业，法人必须要有必要的财产。我国《公司法》也将股东出资达到法定资本最低限额作为公司成立的必备条件。企业向投资人筹集资本金的活动通过“实收资本”账户核算。实收资本是指投资人按照企业章程或合同、协议的约定，实际投入到企业中的各种资产的价值。它表明所有者对企业的基本产权关系，它的构成比例即投资者的出资比例或股东的股份比例，是企业据以向投资者进行利润或股利分配的主要依据。这一环节取得的资金主要表现为货币资金，也可以是实物形态的资金，比如材料、房产、设备等和非实物形态的资金，比如无形资产。向投资人筹集资金的过程，通过以下账户核算：

1.“实收资本”账户

该账户属于所有者权益类账户，核算企业实际收到的投资人投入资本的增减变动及其结存情况。其账户结构为：

借方 **实收资本** 贷方

借方	贷方
	期初余额：期初实有的资本
本期减少额： 减少资本	本期增加额： 本期投资人投入资本 本期资本公积转增资本 本期盈余公积转增资本
	期末余额：期末实有的资本

该账户应按投资者（投资主体）设置明细账户，进行明细分类核算。在会计实务中，对于投资者投入的资本，股份有限公司使用“股本”账户，其他企业使用“实收资本”账户。

企业接受投资时还可能形成资本公积。资本公积是指投资者投入到企业、所有权归属于全体投资者，并且投入金额超过应计入实收资本部分的资金。资本公积不是由企业实现的利润转化而来的，从本质上讲仍属于投入资本范畴。

2.“银行存款”账户

该账户属于资产类账户，核算企业存入银行或其他金融机构的各种存款的增减变动及其结存情况。其账户结构为：

借方 **银行存款** 贷方

借方	贷方
期初余额：期初实有的存款额	
本期增加额： 因销售商品、取得借款、接受投资等带来银行存款的增加	本期减少额： 因购买商品、偿还借款、缴纳税金、支付费用等带来银行存款的减少
期末余额：期末实有的存款额	

3.“固定资产”账户

固定资产是企业经营过程中使用的长期资产，包括房屋建筑物、机器设备、运输车辆以及工具、器具等。我国企业会计准则对固定资产的定义是：“固定资产，是指同时具有以下两个特征的有形资产：为生产商品、提供劳务、出租或经营管理而持有的；使用寿命超过一个会计年度。”固定资产账户属于资产类账户，核算企业固定资产的原始价值，固定资产增减变动及其结存情况。其账户结构为：

借方　　　　固定资产	贷方
期初余额：期初固定资产原始价值	
本期增加额： 各种途径取得固定资产的成本（包括买价、运输和保险等相关费用，以及为使固定资产达到预定可使用状态前所必要的支出）	本期减少额： 出售、报废、毁损等减少的固定资产原始价值
期末余额：期末固定资产原始价值	

该账户按固定资产类别、使用部门和每项固定资产进行明细分类核算。

企业收到投资者以货币资金投入的资本时，以实际收到的金额作为实收资本入账。对于实际收到的金额超过投资者在企业资本中所占份额的部分，应当计入资本公积。

【例 4-1】华兴公司收到公司股东张盟投入的资本600 000元，款项存入银行。

借：银行存款　　600 000

　贷：实收资本——张盟　　600 000

企业收到投资者以非现金资产投入的资本时，应按双方确认的价值作为实收资本入账。对于资产价值超过投资者在企业资本中所占份额的部分，应当计入资产公积。

【例 4-2】华兴公司收到公司另一股东李利投资设备一台，确认的价值为420 000元。依据公司股东协议，李利投入的资本按400 000元计算。

借：固定资产　　420 000

　贷：实收资本——李利　　400 000

　　　资本公积——资本溢价　　20 000

二、向银行或其他金融机构借入资金

向银行或其他金融机构等借入资金，形成短期借款或长期借款。短期借款一般是企业为维持日常的生产经营所需资金而借入的款项。长期借款一般是企业用于固定资产、无形资产的购建等重大支出，也可以用于流动资产的正常需要支出等方面。向银行或其他金融机构等借入资金核算需设置的主要账户有：

1.“短期借款”账户

该账户是负债类账户，核算企业向银行或其他金融机构等借入的期限在1年以下（含1年）各种借款的增减变动及其结存情况。其账户结构为：

短期借款

借方	贷方
	期初余额：期初短期借款本金
本期减少额： 到期偿还的短期借款本金	本期增加额： 借入的短期借款本金
	期末余额：尚未偿还的短期借款本金

该账户应按债权人设置明细账户，并按借款种类进行明细分类核算。需要说明的是，短期借款利息不通过该账户核算。

【例4-3】华兴公司2021年11月30日向工商银行借入6个月期借款200 000元，年利率为6%，到期一次还本付息。所借款项存入银行。

借：银行存款　　200 000

　贷：短期借款——工商银行　　200 000

到期归还短期借款本金时，编制与上述分录相反的分录。短期借款利息的核算在本章第四节介绍。

二维码4-1

筹资过程的核算

2.“长期借款”账户

企业向银行或其他金融机构等借入的期限在1年以上（不含1年）的各项借款，通过“长期借款”账户进行核算。“长期借款”账户的核算方法与短期借款类似，在此不做详细介绍。

第二节　供应过程的核算

企业完成资金筹集之后，就进入了生产准备环节。企业使用筹集来的资金购买材料物资和机器设备，以形成企业生产能力，为产品的生产准备必要的物资基础。这时，资金从货币形式转化为固定资金和储备资金。

生产准备环节主要包括材料的采购业务和固定资产的购置业务。生产准备环节的实物资金可以进一步分为固定资金（购建生产设备、生产场地等固定资产所占用的资金）和储备资金（购买原材料、辅助材料等流动资产所占用的资金）。本节主要介绍材料采购过程的核算。

一、供应过程的账户设置

供应过程核算的基本内容是反映物资采购支出，计算确定并结转材料的实际采购成本，办理货款结算，考核物资采购计划的执行情况，促进储备资金的合理使用。供应过程通过以下账户核算：

1.“在途物资”账户

该账户是资产类账户，企业按实际成本进行材料核算时，用该账户核算外购材料的买价和各种采购费用，据以计算和确定购入材料的实际采购成本。该账户应按采购材料的品种或种类设置明细账户，进行明细分类核算。“在途物资”账户的结构如下：

借方 **在途物资** 贷方

期初余额：期初在途材料成本	
本期增加额： 购入材料的买价、运杂费、挑选整理费用等	本期减少额： 结转验收入库材料的实际采购成本
期末余额：期末在途材料成本	

对“在途物资”账户的运用，还需注意以下两个方面：

第一，企业对于购入的材料，无论是否已经付款，一般都应该先记入该账户，在材料验收入库结转成本时，再将其成本转入“原材料”账户。

第二，材料的采购成本由材料的买价和采购费用组成。材料的买价是购进材料时从供货方取得的发票上列明的材料货款，可以直接计入各种材料的采购成本。材料的采购费用，倘若能够分清材料品种，可以直接计入各种有关材料的采购成本；倘若不能分清材料品种，通常按材料的重量或买价的比例分配后计入各有关材料的采购成本。

按计划成本进行材料核算的企业，可以设置“材料采购”账户核算购入材料的实际成本和结转入库材料的计划成本，单独设置“材料成本差异”账户，并据以计算和确定购入材料成本的差异额。本书不介绍材料按计划成本进行核算的会计处理。

2.“原材料”账户

该账户是资产类账户，在按实际成本进行材料核算时，用以核算企业库存材料实际成本的增减变动及其结存情况。材料验收入库或库存原材料实际成本增加时，记入其借方；发出材料时，贷记材料的实际成本；账户期末余额在借方，表示期末库存材料的实际成本。该账户应按材料的种类或类别设置明细账户，进行明细分类核算。“原材料”账户的结构如下：

借方 **原材料** 贷方

期初余额：期初库存材料实际成本	
本期增加额： 验收入库材料的实际成本	本期减少额： 本期发出或消耗的库存材料
期末余额：期末库存材料实际成本	

3.“应付账款”账户

该账户是负债类账户，用以核算和监督企业因购买材料、商品和接受劳务供应而应付给供应单位的款项。该账户的贷方登记企业接受供应单位提供劳务、购买货物而发生的应付未付款项（包括买价、税金和代垫运杂费等）；借方登记企业偿还的账款，贷方期末余额表示尚未偿还的应付账款数。该账户应按照供应单位设置明细分类账户，进行明细分类核算。“应付账款”账户的结构如下：

借方 **应付账款** 贷方

	期初余额：期初尚未偿还的应付款
本期减少额： 偿还应付供货方款项	本期增加额： 采购货物和劳务应支付供货方款项
	期末余额：期末尚未偿还的应付款

如果企业按照合同约定，预付给供货方款项，则应通过“预付账款”账户核算。该账户是资产类账户，预付给供货方款项时，记入借方；收到供货方材料时，记入贷方；期末余额一般在借方，表示企业已经预付而尚未收到的材料款。当“预付账款”账户期末余额在贷方时，表示企业欠供应方的货款，即“应付账款”。这时“预付账款”实质上反映企业的一项负债。

4.“应交税费”账户

该账户是负债类账户，用以核算和监督企业按税法规定应缴纳的各种税费的计算和实际缴纳情况。该账户贷方登记企业计算的本期应交而未交的各种税费的增加，包括增值税、消费税、城市维护建设税、企业所得税等；借方登记企业本期实际缴纳的各种税费，包括支付的增值税进项税额；期末贷方余额为未交的税费结余额。“应交税费”账户按不同税种设置明细分类账户，进行明细分类核算。

在材料采购业务中，设置“应交税费”账户主要是为了核算增值税。依据《中华人民共和国增值税暂行条例》的规定，在我国境内销售货物或者加工、修理修配劳务，销售服务、无形资产、不动产以及进口货物的单位和个人，为增值税的纳税人，应依条例缴纳增值税。增值税是对商品生产、流通、劳务服务中多个环节的新增价值或商品的附加值征收的一种流转税，所以称为增值税。它是一种价外税，采取两段征收法，纳税人就其取得的货物或应税劳务的销售额计算税款，并实行进项税款抵扣。

按照经营规模的大小和会计核算健全与否等标准，增值税纳税人可分为一般纳税人和小规模纳税人。如无特别说明，本书主要介绍一般纳税人的增值税会计处理。一般纳税人当期应纳税额的计算公式如下：

本期应纳税额=本期销项税额-本期进项税额

其中，销项税额是指纳税人销售货物或应税劳务时，按照销售额和规定的税率计算并向购买方收取的增值税税额，计算公式如下：

销项税额=销售额×增值税税率

进项税额是指纳税人购进货物或接受应税劳务时，应向供应商支付的增值税税额，计算公式如下：

进项税额=购进货物或劳务价款×增值税税率

增值税的进项税额与销项税额是相对应的，销售方的销项税额就是购买方的进项税额。

“应交税费”账户的结构如下：

借方　　应交税费	贷方
	期初余额：期初未交的税费
本期减少额： 本期实际缴纳的各种税费 本期支付的增值税进项税额	本期增加额： 本期应交的增值税销项税额 本期应交的所得税等
	期末余额：期末未交的税费

二、材料采购成本的计算

二维码4-2

供应过程的资金运动

企业在材料采购过程中会发生各种采购费用。为了真实地反映不同品种、规格原材料的实际采购成本，必须分析材料采购成本的构成并进行材料采购成本的计算。

1.材料采购实际成本的构成

依据《企业会计准则第1号——存货》的规定，存货的采购成本，包括购买价款、相关税费、运输费、装卸费、保险费以及其他可归属于存货采购成本的费用。材料采购成本由买价和采购费用两部分构成。

（1）材料的买价，即购买材料时由供货方开出的发票上注明的货款金额。

（2）材料的采购费用一般是指在材料采购过程中发生的下列费用：

①运杂费，是指企业因外购材料而发生的、应由本企业负担的各项运输费、装卸费、包装费和保险费等费用。

②运输途中的合理损耗，是指规定的货物在运输途中允许发生的合理损耗，也称定额损耗。材料在运输途中发生的定额内损耗，可以计入物资采购成本。但是，材料在运输途中发生的超定额损耗，不能计入物资采购成本，应及时查明损耗的原因，分别处理。

③入库前的加工整理及挑选费用，是指采购材料入库前发生的挑选、整理及加工费用。

④应计入物资采购成本的税金，是指按税法和会计制度的有关规定，应计入物资采购成本的各种税金，如关税、消费税。

2.材料采购实际成本的计算

上述材料采购实际成本的构成内容，按计入成本的方法可分为直接费用和间接费用。为采购某种材料而发生的费用，为直接费用；为采购两种或两种以上的材料而发生的费用，为间接费用。

企业采购的材料应按每种材料的买价及其采购费用计算确定各该材料的实际采购成本。但是，如果采购费用是为采购几种材料而共同发生的（间接费用），则应选择科学、合理的标准在各材料之间进行分摊，以求得每种材料各自应负担的实际采购成本。

材料在采购过程中发生的间接费用，可按所采购材料的重量、体积、面积和买价等标准进行分配。在选择分配标准时，应选择各分配对象所共同具备的标准。一般而言，材料的运杂费、运输途中的合理损耗、入库前的挑选费用，可按重量、体积和面积比例分配；异地采购费用和专设采购机构经费，可按买价比例分配。材料采购费用的分配公式如下：

$$\text{材料采购费用分配率}=\frac{\text{发生的采购费用}}{\text{采购材料的总重量(总买价)}}$$

某种材料应负担采购费用=某种材料重量（买价）×材料采购费用分配率

【例4-4】（1）华兴公司从外地东华公司采购原材料一批，价款40 000元，其中：A材料250千克，价款15 000元；B材料150千克，价款25 000元，两种材料的增值税共5 200元，共发生运杂费2 000元。分配采购费用并计算各种材料实际采购成本（本书中的运费核算均不考虑增值税）。材料货款和运杂费等已通过银行存款支付，材料尚未验收入库。

①分配运杂费：

$$每千克材料应分配的运杂费=\frac{2\ 000}{250+150}=5（元/千克）$$

A材料应负担的运杂费=250×5=1 250（元）

B材料应负担的运杂费=150×5=750（元）

②各材料的实际成本：

A材料的实际成本=15 000+1 250=16 250（元）

B材料的实际成本=25 000+750=25 750（元）

制造业企业采购的各种材料，应按材料的品种和规格设置明细账，然后根据各材料采购明细账的资料，编制“材料采购成本计算单”，以计算各材料的实际采购成本。

三、材料采购业务的账务处理

【例4-5】接上例，(2) 华兴公司采购业务账务处理如下：

①材料的买价40 000元及运输费2 000元应登记在“在途物资”账户的借方，反映材料采购成本的形成；支付给供货方的增值税进项税额，使“应交税费——应交增值税”减少，应登记在该账户的借方；以银行存款支付材料款、运杂费、增值税等表明银行存款减少，应登记在“银行存款”账户的贷方。

因此，该项经济业务应编制如下会计分录：

借：在途物资——A材料	16 250	
——B材料	25 750	
应交税费——应交增值税（进项税额）	5 200	
贷：银行存款		47 200

②材料入库前，以现金支付A、B两种材料的装卸费、搬运费300元。

采购A、B两种材料共同发生的装卸费、搬运费应在两种材料之间进行分摊。由于装卸费、搬运费与材料重量（A材料250千克、B材料150千克）有较密切的关系，因此，可选择材料重量作为分配标准。

分配A、B材料共同负担的装卸费、搬运费：

$$每千克材料应负担的装卸费、搬运费=\frac{300}{250+150}=0.75（元/千克）$$

A材料应分摊的装卸费、搬运费=0.75×250=187.50（元）

B材料应分摊的装卸费、搬运费=0.75×150=112.50（元）

企业发生的装卸费、搬运费也属于采购费用，构成材料采购成本，应登记在“在途物资”账户的借方；因支付这些费用使现金减少，其减少额应记入“库存现金”账户的贷方。

因此，该项经济业务应编制如下会计分录：

借：在途物资——A材料	187.50	
——B材料	112.50	
贷：库存现金		300

【例4-6】接上例，(3) 华兴公司自长江工厂购入C材料600千克，单价8元/千克，共计4 800元，增值税税率为13%。货款及税费均未支付。

这项经济业务的发生使C材料发生采购成本4 800元，应登记在“在途物资”账户的借方；应支付给供货方的增值税进项税额，使“应交税费——应交增值税”减少624元，应登记在该账户的借方；款项尚未支付而引起债务增加5 424元，应登记在“应付账款”账户的贷方。因此，该项经济业务应编制如下会计分录：

借：在途物质——C材料　　4 800
　　应交税费——应交增值税（进项税额）　　624
　贷：应付账款　　5 424

【例4-7】接上例，（4）上述A、B、C三种材料均已验收入库，结转材料实际采购成本。

A、B、C三种材料实际采购成本计算如下：

A材料实际采购成本=16 250+187.50=16 437.50（元）

B材料实际采购成本=25 750+112.50=25 862.50（元）

C材料实际采购成本=4 800元

原材料验收入库，表明库存材料增加。库存材料的增加应记入“原材料”账户的借方；同时，原材料验收入库也表明材料采购供应过程已完成，采购成本应从“在途物资”账户的贷方转出。因此，该项经济业务应编制如下会计分录：

借：原材料——A材料　　16 437.50
　　　　　——B材料　　25 862.50
　　　　　——C材料　　4 800
　贷：在途物资——A材料　　16 437.50
　　　　　　——B材料　　25 862.50
　　　　　　——C材料　　4 800

二维码4-3

材料采购过程的核算

第三节　生产过程的核算

制造业企业的生产过程是将材料投入生产到产品完工验收入库的过程。在生产过程中，材料被消耗掉或改变原有的实物形态，其价值全部转移到产品价值之中；厂房、机器设备等固定资产的价值也逐渐地转移到产品价值之中；生产工人的人工费用及生产部门为管理和组织生产而发生的各项费用也构成了产品价值的一部分。在产品生产过程中，经营资金从货币资金和储备资金形态转化为生产资金形态。随着产品生产过程的结束和产品价值的形成，经营资金从生产资金形态转化为成品资金形态。

生产过程核算的基本任务是反映生产费用的发生、归集和分配情况，计算和结转产品的生产成本，考核产品成本计划和费用预算的执行情况。

一、生产过程账户的设置

为了进行生产费用的归集与分配和产品生产成本的计算，生产过程核算设置了“生产成本”和“制造费用”两个专门反映生产过程情况的总分类账户。另外，生产过程核算中还会涉及其他账户，如“累计折旧”“库存商品”“应付职工薪酬”“管理费用”等。

1.“生产成本”账户

该账户是成本类账户，用以核算产品生产过程中发生的各项生产费用，以正确地计算产品生产成本。其借方登记企业发生的各项生产费用，包括直接计入产品生产成本的直接材料费、直接人工费和期末按照一定的方法分配计入产品生产成本的制造费用；贷方登记结转完工入库产品的实际成本；期末如有余额在借方，表示尚未完工的在产品成本，即生产资金的占用额。该账户应按生产产品的品种设置明细分类账户，进行明细分类核算。

“生产成本”账户的结构如下：

借方　　**生产成本**　　贷方

期初余额：期初在产品成本	
本期发生的生产费用： 直接材料、直接人工、制造费用	结转本期完工验收入库的产成品成本
期末余额：期末在产品成本	

制造业企业采购入库的材料，形成生产储备物资。生产部门领用时，填制领料单，向仓库办理领料手续，领取所需材料。仓库发出材料后，要将领料凭证传递到会计部门。会计部门将领料单汇总，编制“材料耗用汇总表”，据以将本月发生的材料费用按其用途分配计入生产费用和其他有关费用。

2.“制造费用”账户

该账户是成本类账户，用以归集和分配企业生产车间范围内（包括基本生产车间和辅助生产车间）为生产产品所发生的各项间接费用，主要包括车间范围内发生的车间管理人员的薪酬、固定资产折旧费、水电费、机物料消耗等。企业发生各项制造费用时，记入其借方；期末制造费用分配转入“生产成本”账户借方时，记入其贷方；期末结转后该账户一般应无余额。该账户按不同车间设置明细分类账户，可以按照费用项目设置专栏进行明细登记。

“制造费用”账户的结构如下：

借方　　**制造费用**　　贷方

归集车间范围内本期发生的 各项间接费用	期末将本期发生的制造费用 分配转入“生产成本”账户

3.“累计折旧”账户

该账户是资产类账户，用以核算固定资产已提折旧的累计情况。提取固定资产折旧时，记入其贷方；转销固定资产折旧额时，记入其借方；余额在贷方，表示固定资产累计折旧额。“累计折旧”账户是“固定资产”账户的备抵账户，“固定资产”账户借方余额减去“累计折旧”账户贷方余额，就是期末固定资产的净值。该账户只进行总分类核算，不进行明细分类核算。若要查明某项固定资产已提折旧的具体情况，可以通过固定资产卡片来了解。

“累计折旧”账户的结构如下：

借方 **累计折旧** 贷方

	期初余额：期初固定资产累计折旧额
本期固定资产折旧的减少额（注销额）	本期提取的固定资产折旧额
	期末余额：现有固定资产累计折旧额

由于固定资产在使用期限内保持原有实物形态，其价值却随着固定资产的损耗而逐渐减少，在实物未被报废清理之前，总有一部分价值相对固定在实物形态上。固定资产管理要求原值与实物口径一致，以考核固定资产的原始投资规模。固定资产由于损耗而减少的价值就是固定资产的折旧。折旧应该作为折旧费用计入产品成本或期间费用。这样做不仅是为了使企业在将来有能力重置固定资产，更为了实现会计期间收入与费用的正确配比。固定资产折旧额通常是根据固定资产的原值和规定的折旧率按月计算提取的。

基于固定资产的上述特点，为了使“固定资产”账户能按固定资产的取得成本反映其实物增减变动和结存情况，同时要计算和反映固定资产的账面净值，需要专门设置一个用来反映固定资产价值损耗（折旧额）的账户，即“累计折旧”账户。在注销固定资产时，贷记“固定资产”账户，同时还应借记“累计折旧”账户，注销其已提取的折旧额。

4.“应付职工薪酬”账户

职工薪酬，是指企业为获得职工提供的服务而给予各种形式的报酬以及其他相关支出，包括职工工资、奖金、津贴、补贴和其他福利。

职工薪酬作为企业的一项支出，在实际发生时根据职工提供服务的受益对象不同，分别形成企业的费用、成本或计入有关资产的成本：应由生产产品、提供劳务负担的职工薪酬，计入产品成本或劳务成本；应由在建工程、无形资产负担的职工薪酬，计入建造固定资产或无形资产的成本；其他职工薪酬计入当期损益。

该账户是负债类账户，用以核算企业应付给职工的各种薪酬总额和实际发放情况，并反映和监督企业与职工的薪酬结算情况。贷方登记本月计算的应付职工薪酬总额，包括各种工资、奖金、津贴和福利费等，同时应付的职工薪酬应被作为一项费用按其经济用途分配记入有关的成本、费用账户；借方登记本月实际支付的职工薪酬数；月末如为贷方余额，表示本月应付职工薪酬大于实付职工薪酬的数额，即应付未付的职工薪酬。该账户可以按照“工资”“职工福利”“社会保险费”“住房公积金”等进行明细核算。

“应付职工薪酬”账户的结构如下：

借方 **应付职工薪酬** 贷方

	期初余额：期初应付未付的职工薪酬
本期减少额： 本期实际支付的职工薪酬	本期增加额： 月末计提本期应承担的职工薪酬
	期末余额：期末应付未付的职工薪酬

企业发生的职工薪酬用途是不同的，有的直接用于产品的生产，有的用于管理活动等，所以企业在确定本月应付职工薪酬时，就应该按用途分别在有关账户中进行核算，特别是生产多种产品的企业，共同性的职工薪酬应在各种产品之间按照一定的标准进行分

配。职工薪酬核算的具体业务包括提取现金、支付工资及福利费、分配工资及福利费等。

5.“库存商品”账户

该账户是反映完工入库产品增减变化及结存情况的账户。该账户借方登记已完成生产过程并验收入库的完工产品的实际生产成本；贷方登记已销售发出的完工产品的实际生产成本；期末余额在借方，表示期末库存商品的实际生产成本。该账户应按产品的品种、规格设置明细分类账户，进行明细分类核算，以提供不同品种、规格产品的增减变动及结存的数量和金额。

“库存商品”账户的结构如下：

借方　　　　**库存商品**　　　　贷方

期初余额：期初库存商品的实际成本	
本期增加额： 本期验收入库、盘盈库存商品的实际成本	本期减少额： 本期发出、盘亏和毁损库存商品的实际成本
期末余额：期末库存商品的实际成本	

二维码4-4

生产过程的资金运动

6.“管理费用”账户

管理费用是指企业行政管理部门为组织和管理企业的生产经营活动而发生的各种费用。该账户是费用类账户，发生各项管理费用时，记入其借方；月末结转“本年利润”账户时，记入其贷方；结转后该账户期末应无余额。该账户按费用项目设置明细账户，进行明细分类核算。

“管理费用”账户的结构如下：

借方　　　　**管理费用**　　　　贷方

本期发生的各项管理费用	期末转入“本年利润”账户的管理费用合计

管理费用属于期间费用，不计入产品制造成本，从当期损益中扣除。

二、产品成本计算

制造业企业在生产经营过程中会发生各种各样的生产费用，比如要消耗一定数量的材料、燃料、动力等，使用厂房建筑和机器设备，支付职工工资，发生各项生产经营管理费用等。这些费用发生频繁，内容复杂，因此必须将发生的生产费用按一定的方法进行归集和分配，计算产品生产成本。

生产费用是指以货币表现的、一定时期内为生产产品、提供劳务而发生的全部生产经营性耗费。生产费用归集和分配到产品上，即为产品成本。产品成本是对象化的生产费用。

产品成本计算是将生产过程中所发生的各项生产费用，按产品品种、规格型号进行归集和分配，从而计算各种产品的总成本和单位成本的一种专门方法。

产品成本由生产费用构成，构成产品成本的生产费用其经济用途不尽相同。生产费用按经济用途可分为计入产品成本的生产费用和不计入产品成本的生产费用。不计入产品成本的生产费用（如管理费用、销售费用和财务费用）作为期间费用计入当期损益；计入产品成本的生产费用，按其用途还可进一步分为若干项目，即产品成本项目。制造业企业的产品成本项目一般可分为直接材料、直接人工和制造费用。

生产费用按其计入成本的方法不同，可分为直接费用和间接费用。直接费用是指能够确认属于某种产品，并能根据原始凭证直接计入该种产品成本的费用。间接费用是指发生时不能确定属于某种产品，因而不能根据原始凭证直接计入该种产品成本的费用。间接费用需要采用适当的标准和方法，在各产品之间进行分配。一般而言，直接材料和直接人工为直接费用，制造费用为间接费用。间接费用的分配标准主要有生产工人工时、生产工人工资、机器工时和直接材料成本等。间接费用的分配公式如下：

$$分配率=\frac{应分配的费用总额}{分配标准}$$

某种产品应负担的费用=某种产品的分配标准×分配率

间接费用经过分配后，与直接费用一起记入产品生产成本明细账，构成本期产品的生产费用；期末，根据产品生产成本明细账编制“产品成本计算单”，将产品生产成本明细账上所归集的生产费用总额按一定的方法，在当期完工产品与期末在产品之间进行分配，从而计算出当期完工产品成本和期末在产品成本。

三、产品生产业务的账务处理

【例4-8】承前例，2021年12月，华兴公司继续发生如下产品生产业务（假设库存商品按实际成本核算，公司按品种计算产品成本）：

（5）生产领用材料共计27 500元，其中，甲产品领用A材料12 000元，乙产品领用B材料15 500元。

生产领用材料27 500元，表明生产费用增加。这种费用与产品生产直接相关，其增加额应记入“生产成本”账户的借方；同时，由于材料的领用而使库存材料减少，库存材料的减少应记入“原材料”账户的贷方。因此，该项经济业务应编制如下会计分录：

借：生产成本——甲产品	12 000	
——乙产品	15 500	
贷：原材料——A材料		12 000
——B材料		15 500

（6）生产车间领用C材料2 000元，作为一般消耗用材料。

车间一般消耗用材料无法直接确定归属于哪种产品，属于间接费用，应记入“制造费用”账户的借方；原材料的减少应记入“原材料”账户的贷方。因此，该项经济业务应编制如下会计分录：

借：制造费用	2 000	
贷：原材料——C材料		2 000

（7）购入生产设备一台，价款9 000元，发生增值税1 170元，运杂费400元。各款项均以银行存款支付。

购入设备使固定资产增加，银行存款减少。固定资产增加记入“固定资产”账户的借方，增值税进项税额记入“应交税费——应交增值税”账户的借方，银行存款的减少记入“银行存款”账户的贷方。因此，该项经济业务应编制如下会计分录：

借：固定资产　　9 400
　　应交税费——应交增值税（进项税额）　　1 170
　贷：银行存款　　10 570

（8）从银行提取现金48 500元，准备发放工资。

从银行提取现金使现金增加、银行存款减少。现金的增加记入“库存现金”账户的借方，银行存款的减少记入“银行存款”账户的贷方。因此，该项经济业务应编制如下会计分录：

借：库存现金　　48 500
　贷：银行存款　　48 500

（9）以现金48 500元发放上月工资。

按照权责发生制原则，上月的工资费用不计入本月费用账户。发放上月的工资表明对员工的负债减少，应记入“应付职工薪酬”账户的借方；以现金发放工资使现金减少，其减少额应记入“库存现金”账户的贷方。因此，该项经济业务应编制如下会计分录：

借：应付职工薪酬　　48 500
　贷：库存现金　　48 500

（10）将本月应付职工薪酬48 000元分配计入成本费用。其中，生产工人工资26 000元（甲产品生产工人工资14 000元，乙产品生产工人工资12 000元），车间管理人员工资10 000元，行政管理人员工资12 000元。

每月月末，企业应根据当月考勤记录或产量记录以及工资支付的标准，计提本月应计入成本、费用的工资费用，并反映由此产生的应支付给职工的工资数额。职工的工资按职工所处工作岗位的不同分别记入有关成本、费用账户，其中，生产工人工资应记入“生产成本”账户，车间管理人员工资应记入“制造费用”账户，厂部行政管理人员工资应记入“管理费用”账户。应付给职工的工资数额记入“应付职工薪酬”账户的贷方，表示企业对职工的负债；向职工实际支付、发放工资时，记入“应付职工薪酬”账户的借方，表示此项负债的偿还。在实际工作中，也可能是工资的实际发放在前，工资的结算分配在后，但这并不影响“应付职工薪酬”账户作为负债类账户所具有的性质及结构。

因此，该项经济业务应编制如下会计分录：

借：生产成本——甲产品　　14 000
　　　　　　——乙产品　　12 000
　　制造费用　　10 000
　　管理费用　　12 000
　贷：应付职工薪酬——工资　　48 000

（11）提取本月固定资产折旧2 450元，其中，生产车间固定资产折旧1 800元，行政管理设备折旧650元。

提取固定资产折旧是为了如实反映固定资产的价值损耗并正确计算应计入成本费用的折旧费用。折旧费用因固定资产所在的部门和用途不同而记入不同的成本费用账户。车间固定资产折旧记入“制造费用”账户；行政管理设备的折旧记入“管理费用”账户。因此，该项经济业务应编制如下会计分录：

借：制造费用　　1 800
　　管理费用　　650

贷：累计折旧　2 450

（12）摊销应由本月负担的车间财产保险费300元。

企业预付财产保险费时，因费用并未发生，应作为预付账款增加；以后按月摊销时再转为每月的实际保险费用，作为预付账款的减少。车间财产保险费应记入“制造费用”账户的借方，预付账款减少应记入“预付账款”账户的贷方。因此，该项经济业务应编制如下会计分录：

借：制造费用　300

　贷：预付账款——财产保险费　300

（13）收到本月水电费账单，其中生产车间用水电3 300元，行政办公用水电1 200元，以银行存款支付。

水电费用计入成本费用的具体账户因使用部门和用途不同而有所不同。车间的水电费记入“制造费用”账户；行政管理部门的水电费记入“管理费用”账户。因此，该项经济业务应编制如下会计分录：

借：制造费用　3 300

　　管理费用　1 200

　贷：银行存款　4 500

（14）将本期发生的制造费用按机器工时比例分配计入生产成本。本月机器工时共计6 000小时，其中，甲产品耗用3 800小时，乙产品耗用2 200小时。

月末汇总计算本月制造费用发生额，按机器工时比例分配如下；

$$每机器工时应分摊的制造费用=\frac{17\ 400}{3\ 800+2\ 200}=\frac{17\ 400}{6\ 000}=2.9（元/小时）$$

甲产品应负担的制造费用=3 800×2.9 =11 020（元）

乙产品应负担的制造费用=2 200×2.9 = 6 380（元）

制造费用分配过程及结果见表4–1。

表4–1　制造费用分配表

产品名称	机器工时（小时）	分配率	分配金额（元）
甲产品	3 800	2.9	11 020
乙产品	2 200	2.9	6 380
合计	6 000	—	17 400

制造费用是产品生产成本的构成内容之一。期末，应将当期归集的全部制造费用分配计入生产成本，以正确计算确定产品制造成本。分配制造费用时，生产成本增加，应记入“生产成本”账户的借方；制造费用减少，应记入“制造费用”账户的贷方。

因此，该项经济业务应编制如下会计分录：

借：生产成本——甲产品　11 020

　　　　　　——乙产品　6 380

　贷：制造费用　17 400

（15）本月投产的产品月末全部完工验收入库，甲产品完工500件，乙产品完工400件，结转完工产品成本。

根据（5）~（15）的有关会计分录，计算甲、乙产品的生产成本，见表4-2、表4-3。产品完工验收入库，按月末成本计算的结果编制“库存商品成本汇总表”，见表4-4。

表4-2 甲产品成本计算单

完工产品数量：500件　　在产品数量：0　　金额单位：元

项目	直接材料	直接人工	制造费用	合计
期初在产品成本	—	—	—	0
本期生产费用	12 000	14 000	11 020	37 020
合计	12 000	14 000	11 020	37 020
费用分配率	24	28	22.04	74.04
完工产品成本	12 000	14 000	11 020	37 020
单位产品成本	24	28	22.04	74.04
在产品成本	—	—	—	0

注：表中“费用分配率”均按产量计算。由于没有期末在产品，不需要将在产品数量折合为完工产品数量，下同。

表4-3 乙产品成本计算单

完工产品数量：400件　　在产品数量：0　　金额单位：元

项目	直接材料	直接人工	制造费用	合计
期初在产品成本	4 000	—	—	4 000
本期生产费用	15 500	12 000	6 380	33 880
合计	19 500	12 000	6 380	37 880
费用分配率	48.75	30	15.95	94.70
完工产品成本	19 500	12 000	6 380	37 880
单位产品成本	48.75	30	15.95	94.70
在产品成本	—	—	—	0

表4-4 库存商品成本汇总表

2021年12月31日　　金额单位：元

成本项目	甲产品（500件）		乙产品（400件）	
	总成本	单位成本	总成本	单位成本
直接材料	12 000	24	19 500	48.75
直接人工	14 000	28	12 000	30
制造费用	11 020	22.04	6 380	15.95
合计	37 020	74.04	37 880	94.70

完工产品验收入库后，财务部门凭产品入库单、成本计算单、成本汇总表等将完工产

品实际总成本由“生产成本”账户的贷方转入“库存商品”账户的借方。

因此，该项经济业务应编制如下会计分录：

借：库存商品——甲产品　　37 020

　　　　　　——乙产品　　37 880

　贷：生产成本——甲产品　　37 020

　　　　　　　——乙产品　　37 880

二维码4-5

生产过程的核算

第四节　销售过程的核算

产品销售阶段，企业销售完工的产品，同时办理货款的结算，实现产品资金到货币资金的转化，完成资金的循环。企业通过对外销售产品并收取销售货款来弥补前期各种资源的消耗。产品销售业务需要关注两个方面：产品实体的流出和货币资金的流入。在这一环节，资金运动表现为成品资金通过销售再次转化为货币资金，并且在转化的过程中实现增值。

企业在销售过程中除了发生主营业务（如销售商品、提供劳务或服务等）外，还可能发生一些其他业务（如销售材料、出租固定资产等）。本节主要介绍主营业务收入和主营业务成本、税金的核算内容。

一、销售过程账户的设置

销售过程核算应设置“主营业务收入”“主营业务成本”“销售费用”“税金及附加”等总分类账户。另外，销售过程核算中还会涉及其他账户，如“预收账款”“其他业务收入”“其他业务成本”“应交税费”等账户。

1.“主营业务收入”账户

“主营业务收入”账户是损益类账户，用来核算企业销售商品和提供劳务所实现的收入。企业实现主营业务收入时，记入其贷方；发生销售退回和销售折让时，应从借方冲减本期的主营业务收入；期末将本期主营业务收入净额结转至“本年利润”账户时，记入其借方；期末结转后，该账户期末应无余额。该账户应按照主营业务的种类设置明细账户，进行明细分类核算。

“主营业务收入”账户的结构如下：

借方　　　　　　　　主营业务收入	贷方
本期销售退回、销售折扣等 期末转入“本年利润”账户的净收入	本期实现的主营业务收入

2.“主营业务成本”账户

企业通过销售业务流入经济利益，记为主营业务收入，同时也发生了经济利益流出，表现为减少了库存的存货。为取得主营业务收入而发生的费用（存货资产减少），称为主营业务成本。将销售发出的商品成本转为主营业务成本，应遵循配比原则的要求，即主营业务成本的结转不仅应与主营业务收入在同一会计期间加以确认，而且应与主营业务收入在已销商品数量上保持一致。主营业务成本的计算公式如下：

本期应结转的主营业务成本=本期销售商品的数量×单位商品的生产成本

“主营业务成本”账户是损益类账户，用来核算企业因经营主营业务而发生的实际成本及其结转情况。结转已销商品生产成本时，记入其借方；期末结转到“本年利润”账户时，记入其贷方；结转后该账户期末无余额。该账户应按照主营业务的种类设置明细账户，进行明细分类核算。

“主营业务成本”账户的结构如下：

借方 **主营业务成本** 贷方

本期已销售商品结转的主营业务成本	期末转入“本年利润”账户的主营业务成本

3.“税金及附加”账户

企业在销售商品过程中实现了商品的销售收入，就应该向国家税务机关缴纳相关的税金及附加，包括消费税、城市维护建设税、教育费附加等。这些税费一般是根据当月销售额或应纳税额，按照规定的税率计算的。

由于这些税金及附加一般是在当月计算而在下月缴纳的，因而在计算时，一方面作为企业本月发生的一项费用支出，另一方面形成企业的一项负债。

“税金及附加”账户是损益类账户，用来核算企业在主营业务和其他业务中应负担的各种税金及附加的计算及其结转情况。按照相关计税依据计算出的税费额，记入其借方；期末结转至“本年利润”账户时，记入其贷方；结转后该账户期末无余额。

“税金及附加”账户的结构如下：

借方 **税金及附加** 贷方

本期应缴纳的消费税、城市维护建设税、教育费附加等	期末转入“本年利润”账户的税金及附加

4.“销售费用”账户

销售费用是指企业在销售商品和材料、提供劳务等日常经营过程中发生的各项费用，包括广告费、运输费、装卸费以及为销售本企业的商品而专设的销售机构（含销售网点、售后服务网点等）的职工薪酬、业务费、折旧费等费用。

“销售费用”账户是费用类账户，用来核算企业在商品销售过程中所发生的各项销售费用及其结转情况。发生销售费用时，记入其借方；期末结转“本年利润”账户时，记入其贷方；结转后该账户期末无余额。该账户应按照费用项目设置明细账户，进行明细分类核算。

“销售费用”账户的结构如下：

借方 **销售费用** 贷方

本期发生的销售费用	期末转入“本年利润”账户的销售费用

我国企业会计准则规定，销售费用不作为销售收入的抵减项目，而是作为期间费用直接计入当期损益。

5.“财务费用”账户

“财务费用”账户是损益类账户，用来核算企业为筹集资金等而发生的各种筹资费用，主要包括利息支出（减利息收入）、汇兑损失（减汇兑收益）以及相关的手续费。企业发生财务费用时，记入其借方；发生的利息收入、汇兑收益以及期末转入“本年利润”账户的财务费用净额，记入其贷方；结转后该账户期末无余额。“财务费用”账户应按照费用项目设置明细账户，进行明细分类核算。

“财务费用”账户的结构如下：

借方　　　　　　**财务费用**	贷方
本期发生的利息支出、手续费、汇兑损失	本期利息收入、汇兑收益 期末转入“本年利润”账户借方的财务费用

企业取得短期借款时，借记“银行存款”账户，贷记“短期借款”账户；期末计算借款利息时，借记“财务费用”账户，贷记“银行存款”或“应付利息”账户；偿还借款本金、支付利息时，借记“短期借款”“应付利息”账户，贷记“银行存款”账户。

6.其他账户

“预收账款”账户。当企业采用预收货款的方式销售产品时，可以通过“预收账款”账户进行核算。该账户是负债类账户，用以核算和监督企业按照合同规定向购货单位预收的货款。其贷方登记企业向购货单位预收的货款数，以及销售收入实现时购货方应补付的货款；借方登记产品实际销售的货款数；期末余额在贷方表示应付货款数，余额在借方表示应收货款数。“预收账款”账户按购买单位设置明细分类账户，进行明细分类核算。预收账款业务不多的企业，也可以将预收的账款直接记入“应收账款”账户的贷方，不设置“预收账款”账户。

“其他业务收入”账户。其他业务收入是企业除主营业务以外的其他日常经营活动取得的收入，如原材料销售、固定资产出租等。“其他业务收入”账户是损益类账户，核算其他业务收入的实现及其结转情况。其贷方登记其他业务收入的实现；借方登记期末转入“本年利润”账户的其他业务收入额；经过结转之后，期末没有余额。

二维码4-6

销售过程的资金运动

“其他业务成本”账户。企业在实现其他业务收入的同时，往往还要发生一些相关的成本和费用，包括销售材料的成本、出租固定资产的折旧额等。为了核算这项支出，需要设置“其他业务成本”账户。该账户属于损益类账户，用来核算其他业务成本的发生及其结转情况。其借方登记其他业务成本的增加，包括材料销售成本、提供劳务的成本费用；贷方登记期末转入“本年利润”账户的其他业务成本额；经过结转后，该账户期末没有余额。

二、产品销售业务的账务处理

【例4-9】假设华兴公司2021年12月份发生的产品销售业务如下：

（16）销售甲产品400件，单位售价150元/件，共计60 000元，发生增值税销项税额

7 800元，款项均已通过银行收讫。

销售产品是企业的主要经营活动，使本期收入增加，应记入“主营业务收入”账户的贷方；所收取的增值税销项税额，增加本期应交税费，应记入“应交税费——应交增值税”账户的贷方；销售货款通过银行收讫，表明银行存款增加，其增加额应登记在“银行存款”账户的借方。

因此，该项经济业务应编制如下会计分录：

借：银行存款　　67 800

　贷：主营业务收入　　60 000

　　　应交税费——应交增值税（销项税额）　　7 800

（17）以银行存款支付本月广告费1 140元。

广告费属于产品的销售费用。本月广告费的发生应登记在“销售费用”账户的借方；因支付广告费而使银行存款减少的金额应登记在“银行存款”账户的贷方。

因此，该项经济业务应编制如下会计分录：

借：销售费用　　1 140

　贷：银行存款　　1 140

（18）收到东湖公司前欠销售货款8 300元，款项已存入银行。

收回客户原欠的销货款，使银行存款增加，同时使债权减少。银行存款的增加应登记在“银行存款”账户的借方，债权的减少应登记在“应收账款”账户的贷方。

因此，该项经济业务应编制如下会计分录：

借：银行存款　　8 300

　贷：应收账款　　8 300

（19）销售乙产品300件，单位售价180元/件，共计54 000元，发生增值税销项税额7 020元，款项均未收到。

销售产品使销售收入增加，应记入“主营业务收入”账户的贷方；应该收取的增值税销项税额，虽然暂时未收到货币资金，但仍增加本期应交税费，应记入“应交税费——应交增值税”账户的贷方；销售产品而未收到货款，增加了债权，此项债权的增加应记入“应收账款”账户的借方。

因此，该项经济业务应编制如下会计分录：

借：应收账款　　61 020

　贷：主营业务收入　　54 000

　　　应交税费——应交增值税（销项税额）　　7 020

（20）本月已销售的甲产品400件、乙产品300件，月末经计算确定，甲产品的单位成本为74.04元/件，共计29 616元；乙产品的单位成本为94.70元/件，共计28 410元。结转已销售产品的成本。

销售产品，使库存商品减少，应登记在“库存商品”账户的贷方；同时，已销售产品的成本还应通过“主营业务成本”账户反映，以抵减当期主营业务收入，确定产品销售利润。

因此，该项经济业务应编制如下会计分录：

借：主营业务成本——甲产品　　29 616

　　　　　　　　——乙产品　　28 410

　　贷：库存商品——甲产品　　29 616

　　　　　　　　——乙产品　　28 410

(21) 经计算，本月应缴城市维护建设税1 100元。

企业应缴纳的城市维护建设税通过“税金及附加”账户的借方反映。税金在实际缴纳前是企业对国家的一项负债，应记入“应交税费”账户的贷方。

因此，该项经济业务应编制如下会计分录：

借：税金及附加　　1 100

　　贷：应交税费——应交城市维护建设税　　1 100

(22) 承【例4-3】华兴公司11月30日向工商银行借入6个月期的短期借款200 000元，年利率为6%，到期一次还本付息。12月31日，华兴公司预提本月应承担的短期借款利息。

按权责发生制的要求，企业应该在月末核算本月应负担的借款利息费用，增加本月“财务费用”中的利息支出；因为利息的实际支付时间是5个月以后，所以增加一项企业负债，记入“应付利息”账户。该笔借款的年利率为6%，每月利息1 000元。

二维码4-7

销售过程的核算

因此，该项经济业务应编制如下会计分录：

借：财务费用　　1 000

　　贷：应付利息　　1 000

第五节　财务成果的核算

利润计算及利润分配是综合测算企业经营成果并且对投资者进行补偿的业务环节。会计期末，企业将本期取得的全部收入与全部费用相抵，计算财务成果。投资者投资兴办企业的目的是获取投资收益。企业赚取利润后需要向投资者进行分配，以满足其获利要求。在企业的利润分配业务环节中，资金运动主要表现为部分资金通过利润分配退出企业，而剩余的资金则会留在企业，继续进入下一个资金循环过程。

在生产经营过程中，除主营业务活动形成盈利或亏损外，还会发生其他业务收入以及与之相适应的其他业务成本。两者共同构成企业的营业收入和营业成本。此外，企业还会发生一些期间费用。营业收入扣除营业成本和税金，再减去管理费用、销售费用和财务费用，加上或减去企业对外投资形成的投资收益或亏损，就形成企业的营业利润。

在企业的经营过程中还可能发生一些与企业日常经营活动无直接关系的利得和损失，计入营业外收入与营业外支出。营业利润加上营业外收入，减去营业外支出，就是企业的利润总额。利润总额（或亏损总额）才是体现企业本期最终财务成果的利润指标。企业实现的利润按税法规定缴纳企业所得税后，应按国家和企业有关规定进行分配。

财务成果核算的基本任务是正确反映利润总额或亏损总额的形成及利润分配的情况，考核利润计划的执行情况，监督利润的分配是否合理合法。传统企业将利润作为考核财务成果的重要指标，认为企业仅需对股东负责，确保投入资本的保值和增值，但现代企业逐渐认识到，除了竞争和逐利外，企业还肩负更多的社会责任。企业在创造财务成果的同时，也为社会创造财富，通过缴税和进行公益性捐赠等经济活动，参与三次分配的全过程，是推动实现共同富裕的经济基础。

一、财务成果账户的设置

为了进行财务成果的核算，应设置“本年利润”和“利润分配”两个专门反映财务成果的形成及其分配情况的账户。另外，财务成果的核算还会涉及其他账户，如“投资收益”“营业外收入”“营业外支出”等账户。

1.“本年利润”账户

企业一般应当按月核算利润；按月核算利润有困难的，经批准也可以按季或者按年核算利润。企业计算确定本期利润总额、净利润的具体方法有“账结法”和“表结法”两种。本节主要介绍“账结法”。

账结法是在每个会计期末（一般是指月末）将各损益类账户记录的金额全部转入“本年利润”账户，通过“本年利润”账户借、贷方的记录结算出本期损益总额和本年累计损益额。这种方法需要在每个会计期末通过编制结账分录，结清各损益类账户。

“本年利润”账户是所有者权益类账户，用来核算企业在一定时期内净利润的形成或亏损的发生情况。其贷方登记会计期末转入的各项收入，包括主营业务收入、其他业务收入、投资净收益、营业外收入等；借方登记会计期末转入的各项费用，包括主营业务成本、其他业务成本、税金及附加、管理费用、销售费用、财务费用、投资净损失、营业外支出、所得税费用等；期末（月末）余额在贷方，表示企业本年累计实现的净利润；期末（月末）余额在借方，表示企业本年累计发生的亏损额。年末，应将该账户的余额转入“利润分配”账户（如果是净利润，应自该账户的借方转入“利润分配”账户的贷方；如果是亏损，应自该账户的贷方转入“利润分配”账户的借方）。经过结转之后，该账户年末无余额。

“本年利润”账户的结构如下：

借方　　　　本年利润	贷方
期末转入的各项费用： 主营业务成本 其他业务成本 税金及附加 销售费用 管理费用 财务费用 投资净损失 营业外支出 所得税费用	期末转入的各项收入： 主营业务收入 其他业务收入 投资净收益 营业外收入
期末余额：累计亏损	期末余额：累计净利润

“本年利润”账户集中反映了全年累计净利润的实现或亏损的发生情况。

2.“利润分配”账户

该账户是所有者权益类账户，用以核算和监督企业在一定时期内净利润的分配或亏损的弥补以及历年结存的未分配利润（或未弥补亏损）情况。该账户借方登记利润的分配数，包括提取的盈余公积和分配给投资人的利润以及年末从“本年利润”账户转入的全年累计亏损额；贷方登记年末从“本年利润”账户转入的全年实现的净利润额；年末余额在借方，表示未弥补的亏损额，而年末贷方余额则为未分配利润。

“利润分配”账户应按利润分配去向分别开设明细分类账户，进行明细分类核算，一般应设置“盈余公积补亏”“提取法定盈余公积”“提取任意盈余公积”“应付股利”“转作资本（或股本）的普通股股利”“未分配利润”等明细账户。年末，应将“利润分配”账户下其他明细账户的余额转入“未分配利润”明细账户。经过结转后，除“未分配利润”明细账户有余额外，其他各个明细账户均无余额。

“利润分配”账户的结构如下：

借方　　　　利润分配	贷方
期初余额：期初累计未弥补亏损额 提取法定盈余公积 分配股利 转作资本（或股本）的普通股股利 本年末从“本年利润”账户转入的亏损	期初余额：期初累计未分配利润 本年末从“本年利润”账户转入的净盈利 盈余公积弥补亏损
期末余额：期末累计未弥补亏损额	期末余额：期末累计未分配利润

企业对实现的净利润进行利润分配，意味着企业净利润（所有者权益）减少，本来可以在“本年利润”账户的借方进行登记，表示直接冲减本年已实现的净利润额。但是，如果这样处理，“本年利润”账户的期末贷方余额就只能表示实现的利润额减去已分配的利润额之后的差额，即未分配利润额，不能提供本年累计实现的全部净利润这项指标，而累计净利润指标是企业管理上需要的一个非常重要的指标。因此，为了使“本年利润”账户能够真实地反映企业一定时期内实现的净利润数据，同时又能够提供企业未分配利润的数据，在会计核算中专门设置“利润分配”账户，用以提供企业已分配的利润和未分配的利润数据。这样可以根据需要，将“本年利润”账户的贷方余额（本年累计净利润）与“利润分配”账户累计已分配的利润额相抵减，以求得“未分配利润”这项管理上所需要的指标。

3.“投资收益”账户

该账户反映企业对外投资取得的收益或发生的损失。账户的贷方登记企业转让、出售股票、债券时取得的转让收入与原投资之差，净收益登记在贷方，净损失登记在借方。期末，将该账户余额转入“本年利润”账户，结转后该账户无余额。该账户应按投资种类设置明细账，进行明细分类核算。

“投资收益”账户的结构如下：

借方　　　　投资收益	贷方
对外投资发生的损失 期末将贷方余额转入“本年利润”账户的贷方	对外投资取得的收益 期末将借方余额转入“本年利润”账户的借方

4.“营业外收入”账户

营业外收入，是指与企业日常生产经营活动没有直接关系的各项利得，包括资产盘盈收入、接受捐赠收入和罚没收入等。该账户的性质是损益类，用来核算企业各项营业外收入的实现及其结转情况。其贷方登记营业外收入的实现；借方登记期末转入“本年利润”账户的营业外收入额；经过结转之后，该账户期末没有余额。

“营业外收入”账户的结构如下：

借方	营业外收入	贷方
期末转入“本年利润”账户的营业外收入		本期实现的营业外收入（增加）

营业外收入是企业的一种纯利得，不需要也不可能与有关费用进行配比。事实上，企业并未为此付出代价，因此在会计核算中应严格区分营业外收入与营业收入的界限。

5.“营业外支出”账户

营业外支出，是指与企业日常生产经营活动没有直接关系的各项损失，包括资产盘亏损失、意外灾害损失、罚款支出和捐赠支出等。

该账户的性质是损益类，用来核算企业各项营业外支出的发生及其转销情况。其借方登记营业外支出的发生额；贷方登记期末转入“本年利润”账户的营业外支出额；经过结转之后，该账户期末没有余额。

“营业外支出”账户的结构如下：

借方	营业外支出	贷方
本期发生的营业外支出		期末转入“本年利润”账户的营业外支出

营业外收入与营业外支出应当分别核算，不能相互抵减。实际发生营业外支出时，直接冲减企业当期的利润总额。

二维码 4-8

利润的形成和分配

二、财务成果核算的账务处理

【例 4-10】承前例，假设华兴公司 2021 年 12 月份发生如下经营核算业务：

（23）以现金 140 元购买行政办公用品。

该项经济业务的发生，使本期管理费用增加 140 元，应记入“管理费用”账户的借方；由于现金的付出而使现金减少的数额应记入“库存现金”账户的贷方。

因此，该项经济业务应编制如下会计分录：

借：管理费用　　140

　贷：库存现金　　140

（24）通过证券交易所转让原持有的蓝天公司股票 10 000 股。原购入时成本为 150 000 元，现转让收入为 165 000 元，款已收妥。

通过证券交易所转让所持有的股票，使金融资产投资减少，记入“交易性金融资产”账户的贷方；获得转让价款使银行存款增加，记入“银行存款”账户的借方；转让收入与原投资额之差为投资收益，记入“投资收益”账户的贷方。

因此，该项经济业务应编制如下会计分录：

借：银行存款　165 000

　贷：交易性金融资产　150 000

　　投资收益　15 000

（25）没收逾期未退回包装物押金100元。

某些产品包装是周转使用的，在销售产品时，向购买方收取包装物押金，作为其他应付款，待购买方在规定的时间内退回包装物时再退还押金。若购买方逾期未退回包装物，则没收包装物押金。没收的包装物押金可作为企业的营业外收入。没收逾期未退回包装物押金使其他应付款减少，营业外收入增加，应分别记入“其他应付款”账户的借方和“营业外收入”账户的贷方。

因此，该项经济业务应编制如下会计分录：

借：其他应付款　100

　贷：营业外收入　100

第六节　生产经营过程账户的结账

对企业经营过程的日常经济业务和期末账项调整编制会计分录后，应将会计分录逐笔过入有关分类账户。为了保证会计分录的正确性，在过账后，应结算出各总分类账户余额，进行试算平衡。

一、过账

过账是将编制的会计分录按每笔分录所确定的记账方向和金额登记到有关分类账中。现将华兴公司2021年12月份发生的经济业务（1）～（25）编制会计分录后过入有关账户。本章为简化起见，有关账户的登记只涉及总分类账户，明细分类账户均省略。华兴公司2021年12月各总分类账户期初余额见表4-5。

表4-5　期初余额表

2021年12月1日　单位：元

账户名称	期末余额	
	借方	贷方
库存现金	47 280	
银行存款	530 720	
应收账款	32 350	
预付账款	1 000	
原材料	16 500	
库存商品	13 600	
生产成本	4 000	

续表

账户名称	期末余额	
	借方	贷方
交易性金融资产	188 000	
固定资产	600 000	
累计折旧		100 000
短期借款		200 000
应付账款		35 400
应付职工薪酬		48 500
应交税费		780
其他应付款		100
应付利息		1 000
实收资本		1 020 000
利润分配		27 670
合计	1 433 450	1 433 450

12月发生的经济业务过账如下：

库存现金

期初余额：	47 280		
(8)	48 500	(2)	300
		(9)	48 500
		(23)	140
本期发生额：	48 500	本期发生额：	48 940
期末余额：	46 840		

银行存款

期初余额：	530 720		
(16)	67 800	(2)	47 200
(18)	8 300	(7)	10 570
(24)	165 000	(8)	48 500
		(13)	4 500
		(17)	1 140
本期发生额：	241 100	本期发生额：	111 910
期末余额：	659 910		

在途物资

期初余额：	0		
(2)	42 000	(4)	47 100
(2)	300		
(3)	4 800		
本期发生额：	47 100	本期发生额：	47 100
期末余额：	0		

原材料

期初余额：	16 500		
(4)	47 100	(5)	27 500
		(6)	2 000
本期发生额：	47 100	本期发生额：	29 500
期末余额：	34 100		

应收账款

期初余额：	32 350		
（19）	61 020	（18）	8 300
本期发生额：	61 020	本期发生额：	8 300
期末余额：	85 070		

交易性金融资产

期初余额：	188 000		
		（24）	150 000
本期发生额：	0	本期发生额：	150 000
期末余额：	38 000		

库存商品

期初余额：	13 600		
（15）	74 900	（20）	58 026
本期发生额：	74 900	本期发生额：	58 026
期末余额：	30 474		

生产成本

期初余额：	4 000		
（5）	27 500	（15）	74 900
（10）	26 000		
（14）	17 400		
本期发生额：	70 900	本期发生额：	74 900
期末余额：	0		

预付账款

期初余额：	1 000		
		（12）	300
本期发生额		本期发生额：	300
期末余额：	700		

固定资产

期初余额：	600 000		
（7）	9 400		
本期发生额：	9 400		
期末余额：	609 400		

累计折旧

		期初余额：	100 000
		（11）	2 450
本期发生额：	0	本期发生额：	2 450
		期末余额：	102 450

短期借款

		期初余额：	200 000
本期发生额：	0	本期发生额：	0
		期末余额：	200 000

应付账款

		期初余额：	35 400
		（3）	5 424
本期发生额：	0	本期发生额：	5 424
		期末余额：	40 824

应付职工薪酬

		期初余额：	48 500
（9）	48 500	（10）	48 000
本期发生额：	48 500	本期发生额：	48 000
		期末余额：	48 000

应交税费

		期初余额：	780
（2）	5 200	（16）	7 800
（3）	624	（19）	7 020
（7）	1 170	（21）	1 100
本期发生额：	6 994	本期发生额：	15 920
		期末余额：	9 706

应付利息

		期初余额：	1 000
		（22）	1 000
本期发生额：	0	本期发生额：	1 000
		期末余额：	2 000

其他应付款

		期初余额：	100
(25)	100		
本期发生额：	100	本期发生额：	0
		期末余额：	0

实收资本

		期初余额：	1 020 000
本期发生额：	0	本期发生额：	0
		期末余额：	1 020 000

主营业务收入

		(16)	60 000
		(19)	54 000
		本期发生额：	114 000

主营业务成本

(20)	58 026		
本期发生额：	58 026		

制造费用

(6)	2 000	(14)	17 400
(10)	10 000		
(11)	1 800		
(12)	300		
(13)	3 300		
本期发生额：	17 400	本期发生额：	17 400

管理费用

(10)	12 000		
(11)	650		
(13)	1 200		
(23)	140		
本期发生额：	13 990		

税金及附加

(21)	1 100		
本期发生额：	1 100		

销售费用

(17)	1 140		
本期发生额：	1 140		

财务费用

(22)	1 000		
本期发生额：	1 000		

投资收益

		(24)	15 000
		本期发生额：	15 000

营业外收入

		(25)	100
		本期发生额：	100

利润分配

		期初余额：	27 670
		期末余额：	27 670

二、编制试算平衡表

过账后，结出各总分类账户余额（结账前），根据各总分类账户余额编制试算平衡表，以进行总分类账户的试算平衡。

编制华兴公司2021年12月31日的试算平衡表，见表4-6。

试算结果表明，所有总账账户的借方余额合计与贷方余额合计相等，即试算结果平衡。说明对经济业务的记录基本正确。若试算结果不平衡，则应查找原因，予以纠正，直到试算结果平衡为止。

三、结账分录的编制

无论是日常记录的收入、费用和支出，还是通过期末按照权责发生制的原则进行账项调整确定的本期收入、费用和支出，均在有关账户中予以登记。为了正确计算当期损益，会计期末应将收入、费用和支出账户的余额全部转入“本年利润”账户，予以结清，使原账户的期末余额为零，完成结账程序。

表4-6 试算平衡表（结账前）

2021年12月31日 单位：元

账户名称	期末余额	
	借方	贷方
库存现金	46 840	
银行存款	659 910	
应收账款	85 070	
预付账款	700	
原材料	34 100	
库存商品	30 474	
交易性金融资产	38 000	
固定资产	609 400	
累计折旧		102 450
短期借款		200 000
应付账款		40 824
应付职工薪酬		48 000
应交税费		9 706
应付利息		2 000
实收资本		1 020 000
利润分配		27 670
主营业务收入		114 000
主营业务成本	58 026	
管理费用	13 990	
税金及附加	1 100	
销售费用	1 140	
财务费用	1 000	
投资收益		15 000
营业外收入		100
合计	1 579 750	1 579 750

结清经营过程账户前，应编制结账分录。

【例4-11】仍以华兴公司12月份有关经济业务为例，说明结账分录的编制方法。

(26) 本月发生主营业务收入114 000元，营业外收入100元，投资收益15 000元，共计129 100元，结转至“本年利润”账户。

企业某一会计期间发生的各项收入均已登记在有关收入账户的贷方。结清这类账户时，应将其余额从借方全部转入“本年利润”账户的贷方，以最终确定当期损益。

因此，该项经济业务应编制如下会计分录：

借：主营业务收入	114 000	
营业外收入	100	
投资收益	15 000	
贷：本年利润		129 100

(27) 本月发生主营业务成本58 026元，销售费用1 140元，税金及附加1 100元，管理费用13 990元，财务费用1 000元。将上述各项成本、费用与支出结转至“本年利润”账户。

企业某一会计期间发生的各项费用、支出均已登记在有关账户的借方。结清这类账户时，应将其余额从贷方全部转入“本年利润”账户的借方，以便与转入该账户的各种收入相抵减，确定当期损益。

因此，该项经济业务应编制如下会计分录：

借：本年利润	75 256	
贷：主营业务成本		58 026
销售费用		1 140
税金及附加		1 100
管理费用		13 990
财务费用		1 000

(28) 按应纳税所得额的25%计算12月份应交企业所得税，并转账。

应交企业所得税税额为应纳税所得额与适用税率的乘积。税务机关按税法要求核定的应纳税所得额与企业会计按会计准则计算的本年利润并不一定相等。本例假设应纳税所得额与企业会计利润相等。根据“本年利润”账户本期贷方发生额与借方发生额计算，12月份实现的利润总额为53 844元，企业所得税税率为25%，从而计算出应交企业所得税税额为13 461元（53 844×25%）。

企业按应纳税所得额和所得税税率计算应交企业所得税税额，由于尚未支付，形成企业对国家的一项负债。这项负债的增加，应记入“应交税费——应交所得税”账户的贷方；应交企业所得税是企业的一项费用支出，应记入“所得税费用”账户的借方。

为了反映企业的税后净利润，还需将应交企业所得税税额从本年利润中扣除，即将企业所得税税额从“所得税费用”账户的贷方转入“本年利润”账户的借方。“所得税费用”账户和其他费用类账户一样，期末无余额。

因此，该项经济业务应编制如下会计分录：

借：所得税费用	13 461	
贷：应交税费——应交所得税		13 461

借：本年利润　13 461

　贷：所得税费用　13 461

（29）年终，将本年利润（或亏损）总额转入“利润分配”账户。

每年年终，应将登记在“本年利润”账户中的全年利润（或亏损）总额转入“利润分配”账户，从而结清“本年利润”账户。“本年利润”账户在结转前如为贷方余额，则表示该年实现的利润总额，应从该账户借方转入“利润分配”账户的贷方；“本年利润”账户在结转前如为借方余额，则表示该年发生的亏损总额，应从该账户贷方转入“利润分配”账户的借方。本例经计算，实现税后利润40 383元（假设只考虑12月份的利润），应从“本年利润”账户的借方转入“利润分配——未分配利润”账户的贷方。

因此，该项经济业务应编制如下会计分录：

借：本年利润　40 383

　贷：利润分配——未分配利润　40 383

（30）按本年实现净利润的一定比例提取法定盈余公积4 038元，向投资者分配利润20 000元。

企业本年实现的净利润应按国家有关法规的规定和企业章程进行年终分配。按《公司法》的规定提取法定盈余公积，使企业公积金增加，应记入“盈余公积”账户的贷方；应付投资者利润在未实际支付之前，形成企业对投资者的一项负债，应记入“应付股利”账户的贷方。同时，应分别在“利润分配”总账账户下设置明细账反映利润分配的去向。提取法定盈余公积、应付投资者利润等使可供分配的利润减少，应分别在“利润分配”总账账户下设置“提取法定盈余公积”“应付股利”等明细账户，将其分配数记入“利润分配”账户下属各明细账户的借方。

因此，该项经济业务应编制如下会计分录：

借：利润分配——提取法定盈余公积　4 038

　　　　　——应付利润　20 000

　贷：盈余公积——法定盈余公积　4 038

　　　应付利润　20 000

（31）结清“利润分配”总账账户下的各明细账户。

将“利润分配”总账账户下的有关明细账户（提取法定盈余公积、应付股利等）的余额结转到“未分配利润”明细账户。结转后，有关明细账户余额为零。“未分配利润”明细账反映企业累计未分配的利润，留待以后年度进行分配。

因此，该项经济业务应编制如下会计分录：

借：利润分配——未分配利润　24 038

　贷：利润分配——提取法定盈余公积　4 038

　　　　　　——应付利润　20 000

四、结账分录的过账

结账分录应逐笔过入有关分类账户。过账后，所有账户登记记录工作业已结束，具体如下：

主营业务收入

(26)	114 000	(16)	60 000
		(19)	54 000
本期发生额：	114 000	本期发生额：	114 000

主营业务成本

(20)	58 026	(27)	58 026
本期发生额：	58 026	本期发生额：	58 026

应交税费

		期初余额：	780
(2)	5 200	(16)	7 800
(3)	624	(19)	7 020
(7)	1 170	(21)	1 100
		(28)	13 461
本期发生额：	6 994	本期发生额：	29 381
		期末余额：	23 167

管理费用

(10)	12 000	(27)	13 990
(11)	650		
(13)	1 200		
(23)	140		
本期发生额：	13 990	本期发生额：	13 990

税金及附加

(21)	1 100	(27)	1 100
本期发生额：	1 100	本期发生额：	1 100

销售费用

(17)	1 140	(27)	1 140
本期发生额：	1 140	本期发生额：	1 140

财务费用

(22)	1 000	(27)	1 000
本期发生额：	1 000	本期发生额：	1 000

投资收益

(26)	15 000	(24)	15 000
本期发生额：	15 000	本期发生额：	15 000

营业外收入

(26)	100	(25)	100
本期发生额：	100	本期发生额：	100

所得税费用

(28)	13 461	(28)	13 461
本期发生额：	13 461	本期发生额：	13 461

应付利润

		(30)	20 000
		本期发生额：	20 000
		期末余额：	20 000

盈余公积

		(30)	4 038
本期发生额：	0	本期发生额：	4 038
		期末余额：	4 038

本年利润

(27)	75 256	(26)	129 100
(28)	13 461		
(29)	40 383		
本期发生额：	129 100	本期发生额：	129 100

利润分配

		期初余额：	27 670
(30)	24 038	(29)	40 383
(31)	24 038	(31)	24 038
本期发生额：	48 076	本期发生额：	64 421
		期末余额：	44 015

五、结账后试算平衡表的编制

账户结账工作结束后，根据各账户期末余额编制结账后试算平衡表，以检查全部经济业务的记录与登记是否正确。试算结果如果平衡，说明账户记录基本正确，当期经营过程核算即可结束；下期重复上述经营过程核算，循环往返。

华兴公司结账后试算平衡表见表4-7。

表4-7　试算平衡表（结账后）

2021年12月31日　单位：元

账户名称	期末余额	
	借方	贷方
库存现金	46 840	
银行存款	659 910	
应收账款	85 070	
预付账款	700	
原材料	34 100	
库存商品	30 474	
交易性金融资产	38 000	
固定资产	609 400	
累计折旧		102 450
短期借款		200 000
应付账款		40 824
应付职工薪酬		48 000
应交税费		23 167
应付利息		2 000
应付利润		20 000
实收资本		1 020 000
盈余公积		4 038
利润分配		44 015
合计	1 504 494	1 504 494

案例四评析

生产办公桌的过程中主要包括以下经济活动：

第一，领用材料（直接材料的耗费）；

第二，结算职工工资和福利费（直接人工的耗费）；

第三，计提固定资产的折旧（固定资产的损耗）；

第四，支付或计算其他生产费用（其他生产性耗费）；

第五，完工产品验收入库，结转其成本。

该批办公桌总成本为：100 000+60 000+2 000+960=162 960（元）

资金流转过程如图4-1所示。

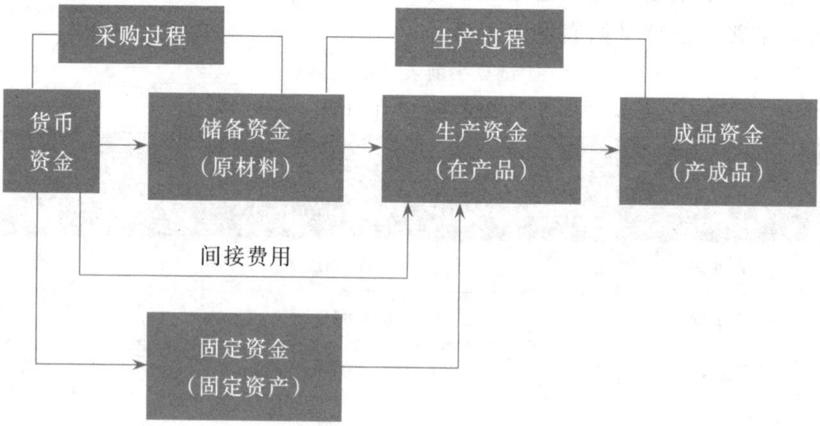

图4-1　资金流转过程

该批订单售价230 000元，月末向客户发出了产品，实现了销售收入。产品的生产成本为162 960元，管理人员工资为20 000元。本月没有其他生产订单任务和其他费用，因此这笔订单本月给企业带来利润47 040元。新机床的购买成本为60 000元，因为其受益期超过1年，不作为本月费用计算，而作为资本性支出计入固定资产价值。多余的材料10 000元没有在生产过程中消耗，也不作为本月的费用。

练习题

一、单项选择题

1.产品生产成本不包括（　　）。

A.直接材料　　B.管理费用　　C.直接工资　　D.制造费用

2.某长途客车制造厂生产的长途客车对该厂来讲属于（　　）。

A.无形资产　　B.库存商品　　C.固定资产　　D.原材料

3.在下列业务所产生的收入中，属于“其他业务收入”的是（　　）。

A.出售库存商品收入　　B.出售原材料收入

C.出售固定资产收入　　D.出售股票收入

4.在下列交易中，会增加企业流动资产总额的是（　　）。

A.销售商品，货款尚未收到　　B.购买生产设备，货款尚未支付

C.以现金购买办公用品　　D.收到某客户归还以前所欠货款

5.企业为维持生产经营所需资金而向银行借入的为期3个月的贷款称为（　　）。

A.长期借款　　B.短期借款　　C.实收资本　　D.其他业务收入

6.企业计提短期借款的利息支出时，应贷记的是（　　）。

A.“财务费用”账户　　B.“银行存款”账户

C.“管理费用”账户　　D.“应付利息”账户

7.“生产成本”账户的期末借方余额表示（　　）。

A.期末完工产品的实际成本　　B.期末未完工产品的实际成本

C.本期生产产品的总成本　　D.期末库存商品的实际成本

8.在材料采购业务核算时，与“在途物资”账户相对应的账户一般是（　　）。

A.“应付账款”账户　　B.“应收账款”账户

C.“短期借款”账户　　D.“预收账款”账户

9.“应付账款”账户期初贷方余额为30 000元，本期贷方发生额为50 000元，期末余额为20 000元，则本期借方发生额为（　　）元。

A.10 000　　B.40 000　　C.60 000　　D.100 000

10.企业收到销货款62 000元，存入银行，其中包含上月应收12 000元、本月应收40 000元、预收下月10 000元。在权责发生制下，本月的收入应为（　　）元。

A.50 000　　B.62 000　　C.40 000　　D.52 000

二、多项选择题

1.关于“制造费用”账户，下列说法正确的有（　　）。

A.借方登记实际发生的各项制造费用

B.贷方登记分配转入产品成本的制造费用

C.期末一般没有余额

D.期末结转“本年利润”账户后没有余额

2.下列说法错误的有（　　）。

A.生产产品领用材料会使企业的资产总额减少

B.预收账款会使企业的负债增加

C.用现金购买材料使企业的资产减少

D.赊购材料使企业资产总额增加

3.下列费用应计入材料采购成本的有（　　）。

A.材料入库前的挑选整理费　　B.材料入库后的仓储费

C.采购材料的运杂费　　D.运输途中的合理损耗

4.在下列账户中，期末一般没有余额的有（　　）。

A.“生产成本”　　B.“制造费用”　　C.“管理费用”　　D.“应付职工薪酬”

5.在下列项目中，属于管理费用的有（　　）。

A.车间管理人员工资　　B.行政管理部门管理人员工资

C.行政管理部门设备维修耗用材料　　D.行政管理部门办公用房的租金

6.企业向投资者筹集的资金不属于（　　）。

A.实收资本　　B.短期借款　　C.债务资金　　D.所有者权益

7.共同性采购费用分配计入材料采购成本时，可以用来作为材料采购费用分配标准的有（　　）。

A.材料的买价　　B.材料的品种　　C.材料的体积　　D.材料的重量

8.确定本月完工产品成本时，影响其生产成本计算的因素主要有（　　）。

A.月初在产品成本　　B.本月发生的生产费用

C.本月已销产品成本　　D.月末在产品成本

9.关于企业的实收资本，下列说法正确的有（　　）。

A.是企业实际收到的投资人投入的资本金　　B.是企业进行正常经营的前提条件

C.是企业对外投出的资产　　D.需要按期向投资者归还

10.当贷记“应付职工薪酬”时，对应的借方账户可能有（　　）。

A.“生产成本”　　B.“制造费用”　　C.“管理费用”　　D.“在途物资”

三、判断题

1.“预收账款”账户是资产类账户。（　　）

2.制造费用属于期间费用，应计入当期损益。（　　）

3.收入往往表现为货币资金流入，但并非所有货币资金的流入都是收入。（　　）

4.固定资产报废时取得的收益应当作为“收入”要素核算。（　　）

5.某厂当月生产的产品当月全部销售，会计误将应计入制造费用的10万元计入管理费用，并不影响

当期利润总额。 （ ）

6.按照权责发生制的要求，企业收到货币资金必定意味着本月收入的增加。 （ ）

7.增值税是企业销售收入的一个抵减项目。 （ ）

8.“应付账款”账户的期末余额可按“期末余额=期初贷方余额+本期贷方发生额-本期借方发生额”计算。 （ ）

9.企业在销售商品时发生的运输费用应冲减销售收入。 （ ）

10.某账户若无期末余额，则该账户不是收入类账户就是费用类账户。 （ ）

四、简答题

1.制造业企业的主要经济业务内容包括哪些？

2.材料采购成本由哪些内容组成？

3.什么是生产费用？什么是成本项目？成本项目可分为哪几类？

4.试述企业利润总额的构成。

5.企业应该依法、合规履行企业社会责任，需要在哪些方面采取措施，正确、规范地确认收入和费用？

五、业务题

1.新设立的大华有限责任公司为增值税一般纳税人，1月份发生下列经济业务：

（1）收到国家投入资金600 000元，存入银行。

（2）收到立元公司投入的一条生产线，价值280 000元，增值税36 400元，作为其投资额，生产线已验收投入使用。

（3）在新技术开发区购进一栋厂房，价值580 000元（不考虑增值税），已验收使用，价款尚未支付。

（4）向银行借入短期借款140 000元，款项存入银行。

（5）以银行存款支付购进厂房所欠账款580 000元。

要求：

（1）根据上述资料编制会计分录。

（2）根据会计分录涉及的会计科目设置总分类账户并进行登记。

2.利和股份公司（增值税一般纳税人）材料按实际成本计价，6月份发生下列经济业务：

（1）购入甲材料，专用发票上注明的价款200 000元，增值税税额26 000元，款项已付，材料验收入库。

（2）公司上个月预付货款的甲材料的有关账单送达，增值税专用发票注明价款为140 000元，增值税税额为18 200元，供货方通过银行退回余款1 800元，月末材料尚未到达企业。

（3）公司购入乙材料，发票注明的价款为40 000元，增值税税额为5 200元，货款未付，材料入库。

要求：

（1）根据上述经济业务编制会计分录。

（2）根据会计分录涉及的会计科目设置总分类账户并进行登记。

3.利和公司生产一种产品，9月份发生下列业务：

（1）开出现金支票600 000元提取现金，发放上月工资。

（2）用银行存款30 000元支付第三季度的车间房租，并相应摊销应由本月负担的部分。

（3）仓库发出材料，用途如下：

产品耗用	12 000元
车间一般耗用	4 200元
管理部门一般耗用	1 500元

（4）开出现金支票750元，购买管理部门用办公用品。

（5）摊销应由本月负担的生产车间保险费4 000元（全年的保险费年初已支付）。

（6）计提本月固定资产折旧，其中，生产车间设备折旧11 000元，行政管理部门设备折旧5 000元。

（7）月末分配工资费用，其中：

生产工人工资	340 000元
车间管理人员工资	160 000元
行政管理人员工资	120 000元

（8）将本月发生的制造费用转入“生产成本”账户。

（9）本月生产的产品40台全部完工，验收入库，结转成本（假设没有期初期末在产品）。

要求：根据以上资料编制会计分录。

4.天利公司12月份发生下列业务：

（1）2日，销售甲产品一批，货款500 000元，发生增值税65 000元，款项已存入银行。

（2）6日，销售乙产品一批，货款360 000元，发生增值税46 800元，款项均未收到。

（3）31日，结转本月已销售产品生产成本，其中，甲产品生产成本380 000元，乙产品生产成本205 000元。

（4）31日，预提应由本月负担的短期借款利息700元。

（5）31日，将本月损益类账户的发生额结转至“本年利润”账户。

要求：根据以上资料编制会计分录。

六、案例分析题

小林在中南公司的会计部实习，作为职责的一部分，需要审核公司产品的成本计算数据。他发现以下支出一直被当作企业期间费用（管理费用）处理：生产厂房折旧、车间生产人员的加班津贴、车间设备修理费、产成品仓库的租金、所有员工的岗位培训费、借款利息费用（借款用于建造新车间）、销售部运货车辆的折旧和保养费。你认为上述项目是否应该包含在管理费用中？如果不应计入管理费用，应该计入什么账户？请查阅资料，了解财政部关于企业产品成本核算的相关规定，并思考为什么企业需要正确地记录成本费用。

二维码4-9

练习题
参考答案

第五章　会计凭证

会计学原理

Principles of Accounting

第五章　会计凭证

▶【学习目标】

- 了解会计凭证的含义和分类；
- 掌握原始凭证的填制要求和审核要点；
- 掌握记账凭证的格式、填制要求和审核要点；
- 了解会计凭证的传递和保管要求。

▶【本章重点】

- 原始凭证的填制内容、填制方法及审核要点；
- 记账凭证的填制内容、填制方法及审核要点。

▶【本章难点】

- 原始凭证的审核；
- 记账凭证的种类与审核。

案例五

小林是大鹏公司的会计，负责办理各项报销业务。公司采购员李铭出差回来报销差旅费，旅馆开出发票记载单价为350元/天，人数1人，时间为2天，金额为700元。李铭却将单价直接涂改为850元/天，小写金额改为1 700元，将大写金额前加了一个“壹仟”。此外，李铭还要求报销出差地某旅游景点的门票1张200元。

旅馆发票和景点门票有什么作用？李铭在报销差旅费的过程中有什么问题？小林应该给李铭报销这些费用吗？

第一节　会计凭证的意义和种类

一、会计凭证的意义

会计凭证是记录经济业务的发生和完成情况、明确经济责任的具有法律效力的书面证明文件。

一切会计记录都必须有真凭实据，使会计核算资料符合客观实际，这是会计核算应遵循的基本原则，也是会计核算区别于其他经济管理活动的重要特征。

任何单位在发生经济活动时都必须取得和填制会计凭证，并及时送交会计机构。会计机构必须对原始凭证进行审核，并根据经过审核的原始凭证编制记账凭证。这是《会计法》对会计凭证规定的要求。各单位在发生经济业务时，必须由经办人员，按照规定的要求和程序，认真办理凭证手续，记录经济业务发生的日期、内容、数量和金额，并在凭证上签名、盖章，对会计凭证的正确性负完全责任。会计部门应对会计凭证进行审核。只有审核无误的会计凭证，才能作为登记账簿的依据。因此，审核和编制会计凭证，是会计核算的起点，是关系到会计核算质量的基础工作，对会计任务的完成、会计职能作用的发挥具有十分重要的意义，主要表现在以下几个方面：

①填制、审核会计凭证可提供经济活动的原始资料，传递经济信息。

填制、审核会计凭证，可以及时反映各项经济业务的完成情况，及时传递有用的会计信息，反映各种会计信息，传递经济信息，以便及时开展经济活动分析，进行会计控制，保证生产经营活动顺利进行，确保既定目标的实现。

②填制、审核会计凭证，是进行会计核算的基本要求。

《中华人民共和国会计法》第十四条规定：办理本法第十条所列的经济业务事项，必须填制或者取得原始凭证并及时送交会计机构。会计机构、会计人员必须按照国家统一的会计制度的规定对原始凭证进行审核，对不真实、不合法的原始凭证有权不予接受，并向单位负责人报告。记账凭证应当根据经过审核的原始凭证及有关资料编制。《企业会计准则——基本准则》第十二条规定，企业应当以实际发生的交易或者事项为依据进行会计确认、计量和报告，如实反映符合确认和计量要求的各项会计要素及其他相关信息，保证会计信息真实可靠、内容完整。《会计法》和企业会计准则明确规定了会计核算的依据是“经过审核的会计凭证”。只有审核无误的会计凭证，才能保证会计资料真实可靠，才能作为登记账簿的依据。

③填制、审核会计凭证，是实行会计监督的重要手段。

通过填制和审核会计凭证，可以检查各项经济业务是否符合国家有关法律、法规、制度的规定，是否符合预定计划和管理要求，是否最具经济效益，是否满足国家宏观经济调控管理的要求。通过检查，可以及时发现经济运行中存在的问题，纠正经济活动中存在的违反财经纪律的现象，有利于财产的安全与完整，有利于改善经营管理，提高经济效益，有利于充分发挥会计人员进行会计监督的职能作用，保证会计凭证合理合法。

④填制、审核会计凭证，可以促进经济责任制的开展。

各单位所发生的经济业务，是由各部门协同完成的，需要各部门通过填制和审核会计凭证、签名盖章，以确认完成情况，并借以明确其经济责任，实现经济责任的考核。例如，各部门财产的收发、领用和消耗，需要通过会计凭证的填制、审核和传递去认定，以所载明的内容和签章，仲裁经济纠纷，并通过会计凭证的传递，加强相互之间的联系，建立相互联系、相互制约、相互促进、相互监督的经济关系，促进经济责任制的开展。

二、会计凭证的种类

会计凭证的形式、来源有多种，其内容和作用也各异，可按不同的标准对其分类，其中最基本的分类标准是按填制程序和其在经济管理中的作用进行分类，分为原始凭证和记账凭证两大类。

（一）原始凭证

原始凭证，又称单据，是在经济业务发生时取得或填制的，是经济业务发生或完成情况的书面证明，用以明确经济责任，并作为原始依据的会计凭证。原始凭证是经济活动的重要资料，具有法律效力，是编制记账凭证，进行会计核算的基本依据。实行会计电算化的单位，也可直接据以记账。

1.一次凭证、累计凭证和汇总原始凭证

原始凭证按其填制手续的不同，可分为一次凭证、累计凭证和汇总原始凭证三种。

一次凭证是指只反映一项或者若干项同类性质的经济业务，填制手续一次完成的原始凭证，包括自制一次原始凭证和外来一次原始凭证。自制一次原始凭证是由单位经办人员填制的，外来原始凭证是从外单位取得的。商品或材料物资验收入库时填制的“收货单”“收料单”“产品入库单”，销售商品时开出的“发货票”，出差人员凭以报销、出纳人员据以付款的“报销凭证”等，都属于一次凭证。一次原始凭证的格式与内容见表5-1至表5-3。

表5-1 收料单

材料类别 20×1年1月9日

供应单位： 编 号：

发票号码： 收料仓库：

材料名称	规格型号	计算单位	数量		实际价格		计划价格		备注
			应收	实收	单价	发票金额	单价	总价	
合计									

检验员： 保管员： 记账： 采购员：

表5-2 领料单

发料仓库： 20×1年1月9日 编号：

材料名称	规格型号	计量单位	数量		价格		用途	备注
			请领	实发	单价	金额		
合计								

领料部门： 领料部门负责人： 领料人： 发料人：

表 5-3 产品入库单

产品类别： 20×1年1月15日 编号：

生产单位： 仓库：

产品名称	规格型号	计量单位	交库数量	实收数量	备注
合计					

检验员： 车间主任： 记账： 保管员：

累计凭证，是指在一定时期内连续记载若干项同类经济业务的原始凭证。它的填制手续不是一次完成的，而是随着经济业务的发生分次填制的，属于累计原始凭证。例如，企业按计划组织生产时，为了控制成本支出，按定额发料，这种限额发料所采用的原始凭证就是累计凭证。累计原始凭证有利于计划管理，便于考核定额的执行效果，还可以起到事前控制的作用，既简化凭证的填制手续、节约人力，又减少了凭证的数量。累计原始凭证"限额领料单"的格式与内容见表5-4。

表 5-4 限额领料单

20×1年1月

领料单位： 用途： 计划产量：

材料类别： 名称规格： 计划单位：

消耗定额： 单位： 发料仓库：

日期	领用							限额节余	
	计量单位	领用单位	领料金额	累计数量	累计金额	领料人	负责人	数量	金额
合计									

汇总原始凭证，是根据许多相同的原始凭证或会计核算资料汇总起来而填制的凭证。汇总原始凭证是指在会计的实际工作中，为了简化记账凭证的填制工作，将一定时期若干份记录同类业务的原始凭证汇总在一张凭证上，用以集中反映某项业务总括情况的凭证。汇总原始凭证只能汇总同一类型的业务，不汇总两类或两类以上不同类型的经济业务，因

此，它可以提供某项经济业务的总量指标，简化核算手续。例如，“工资结算汇总表”是根据考勤记录、扣款通知等原始记录整理汇总编制的，用来集中反映工资的结算情况。再如“发出材料汇总表”是根据各部门的“领料单”、“限额领料单”和“领料登记簿”汇总本月发出材料总量而编制的。根据汇总原始凭证进行会计核算，简化了编制记账凭证和登记账簿的工作量，为对账提供了方便。汇总原始凭证的格式与内容见表5-5。

表5-5　发出材料汇总表

20×1年1月

材料类别 / 应借账户	原材料及主要材料			燃　料			合　计	
	计划成本	成本差异率(%)	成本差异额	计划成本	成本差异率(%)	成本差异额	计划成本	成本差异额
基本生产：								
A产品								
B产品								
车间消耗：								
一车间								
二车间								
三车间								
厂部消耗								
销售部门								
对外销售								
工程领用								
合计								

2. 自制原始凭证和外来原始凭证

原始凭证，按其来源不同，分为自制原始凭证和外来原始凭证两种。

自制原始凭证，是指由本单位内部经办部门或个人，在完成某项经济业务时自行填制的凭证，如“收料单”“领料单”“限额领料单”“差旅费报销单”等。

外来原始凭证，是指在与外单位发生经济关系时，从外单位取得的凭证。外来原始凭证都是一次凭证。例如，企业采购材料时从外单位取得的发货票，以及用以抵扣销项税额的增值税专用发票（抵扣联），购货单位签发的支票等都是从外单位取得的原始凭证。外来原始凭证的内容及格式见表5-6、表5-7。

表 5-6 湖北增值税专用发票 № 07015691

发票联

（全国统一发票监制章 国家税务总局 湖北省税务局）

开票日期：20×1 年 1 月 15 日

购买方	名　　称：长沙市 8519 厂 纳税人识别号：43011117010567 地 址、电 话：长沙市林悦路 68 号 0731-85706543 开户行及账号：工商银行长沙支行 23004500670089					密码区	（略）	
货物或应税劳务、服务名称		规格型号	单位	数量	单 价	金额	税率	税额
圆钢		Φ32	吨	10	6 000.00	60 000.00	13%	7 800.00
圆钢		Φ40	吨	8	6 000.00	48 000.00	13%	6 240.00
合　计						108 000.00		14 040.00
价税合计（大写）		壹拾贰万贰仟零肆拾元整					（小写）¥ 122 040.00	
销售方	名　　称：武汉市 702 厂 纳税人识别号：422111118030421 地 址、电 话：武汉市芳草路 36 号 027-85608942 开户行及账号：工商银行沌口支行 382246790025					备注		

第三联：发票联 购买方记账凭证

收款人：王悦　　复核：　　开票人：刘星　　销售方（盖章）：（略）

表 5-7 中国工商银行托收承付结算凭证

委托日期　　20×1 年 1 月 20 日　　托收号码：96012003

收款单位	全　　称	武汉市 702 厂		付款单位	全　　称	长沙市 8519 厂							
	账　　号	382246790025			账号及住址	23004500670089							
	开户银行	工商银行	行号（略）		开户银行	工商银行				行号（略）			
托收金额	（大写）人民币壹拾贰万贰仟零肆拾元整			千	百	十	万	千	百	十	元	角	分
					¥	1	2	2	0	4	0	0	0
附件		商品发运情况		合同名称及号码									
附寄单证张数	5	铁路运输，运单号：№ 0154		××字№ 9603003									
备注		款项收妥日期 年　月　日		（收款单位开户银行盖章） 年　月　日									

原始凭证还可按其编制依据不同分类，分为以证明经济业务实际发生的原始凭证以及为便于记账而汇总某类资料的记账编制凭证两类。自制原始凭证及外来原始凭证都是以实际发生的经济业务为依据所填制的凭证，如前所述的“收料单”“领料单”等。而记账编制凭证是根据账簿等记录，将某项经济业务归类整理而编制的凭证。例如，每月根据固定资产明细账记录编制的“固定资产折旧计算表”，根据制造费用明细账记录编制的“制造费用分配表”，根据工资汇总表编制的“应付职工薪酬提取计算表”。上述汇总表都是为了减少记账凭证，简化核算工作而编制的汇总凭证。

原始凭证之间相互依存，密切联系，如销货发票是本单位签发的，其记账联属于自制原始凭证，而发票正本以及抵扣联，对于购买单位来说，则是外来原始凭证，无论哪一联发票，都是一次凭证。再如，购货方依据发票验收时填制的“收料单”，与发票一样，都是原始凭证，都是编制记账凭证的依据，但前一个原始凭证却是后一个原始凭证的编制依据。

（二）记账凭证

记账凭证，是指由会计人员根据审核无误的原始凭证整理归类所编制的，是确定会计分录，作为记账依据的会计凭证。

原始凭证是会计核算的重要依据，由于种类繁多，数量很大，又来自不同单位，格式不一，所反映的只是经济业务的实际内容，不能清楚地表明应记入会计科目的名称和方向，一般不直接用于记账，而是附于记账凭证后，作为记账凭证的附件。整理原始凭证，按会计核算的要求归类，以规定的会计科目，编制应借、应贷关系的会计分录，填制记账凭证，并据以记账。这对于简化会计核算、方便对账和查账、保证账簿记录的规范正确、减少差错、提高记账质量十分必要。

记账凭证按其分类标准不同，可以划分为不同的种类。

1.收款凭证、付款凭证和转账凭证

记账凭证，按其反映的内容是否与货币资金相关，分为收款凭证、付款凭证和转账凭证三种。

收款凭证，是指用来记录库存现金和银行存款等货币资金收款业务的凭证。它是根据库存现金和银行存款收款业务的原始凭证填制的，格式见表5-8。

表5-8　收款凭证　字第　号

借方科目：　20×1年1月9日　附件共×张

摘要	贷方科目			金额									
	总账科目	明细科目	√	千	百	十	万	千	百	十	元	角	分
结算方式及票号：		合计											

会计主管：　记账：　出纳：　复核：　制单：

付款凭证，是指用来记录库存现金和银行存款等货币资金付款业务的凭证。它是根据库存现金和银行存款付款业务的原始凭证填制的，格式见表5-9。

表5-9　付款凭证　字第　号

贷方科目：　20×1年1月9日　附件共×张

摘要	借方科目			金额									
	总账科目	明细科目	√	千	百	十	万	千	百	十	元	角	分
结算方式及票号：		合计											

会计主管：　记账：　出纳：　复核：　制单：

收、付款凭证是出纳人员办理收、付款项的依据，也是登记库存现金日记账和银行存款日记账的依据。出纳人员不能仅凭收、付款业务的原始凭证收款或者付款，还必须根据由会计主管人员或指定人员审核批准的收、付款记账凭证来办理收、付款项，以加强对货币资金的管理，监督货币资金的使用。

转账凭证，是指用来记录与库存现金、银行存款等货币资金收付无关的转账业务（如向仓库领料、产成品交库、分配费用等）的凭证。它是根据有关转账业务的原始凭证填制的，是登记总分类账和有关明细分类账的依据，格式见表5-10。

表5-10　　转账凭证　　字第　号

20×1年1月9日　　附件共×张

摘要	总账科目	明细科目	借方金额									√	贷方金额									√
			百	十	万	千	百	十	元	角	分		百	十	万	千	百	十	元	角	分	
合计																						

会计主管：　　记账：　　复核：　　制单：

为了易于辨认，收款凭证、付款凭证和转账凭证是用三种不同颜色印制的，适用于经济业务较多、有“出”与“纳”岗位之分的单位。经济业务比较简单的企业，为了简化核算，可以不分收款凭证、付款凭证和转账凭证，只用一种通用的记账凭证记录所有的经济业务，包括货币资金的收付业务。通用记账凭证的格式见表5-11。

表5-11　　记账凭证　　字第　号

20×1年1月9日　　附件共×张

摘要	总账科目	明细科目	借方金额									√	贷方金额									√
			百	十	万	千	百	十	元	角	分		百	十	万	千	百	十	元	角	分	
合计																						

会计主管：　　记账：　　出纳：　　复核：　　制单：

2.单式记账凭证和复式记账凭证

记账凭证按填制方式不同，按所包括的会计科目是否单一分类，可分为单式记账凭证和复式记账凭证两种。

单式记账凭证，又称为单科目记账凭证，要求把每项经济业务所涉及的会计科目分别填制在两张或两张以上记账凭证上，每张记账凭证只填列一个会计科目，其对应科目不作为记账依据，仅作参考。单式记账凭证的科目单一，有利于分工记账，也有利于按科目汇总，但编制记账凭证的工作量大，凭证数量多，内容分散，发生差错时不易查找，需认真复核。单式记账凭证按记账方向不同，分为借项记账凭证和贷项记账凭证两种。其格式见表5-12、表5-13。

表5-12　借项记账凭证　编号：

20×1年1月9日　附件3张

摘要	总账科目	明细科目	金额
金属材料验收入库	原材料	金属材料	×××
对应总账科目:材料采购	合计		×××

会计主管：　记账：　审核：　出纳：　制单：

表5-13　贷项记账凭证　编号：

20×1年1月9日　附件3张

摘要	总账科目	明细科目	金额
金属材料验收入库	材料采购	金属材料	×××
对应总账科目:原材料	合计		×××

会计主管：　记账：　审核：　出纳：　制单：

复式记账凭证，要求把每项经济业务所涉及的会计科目，全部集中填制在一张记账凭证上，并且都作为记账依据，因其涉及多个会计科目，故又称为多科目记账凭证。复式记账凭证的优点是既减少了会计凭证的数量，又方便查账，同时也有利于了解经济业务的全貌；缺点是不便于分工记账和汇总。以上所述的收款凭证、付款凭证、转账凭证和通用记账凭证都属于复式记账凭证。

3.非汇总记账凭证和汇总记账凭证

记账凭证按其用途不同，分为非汇总记账凭证和汇总记账凭证两种。

非汇总记账凭证是直接根据原始凭证编制的，又称为分录凭证，如前所述的收款凭证、付款凭证和转账凭证都是非汇总记账凭证。一般来说，非汇总记账凭证是登记明细账簿的依据。

汇总记账凭证是对非汇总记账凭证定期汇总的凭证。按照汇总方法的不同，汇总记账凭证分为分类汇总记账凭证和全部汇总记账凭证两种。

分类汇总记账凭证有：根据收款凭证汇总编制的汇总收款凭证（见表5-14）、根据付款凭证汇总编制的汇总付款凭证（见表5-15）和根据转账凭证汇总编制的汇总转账凭证（见表5-16）三种。

表5-14　汇总收款凭证

借方科目：库存现金　年　月　日　字第　号

贷方科目	金　额		
	凭证1～×号	凭证×～×号	凭证×～×号
合　计			

会计主管：　记账：　审核：　出纳：　制单：

表 5-15 汇总付款凭证

贷方科目：银行存款　　年　月　日　　字第　号

借方科目	金　额		
	凭证 1 ~ ×号	凭证× ~ ×号	凭证× ~ ×号
合　计			

会计主管：　记账：　审核：　出纳：　制单：

表 5-16 汇总转账凭证

贷方科目：库存现金　　年　月　日　　字第　号

借方科目	金　额		
	凭证 1 ~ ×号	凭证× ~ ×号	凭证× ~ ×号
合　计			

会计主管：　记账：　审核：　出纳：　制单：

全部汇总记账凭证，是根据收、付、转记账凭证集中汇总编制的，如“科目汇总表”，其格式见表 5-17。

表 5-17 科目汇总表

年　月　日　　字第　号

会计科目	总账页数	本期发生额		记账凭证起讫号数
		借方	贷方	
合　计				

会计主管：　记账：　审核：　出纳：　制单：

原始凭证和记账凭证之间存在着密切的联系：原始凭证是记账凭证的基础，记账凭证是对原始凭证内容的概括和说明；在编制记账凭证时，原始凭证是记账凭证的附件。原始凭证和非汇总记账凭证是登记明细账的依据，汇总记账凭证是登记总分类账的依据。在手工记账系统下，原始凭证和记账凭证二者不可分割，互相不可替代。

综上所述，会计凭证的分类如图 5-1 所示：

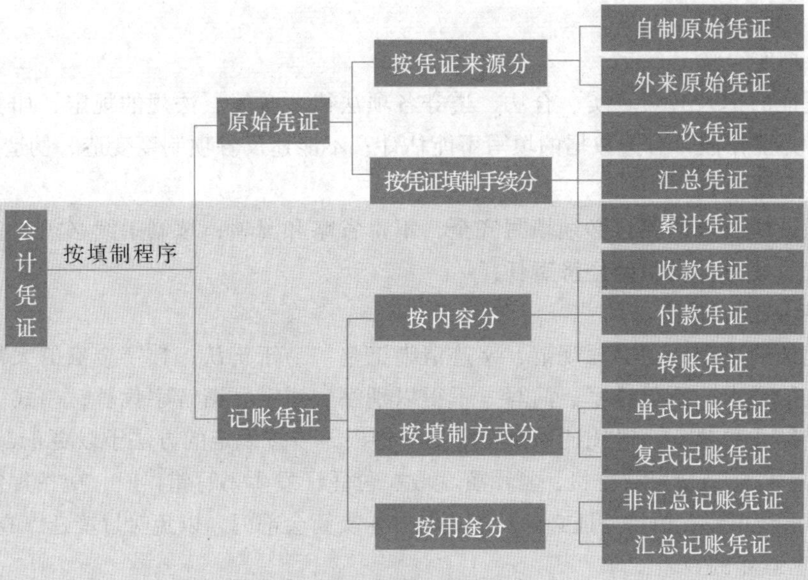

图5-1 会计凭证的分类

第二节 原始凭证的填制和审核

一、原始凭证的基本内容

经济业务多种多样，记录经济业务的原始凭证也不尽相同，特别是形式上的不同。尽管形式各异，内容不完全一致，但其基本内容是相同的，这些相同的基本内容称为凭证要素。一般来说原始凭证应具备的要素包括以下几方面：

①凭证的名称；

②填制凭证的日期；

③填制凭证单位的名称或填制人姓名；

④经办人员的签名或盖章；

⑤接受凭证单位的名称；

⑥经济业务内容、数量、单价和金额。

原始凭证是具有法律效力的书面证明，是进行会计核算的依据，必须认真、正确地填写上述各项凭证要素。除此之外，为了满足计划、业务、统计、审计、税务等部门进行经济管理的需要，还必须针对各管理部门的要求，适当补充必要的内容，使原始凭证充分发挥作用。

二、原始凭证的填制要求

原始凭证是会计核算的起点和基础，填制正确与否将直接影响会计核算的质量。为了保证原始凭证正确、及时和清晰地反映经济业务的真实情况，企业在填制原始凭证时，必须符合以下要求：

（一）一般规范要求

1.记录真实合法

原始凭证的记录必须真实、合法，遵守各项法律、政策、法规的规定，如实记录经济业务，不得弄虚作假，有关数据的填写不能估计；不能违反各项制度变造、伪造原始凭证。

2.内容完整齐备

原始凭证所要求的项目必须填写齐全，不得省略和漏项；填制手续必须齐备，有关人员必须审查、签章，以明确经济责任。

3.填制认真及时

原始凭证的填制必须书写规范，字迹清晰工整，易于辨认；数字金额的大写、小写必须符合规定的要求，不得潦草、简写，不得以别字、错字、谐音字代替；一式多联的凭证必须复写，防止差错；一般凭证如果发生书写错误，应按规定的方法予以更正，不得挖补、刮擦、涂改，以防造成可乘之机；货币资金收、付凭证发生书写错误时，应按规定的手续注销、留存并重新填写；原始凭证必须及时填制并送交财会部门，以免时过境迁，查找困难。

（二）应遵守的技术要求

①阿拉伯数字应逐个书写，不可连笔，并需要在前面以人民币符号“¥”拦头，不留空白。

②以“元”为单位的金额数字一律写到“角”“分”，无“角”“分”时写“0”，不得空格。

③汉字大写金额应符合规定要求，易辨认不易涂改，正确地写元、角、分、零、整。在金额前应以“人民币”拦头，不留空白。大写金额最后为“元”的应加写“整”（或“正”）字断尾。

④凡规定填写大写金额的各种凭证，必须在填写小写金额的同时，填写大写金额。

三、原始凭证的填制方法

（一）一次凭证的填制方法

一次凭证的填制手续是在经济业务完成时，由经办人员填制的，一般只反映一项经济业务，或者同时反映若干同类性质的经济业务。下面以“发货票”和“收料单”为例，说明一次凭证的填制方法。

“发货票”简称发票，是表示经济交易已经完成的凭证，对供应单位来说是销货凭证，对购货单位来说是采购货物的凭证。“发货票”是在经济交易完成时，由销货单位的业务人员或财务人员填制的一次性原始凭证。填制增值税发票时，应正确填写供销双方的单位名称、地址、电话、纳税人识别号、开户银行及其账号；根据双方达成的经济交易情况，填写货物或应税劳务、服务名称，规格，型号，数量，计量单位，单价，金额和税额，并在金额大、小写的前面标明拦头符号；一式几联的发票需一次复写；还要注明发票填制人的姓名、填制日期并加盖公章。增值税专用发票一般是一式三联，第一联（记账联），销售方记账凭证；第二联（抵扣联），购买方扣税凭证；第三联（发票联），购买方记账凭证。增值税专用发票的格式及填制内容见表5-6。

“收料单”是采购人员在办理外购材料入库手续时，由仓库保管员填制的一次原始凭证。保管员审核有关手续后，根据供应单位的发票内容，逐一清点实物，计量和确认，并填制“收料单”。“收料单”一般一式三联，第一联（存根）存查；第二联（财务）交采购人员随同发票报账，并作为会计核算的依据；第三联（仓库）是仓库收入存货、登记明细账的依据。“收料单”的格式及填制内容见表5-1。

（二）累计凭证的填制方法

累计凭证的填制手续不是一次完成的，它是由经办人员在每次办理同类经济业务时，在同一张原始凭证上填制完成的。例如，在计时工资制下，“职工出勤计时卡”是通过每天打卡累计完成其填制过程的。还有工业企业的“限额领料单”，一式三联，由计划部门以一个产品一料一单方式下达，生产车间根据生产进度，于每次领料时填写领用数量，一月累计一次。“限额领料单”填制完成后，第一联留仓库，作为发料和登记材料明细账的凭证；第二联交车间，作为车间核算的依据；第三联交计划管理部门作为考核依据。“限额领料单”的填制内容见表5-4。

（三）汇总凭证的填制方法

汇总凭证是为了集中反映某项经济业务的总括情况，而将同内容的原始凭证汇总在一起的原始凭证。例如，“发出材料汇总表”是财会部门根据一个月的“领料单”、“限额领料单”、“材料调拨单”、“发料登记簿”和材料销售的“发货票”等原始凭证汇总编制的。它既是汇总原始凭证，又是一次凭证，填制方法及内容见表5-5。

四、原始凭证的审核

根据《会计法》的规定，原始凭证经指定的会计人员审核后，才能作为编制记账凭证或登记账簿的依据。这是保证会计核算资料真实、合法，充分发挥会计监督作用的重要环节。原始凭证审核的内容和一般程序如下：

（1）审核原始凭证的内容是否与计划一致。

审核原始凭证载明的内容是否有计划安排，有无超计划、不按计划或不按进度发生经济业务的现象。对照计划审核原始凭证，是防止盲目采购、超计划开支和监督计划顺利实施的重要保证。

（2）审核原始凭证的内容是否真实、合理、合法。

审核原始凭证记载的经济业务是否符合国家有关政策、法令和制度的规定；有无违法乱纪的行为；有无弄虚作假，营私舞弊，伪造、涂改原始凭证的行为；有关经办人员是否签名盖章；使用的公章是否为有效印章，有无用行政公章代替财务结算专用章的现象；检查结算凭证是否正确，有无过期或是已被宣布为作废的票证，有无舍近求远的交易业务，以劣充优多计金额等行为。对于违法开支、不合理开支，会计人员应予以揭露，拒绝受理，保证原始凭证真实、合理、合法。

（3）审核原始凭证的正确性和完整性。

原始凭证中的基本内容应正确完整，它是保证会计核算质量的基础。检查原始凭证中的凭证要素是否齐全规范，数量、单价和金额的计算是否正确，大、小写是否规范，有无漏项；审核原始凭证的手续是否完备，是否经过有关人员的批准，有无领导的签字；需要两张以上的原始凭证才能证明经济业务的，应要求经办人员办理齐全，不得缺漏。

二维码5-1

原始凭证的填制和审核

原始凭证审核工作是一项原则性、政策性极强的工作。财务人员必须牢固树立“财务工作无小事”的观念，自觉培养严谨细致的作风，以严之又严、慎之又慎、细之又细的工作态度为标尺衡量工作，培养过硬的业务素质，增强凭证审核工作的科学性、系统性和原则性。

第三节　记账凭证的填制和审核

一、记账凭证的基本内容

记账凭证是对原始凭证进行分类整理，按会计科目系统归类，但其基本内容是相同的，必须具备下列一些共同的基本内容：

①记账凭证的名称；

②填制凭证的日期和凭证编号；

③经济业务的内容摘要；

④会计科目的名称、记账方向及金额；

⑤所附原始凭证的张数；

⑥制证、审核、记账、会计主管等人员的签章。

二、记账凭证的填制方法

（一）收款凭证的填制方法

收款凭证是指记录货币资金收款业务的凭证。在借贷记账法下，收款凭证的设置科目是借方科目，在凭证左上方“借方科目”栏内，应填列“库存现金”或“银行存款”科目，在“贷方科目”栏内应填列与货币资金相对应的会计科目，“金额”栏合计数表示借、贷双方的记账金额。举例说明如下：

【例5-1】华兴公司20×1年2月15日销售甲产品1 000件，单价50元/件，货款50 000元，增值税税款6 500元，款项已收存银行。其会计分录为：

借：银行存款　　56 500

　贷：主营业务收入——甲产品　　50 000

　　　应交税费——应交增值税（销项税额）　　6 500

根据这项业务涉及的会计科目，编制收款凭证，见表5-18。

表5-18　　收款凭证　　银收字第007号

借方科目：银行存款　　20×1年2月15日　　附件2张

摘要	贷方科目			金额									
	总账科目	明细科目	√	千	百	十	万	千	百	十	元	角	分
销售甲产品1 000件	主营业务收入	甲产品					5	0	0	0	0	0	0
	应交税费	应交增值税（销项税额）						6	5	0	0	0	0
结算方式及票号：支票002589		合计				¥	5	6	5	0	0	0	0

会计主管：　　记账：　　出纳：　　复核：　　制单：

（二）付款凭证的填制方法

付款凭证是指记录货币资金付款业务的凭证。在借贷记账法下，付款凭证的设置科目是贷方科目，在凭证左上方“贷方科目”栏内，应填列“库存现金”或“银行存款”科目，在“借方科目”栏内应填列与货币资金相对应的会计科目，“金额”栏合计数表示借、贷双方的记账金额。

【例 5-2】20×1年3月10日，华兴公司采购原材料（A材料）一批，货款11 000元，另付增值税税款1 430元。签发转账支票付清款项。其会计分录为：

借：在途物资——A材料　　11 000

　　应交税费——应交增值税（进项税额）　　1 430

　贷：银行存款　　12 430

根据这项业务涉及的会计科目，编制付款凭证，见表5-19。

表5-19

付款凭证

银付字第004号

贷方科目：银行存款　　20×1年3月10日　　附件2张

摘要	借方科目			金额									
	总账科目	明细科目	√	千	百	十	万	千	百	十	元	角	分
采购原材料	在途物资	A材料					1	1	0	0	0	0	0
	应交税费	应交增值税（进项税额）						1	4	3	0	0	0
结算方式及票号：支票002590		合计				¥	1	2	4	3	0	0	0

会计主管：　　记账：　　出纳：　　复核：　　制单：

（三）转账凭证的填制方法

转账凭证是记录与货币资金收、付款无关的转账业务的凭证。它将经济业务所涉及的会计科目，除“库存现金”和“银行存款”科目之外，全部填列于凭证内，借方科目在前，贷方科目在后，应借应贷的金额分别填列于“借方金额”和“贷方金额”栏内，借、贷方金额合计数应相等。举例说明如下：

【例 5-3】20×1年3月6日，华兴公司第一生产车间生产甲产品领用A材料，材料成本为36 500元。其会计分录为：

借：生产成本——甲产品　　36 500

　贷：原材料——A材料　　36 500

根据这项业务涉及的会计科目，编制转账凭证，见表5-20。

表5-20

转账凭证

转字第005号

20×1年3月6日　　附件共1张

摘要	总账科目	明细科目	借方金额								√	贷方金额								√
			十	万	千	百	十	元	角	分		十	万	千	百	十	元	角	分	
生产领料	生产成本	甲产品		3	6	5	0	0	0	0										
	原材料	A材料											3	6	5	0	0	0	0	
合计			¥	3	6	5	0	0	0	0		¥	3	6	5	0	0	0	0	

会计主管：　　记账：　　复核：　　制单：

（四）通用记账凭证的填制方法

通用记账凭证是用来记录所有经济业务的记账凭证。在通用记账凭证下，不再分收款凭证、付款凭证和转账凭证，而是将所有经济业务所涉及的会计科目，包括货币资金科目，全部填列于凭证内，借方科目在前，贷方科目在后，应借应贷的金额分别填列于“借方金额”和“贷方金额”栏内，借、贷方金额合计数应相等。以【例5-1】资料，编制记账凭证，见表5-21。

表5-21　　记账凭证　　记字第25号

20×1年2月15日　　附件共2张

摘要	总账科目	明细科目	借方金额								√	贷方金额								√
			十	万	千	百	十	元	角	分		十	万	千	百	十	元	角	分	
销售甲产品	银行存款			5	6	5	0	0	0	0										
	主营业务收入	甲产品											5	0	0	0	0	0	0	
	应交税费	应交增值税（销项税额）												6	5	0	0	0	0	
合计				5	6	5	0	0	0	0			5	6	5	0	0	0	0	

会计主管：　　记账：　　出纳：　　复核：　　制单：

三、记账凭证的填制要求

在填制记账凭证时，必须注意凭证要素和基本内容的填写。

1.记账凭证的名称

在填制记账凭证时，首先应根据原始凭证中每项经济业务所涉及的内容，正确选择记账凭证：采用收、付、转记账凭证的，凡与货币资金收付有关的经济内容，应选用颜色不同的收款凭证或付款凭证；涉及库存现金和银行存款之间的划转业务，按规定只填付款凭证，以免重复记账；与货币资金无关的经济内容，应填制转账凭证。采用单式记账凭证的，应正确选择借项记账凭证和贷项记账凭证。应当强调的是，对于不同类别的经济业务，无论采用何种类别的记账凭证，均不能混在一张记账凭证上。

2.填制凭证的日期及编号

在填制记账凭证时，收、付款凭证的填写日期应以货币资金收、付的日期填写；转账凭证的日期一般以收到原始凭证的日期填写；月终时，有些特殊业务因时间或特殊原因不能及时编制记账凭证，需等到下月初才能编制记账凭证时，可按月终的日期填写。记账凭证应按月连续编号，不得空缺或重复，使用收、付、转凭证的，应按类别采用“字号编号法”顺序编号，如“银收字第007号”“银付字第0012号”“转字第285号”。一项经济业务需要几张记账凭证时，也可采用“分数编号法”处理，如前述编号381-1/4、381-2/4、381-3/4、381-4/4，就是采用“分数编号法”编号的。

3.内容摘要

摘要栏是对经济业务的简要说明，应简明扼要地正确填写经济业务的基本内容，主次分明，不可含混会计主体，以免发生会计科目使用错误或会计科目方向错误。例如，企业向8519厂销售1 000件甲产品，不能写成“8519厂销售1 000件甲产品”。

4.会计科目的选择、借贷方向和金额的填写

根据经济业务的内容和行业的不同，使用会计准则统一规定的会计科目，正确编制会计分录。

5.所附原始凭证的张数

必须注明记账凭证所附原始凭证的张数，防止不法分子盗用；两张或几张记账凭证共用一份原始凭证时，应在记账凭证中注明“附件××张，见第××号记账凭证”等字样；有些原始凭证需另行保管的，可在记账凭证中注明；已存档的会计凭证，其附件需要抽出的，应按档案管理规定办理手续后，才能抽出另行保管。

6.签章

以上内容填写完毕后，应进行复核检查，并试算平衡，制证、审核、主管、记账等有关人员应在记账凭证上签名盖章、加盖“收讫”“付讫”等字样的戳记，以明确各自的责任。

四、记账凭证的审核

记账凭证是登记账簿的直接依据，经济业务的合法性、内容的完整性和正确与否将影响登记账簿的质量，因此，除制证人员审核外，还应建立专人审核制度，在审核原始凭证的基础上，对记账凭证进行必要的审核：

①审核记账凭证是否附有原始凭证，原始凭证与记账凭证的内容是否相符，附件是否齐全，手续是否完备，有无经办人员和有关人员的签章。

②审核会计科目的运用是否恰当，方向和金额的填写是否正确，借、贷金额是否平衡。

③审核摘要栏的填写是否清楚、准确无误，是否完整地表达了经济业务的内容。

④发现记账凭证有错误时，应查明原因，并按规定办法及时处理或更正。

⑤审核人员不能仅凭记账凭证和原始凭证就事论事地审核，还必须对照计划和日常会计事项，审核有无遗漏未编制的记账凭证，以保证会计资料的完整无缺。

审核会计凭证，实际上就是正确处理国家与企业、企业与社会、企业内部、企业与职工之间的经济利益关系，审核人员应熟悉掌握国家有关方针、政策、法令和制度规定，处理好各种利益的分配关系。

审核人员必须树立正确的人生观和价值观，严格划分公私界限，做到廉洁自律。在工作中应当深刻理解并自觉践行会计行业的职业精神和职业规范，自觉增强职业责任感。《会计法》对会计事务的处理也进行了相应的规范。《会计法》第十三条规定：任何单位和个人不得伪造、变造会计凭证、会计账簿及其他会计资料，不得提供虚假的财务会计报告。《会计法》第四十三条规定：伪造、变造会计凭证、会计账簿，编制虚假财务会计报告，构成犯罪的，依法追究刑事责任。

二维码5-2

记账凭证的填制和审核

第四节 会计凭证的传递和保管

一、会计凭证的传递

会计凭证的传递，是指会计凭证从填制到归档保管的全过程，即会计凭证在本单位内部和有关人员之间的传递手续和传递时间。会计凭证的传递，是会计制度的重要组成部

分，应在会计制度中做出明确规定。

科学的传递程序，应当是最迅速、最严密而又合理的凭证运行机制，其传递手续快捷而不疏漏必要环节，科学严密而不烦琐，简便易行而又合理，既有利于会计反映和会计监督，又节省人力资源和时间，从而使会计凭证及时传递经济信息，充分发挥它的作用。

制定会计凭证的传递程序，必须注意以下基本内容：

①根据企业生产经营的特点，会计核算和管理上的需要，设计会计凭证的种类和数量，恰当地规定会计凭证的联数和传递环节。

②根据企业内部岗位的设置和人员的配备情况，合理分工，设置凭证传递的路线及在各环节停留的时间，防止耽搁，保证会计凭证传递及时、快速。

③建立会计凭证交接的签收制度，使传递程序相互衔接，手续完备，责任明确。

二、会计凭证的保管

会计凭证的保管，是指会计凭证登账后的整理、装订和归档存查。会计凭证是重要的经济资料和档案资料，为便于今后查阅的需要，必须对会计凭证进行整理，立卷归档，形成会计档案，妥善保管，不得丢失或任意销毁。会计凭证保管的方法和要求有：

①每月记账完毕，应清理各种记账凭证，检查各类凭证的编号，确定有无重号或漏号现象，然后分类序号排列整齐，以备装订。

②检查记账凭证后所附原始凭证是否齐全，与记账凭证是否一致。

③将检查完毕的会计凭证分类装订成册，并加具封面和封底。

④在凭证封面上注明如下事项：单位名称、凭证的种类、所属年份、所属月份、起讫日期和起讫号码、总计册数和该册的号数、凭证张数、装订人员的签章。凭证封面的格式与填写内容见表5-22。

表5-22　会计凭证封面

××××年××月第×册	（企业名称） ××××年××月共　册第　册 收款 付款凭证　第　号至第　号共　张 转账 附:原始凭证共　张 会计主管(签章)　装订人(签章)　保管(签章)

⑤为了防止任意拆封，在装订线上应加贴封签，由会计主管人员盖章。

⑥装订成册的会计档案应集中保管，专人负责，装订人员与保管人员之间应办理好档案交接手续。

⑦调阅归案的会计凭证时，必须办理手续，不得随意抽走其中的附件。

⑧严格执行会计制度对会计档案保管期限和销毁手续的规定，任何人无权随意销毁会计凭证。

《会计法》第二十七条规定：“各单位应当建立、健全本单位内部会计监督制度。单位内部会计监督制度应当符合下列要求：①记账人员与经济业务事项和会计事项的审批人员、经办人员、财物保管人员的职责权限应当明确，并相互分离、相互制约……④对会计资料定期进行内部审计的办法和程序应当明确。”因此，企业应该建立健全内部控制制度，提高企业财务管理水平，防范凭证职业犯罪，增进会计职业精神。

案例五评析

发票是指单位和个人在购销商品、提供或接受服务以及从事其他经营活动中，所开具和收取的业务凭证，是会计核算的原始依据，也是审计机关、税务机关执法检查的重要依据。发票具有合法性、真实性等特征，是会计原始凭证之一。李铭报销的住宿发票被涂改过，属于不符合规定的发票。按照《中华人民共和国发票管理办法》第二十一条的规定：不符合规定的发票，不得作为财务报销凭证，任何单位和个人有权拒收。李铭报销个人游览景点的发票不符合财务制度，因此会计小林不应该接受这些票据。

练习题

一、名词解释

会计凭证　原始凭证　记账凭证

二、单项选择题

1.（　　）是登记总分类账户和明细分类账户的依据，能反映经济业务的发生或完成情况，监督企业经济活动，明确相关人员的责任。

A.记账凭证　B.单据　C.累计凭证　D.汇总凭证

2.下列关于会计凭证的作用和种类的表述中，不正确的是（　　）。

A.记录经济业务，提供记账依据

B.明确经济责任，强化内部控制

C.合理地取得、正确地填制和审核会计凭证，是会计核算的基本方法之一

D.会计凭证按照填制程序和经济业务内容不同，可分为原始凭证和记账凭证

3.（　　）是会计核算工作的起点。

A.设置会计科目和账户　B.填制和审核会计凭证

C.复式记账　D.登记会计账簿

4 .原始凭证的格式和内容因经济业务和经营管理的不同而有所不同，以下不属于原始凭证基本内容的是（　　）。

A.凭证的名称　B.填制凭证的日期　C.数量、单价和金额　D.凭证的编号

5.下列记录可以作为调整账面数字的原始凭证的是（　　）。

A.盘存单　B.实存账存对比表　C.银行存款余额调节表　D.往来款项对账单

6.下列关于审核原始凭证时发现金额错误的处理方法的表述中，正确的是（　　）。

A.原填制单位重开　B.经办人更正　C.会计人员更正　D.会计主管人员更正

7.根据连续反映某一时期、不断重复发生而分次进行的特定业务，编制的原始凭证是（　　）。

A.一次凭证　B.累计凭证　C.记账编制凭证　D.汇总原始凭证

8.会计凭证按其（　　）不同，分为原始凭证和记账凭证。

A.填制人员和程序　B.填制程序和方法

C.填制格式和手续　D.填制程序和用途

三、多项选择题

1.会计凭证按其编制的程序和用途不同，可分为（　　）。

A.外来凭证　B.自制凭证　C.原始凭证　D.记账凭证

2.会计凭证按照填制程序和用途可分为（　　）。

A.通用凭证　　B.原始凭证　　C.专用凭证　　D.记账凭证

3.下列各项中，（　　）属于原始凭证书写时应当注意的事项。

A.不得使用未经国务院公布的简化汉字

B.小写金额用阿拉伯数字逐个书写，也可以写连笔字

C.金额数字一律填写到角、分，无角、分的，写“00”或符号“-”；有角无分的，分位写“0”，不得用符号“-”

D.在金额前要填写人民币符号“¥”，人民币符号“¥”与阿拉伯数字之间不得留有空白

4.下列关于原始凭证和记账凭证的区别，表述正确的有（　　）。

A.原始凭证是根据发生或完成的经济业务填制的，而记账凭证则是根据审核后的原始凭证填制的

B.原始凭证仅用以记录、证明经济业务已经发生完成，而记账凭证则要依据会计科目对已经发生或完成的经济业务进行归类、整理编制

C.原始凭证由经办人员填制，而记账凭证一律由会计人员填制

D.原始凭证是记账凭证的附件和填制记账凭证的依据，而记账凭证则是登记账簿的直接依据

5.原始凭证的填制，除了记录真实、内容完整、手续完备等基本要求外，还要求做到（　　）。

A.书写清楚规范　　B.填制及时

C.编号连续　　D.不得涂改、刮擦、挖补

6.对于会计分录的描述正确的有（　　）。

A.会计分录是指对某项经济交易或事项标明其应借应贷会计科目及其金额的记录

B.编制会计分录的格式，一般是先借后贷、上借下贷或左借右贷

C.可以编制一借一贷、一借多贷、一贷多借和多借多贷的会计分录

D.不允许企业编制多借多贷的会计分录

7.关于会计凭证的内容，以下说法正确的有（　　）。

A.会计凭证是指记录经济业务发生或者完成情况的书面证明，是登记账簿的依据

B.只有经过审核无误的会计凭证才能作为登记账簿的依据

C.会计凭证可以起到记录经济业务，提供记账依据的作用

D.原始凭证是介于记账凭证与账簿之间的中间环节

8.在会计凭证的封面中，（　　）是应该注明的。

A.年度　　B.会计主管人员　　C.装订人员　　D.月份

四、判断题

1.会计凭证按照填制程序和用途可分为原始凭证和记账凭证。（　　）

2.收、付款凭证是登记库存现金日记账、银行存款日记账以及有关明细账和总账等账簿的依据。（　　）

3.原始凭证是登记明细分类账的依据，记账凭证是登记总分类账的依据。（　　）

4.记账凭证的主要作用是确定会计分录，进行账簿登记。（　　）

5.会计凭证按照填制程序和用途可分为原始凭证和记账凭证。（　　）

6.正确填制和审核会计凭证，是会计核算的基本方法之一，也是会计核算工作的起点和基本环节。（　　）

五、业务题

资料：某单位20×1年3月份发生下列经济业务：

（1）4日，收到W公司归还前欠货款20 000元，存入银行。

（2）9日，向H工厂购买甲材料30 000元，增值税税率为13%，货款以支票支付，材料已验收入库。

（3）11日，从银行提取现金4 800元备用。

（4）15日，销售一批A产品共计50 000元，增值税税率为13%，收入全部送存银行。

（5）20日，车间领用甲材料20 000元用以生产A产品。

（6）21日，厂部管理人员王某出差回来，报销差旅费3 370元，交回现金130元。

（7）25日，销售给G公司一批B产品，售价56 000元，增值税税率为13%，货款未收。

（8）28日，以银行存款支付车间电费2 350元、水费590元。

要求：

1.根据上列经济业务，确定应编制记账凭证的种类。

2.根据上列经济业务，编制记账凭证。

二维码5-3

练习题参考答案

第六章　会计账簿

会计学原理

Principles of Accounting

第六章　会计账簿

▶【学习目标】

- 了解会计账簿的含义及分类；
- 理解各种账簿的设置与登记；
- 掌握记账规则和结账方法；
- 了解错账的更正方法。

▶【本章重点】

- 会计账簿的登记与记账规则。

▶【本章难点】

- 会计账簿登记方法的应用；
- 对账与结账的理解与应用。

案例六

王先生应聘一家公司的会计，发现这家公司有几个与其他公司不一样的地方：一是公司的所有账户都使用活页纸记录，理由是这样便于改错；二是公司的应收账款和应付账款账都是直接用会计凭证控制的，不再记账；三是在记账时如果发生了错误，允许使用涂改液进行涂改，但是强调必须由责任人签字；四是经理要求王先生在登记库存现金总账的同时还要负责出纳工作。

为什么经济业务发生后，登记了记账凭证还需要登记到账簿中？这家公司在上述账簿登记和管理工作中存在什么问题？

第一节　会计账簿的作用和分类

一、会计账簿的作用

会计账簿是以会计凭证为依据，对全部经济业务进行全面、系统、连续、分类的记录和核算的簿籍，由专门格式并以一定形式联结在一起的账页所组成。

每个企业对所发生的经济业务，都必须取得并填制原始凭证，以证明经济业务的发生和完成情况。但是，会计凭证只能反映各自的经济业务，说明个别业务的内容，不能全面地、连续地、系统地展示经济单位的经营活动，不能反映资金运动的结果，不能满足经济管理的需要。因此，有必要设置账簿，将分散的会计资料加以整理、归类，登记到账簿中去。这样，可以了解各项财产物资的增减变化、资金的运动情况、成本费用的发生以及财务成果的大小，全面、系统地为经济管理提供数据信息。因此，设置和登记账簿是会计核算不可缺少的环节，对于加强经济管理具有十分重要的作用。

1.账簿是储存经济信息的数据库

账簿的外表形式是由账页组合而成的，若干个账页的集合构成账簿。账页上标有会计科目，用于记载各会计科目所核算的内容，因此，账页是经济信息的载体。从其长远作用来看，账簿是储存经济活动资料的数据库，能为经济活动提供信息，为经济管理提供历史资料。

2.账簿记录为财务报表编制提供依据

账簿全面地、分门别类地记录了有关财产、资金、成本、费用和经营成果等方面的总量指标明细情况，系统地核算了经济指标的完成结果，从短期作用来看，账簿的记录能为财务报表提供编制依据。

3.账簿记录为经济活动分析提供了资料

账簿记录了一定时期资金的取得和运用情况、收入和支出情况、财务状况和经营成果，能为企业经济活动分析、预测发展前景提供有价值的资料。

账簿登记和保管是需要分工合作的工作，遵循职务不相容原则。例如，出纳不能记录除库存现金日记账、银行存款日记账以外的其他账簿，这些账簿需要专门的会计人员去登记，以及存档的会计账簿要派专人保管等，都体现出会计工作需要团队合作。明确会计团队各岗位人员登记账簿的职责和权限，加强人员之间的合作意识，由多个岗位分工协作，能提高账簿数据的准确性，更利于企业财务管理制度的执行。

二、会计账簿的分类

账簿利用不同形式，记录一定时期资产、负债和所有者权益的构成，反映了收入和费用的配比以及利润的形成。为了更好地了解并正确运用账簿，一般以其用途、外表形式和账页格式的不同进行分类。

（一）账簿按用途分类

账簿按其用途不同进行分类，可分为序时账簿、分类账簿、联合账簿和备查账簿四种。

1.序时账簿

序时账簿，是按照经济业务发生或完成时间的先后顺序，逐日、逐笔顺序登记的一种簿籍。由于序时账簿的登记原则是按日期顺序记录经济业务，故又称日记账。日记账按其记录的内容不同，可分为普通日记账和特种日记账两种。

普通日记账一般是集中、序时地登记全部经济业务发生情况的账簿，它根据经济业务发生的先后顺序，编制记账凭证，然后根据记账凭证逐笔登账。采用日记总账核算形式的单位，其总账就是普通日记账的格式。采用会计电算化的单位，也可利用这种普通日记账形式集中处理原始凭证，根据日记总账的记录，逐笔输入数据，进行会计核算。在实务工作中，普通日记账通常只能由一人负责登记，且每笔会计记录都需要逐笔分别转记到分类账中，工作量较大。特别是随着企业规模的扩大、经济业务的增多以及记账凭证的出现，普通日记账不便于登记分类账和登账工作量较大的缺陷逐渐显露。此外，由于普通日记账不是分类记录经济业务，不便于日后的查阅，不利于对重要经济业务的严格管理。因此，目前实务中已较少使用普通日记账。

特种日记账是专门用来记录某一类经济业务发生情况的日记账，它是将特种业务按其发生的时间顺序，逐笔详细地记载于日记账，提供特种项目详细资料的一种账簿，如“库存现金日记账”和“银行存款日记账”。我国的会计制度规定，每个企业都必须设置记录库存现金和银行存款收、付业务的日记账，序时、详细地记录现金和银行存款的收、付业务。

2.分类账簿

分类账簿是指对全部经济业务按照总分类账户和明细分类账户进行分类登记的簿籍。分类账簿按反映指标的详细程度不同分为总分类账簿和明细分类账簿两种。登记全部经济业务总括资料的账簿称为总分类账簿，登记某类经济业务详细内容的账簿称为明细分类账簿。总分类账簿中某个经济指标的总额与相关各明细分类账簿的金额之和相等。

总分类账簿按总账科目开设，提供资产、负债、所有者权益、成本费用和收入成果等总量指标。明细分类账簿按照二级科目或明细科目开设，提供明细核算指标。它们的作用虽有所不同，但互为补充地反映了企业的经济业务，共同成为经营管理的重要资料来源。

3.联合账簿

联合账簿是指总分类账簿和明细分类账簿结合在一起的账簿，如日记总账就是联合账簿。这种账簿既具有序时账簿的功能，又能发挥总分类账簿的作用。经济业务不多的小型企业可采用联合账簿，序时记录企业的全部经济业务，并作为总分类账簿。联合账簿的格式见表6-1。

表6-1　多栏式总分类账　第　页

20×1年		凭证		摘要	××科目		××科目		××科目		××科目		××科目	
月	日	字	号		借方金额	贷方金额	借方金额	贷方金额	借方金额	贷方金额	借方金额	贷方金额	借方金额	贷方金额

4.备查账簿

备查账簿也称为辅助登记簿或补充登记簿，是对在总分类账簿和明细分类账簿中未能反映的特殊事项或记载不全的经济业务作补充登记的账簿，且不是根据会计科目设置的。它与其他账簿之间不存在严密的依存、钩稽关系。利用备查簿中的内容可以提供某些必要的参考资料。例如，出租固定资产和包装物业务，应在备查簿中记录承租时间、应何时收回等情况，还可登记企业投资活动的详细情况等。备查账簿根据企业的实际需要设置，没有固定的格式要求。

（二）账簿按外表形式分类

账簿按其外表形式的不同，分为订本式账簿、活页式账簿和卡片式账簿三种。

1.订本式账簿

订本式账簿是在账簿启用前就把许多账页固定在一起，并编好页码，不得任意拆散的账簿。由于账页固定，不能随意增减和抽换，对防止账页散失、控制舞弊有一定作用。订本式账簿的缺点是不灵活，不利于分工记账。一般用于登记总分类账、库存现金日记账和银行存款日记账。

2.活页式账簿

活页式账簿是指账页的数量不固定，在启用之前不固定账页位置的活页形式的账簿。活页式账簿登记方便，可同时由数人分工记账，提高工作效率，其账页可随时增加，也可以随时调整位置和次序。账簿使用完毕，不再登记时，应将其整理装订成册，连续编号，以便归档保管。活页式账簿的用途很广泛，大多数明细分类账都采用活页式账簿登记经济业务。

3.卡片式账簿

卡片式账簿是指印有记账格式的卡片，可用于登记各项经济业务，记账时卡片是分散在不同地点的账簿，如仓库货架上的材料卡片、固定资产卡片等。卡片式账簿使用完毕，应将其穿孔固定保管。

账簿的外表形式不同，所记录的内容也各不相同，在实际工作中，应根据企业规模大小、业务繁简、工作量的多少、会计人员的分工等需要，合理设置账簿。

（三）账簿按账页格式分类

账簿按照账页格式的不同进行分类，可分为两栏式账簿、三栏式账簿、多栏式账簿和数量金额式账簿四种。

1.两栏式账簿

两栏式账簿是指只有借方和贷方两个基本金额栏目的账簿。普通日记账和转账日记账一般采用两栏式。

2.三栏式账簿

三栏式账簿是设有借方、贷方和余额三个基本栏目的账簿。特种日记账、总分类账以及资本、债权、债务明细账都采用三栏式账簿。三栏式账簿根据摘要栏和借方科目栏之间是否有一栏“对方科目”，又可分为设对方科目日记账和不设对方科目日记账两种。其格式与总账的格式基本相同。

3.多栏式账簿

多栏式账簿是在账簿的两个基本栏目（借方和贷方）按需要再分设若干专栏的账簿。收入、费用明细账一般均采用这种格式的账簿。

二维码6-1

账簿的含义和分类

4.数量金额式账簿

数量金额式账簿的借方、贷方和余额三个栏目内，都分设数量、单价和金额三小栏，分别反映财产物资的实物数量和价值量。原材料、库存商品等明细账一般都采用数量金额式账簿。

账簿的分类具体如图6-1所示。

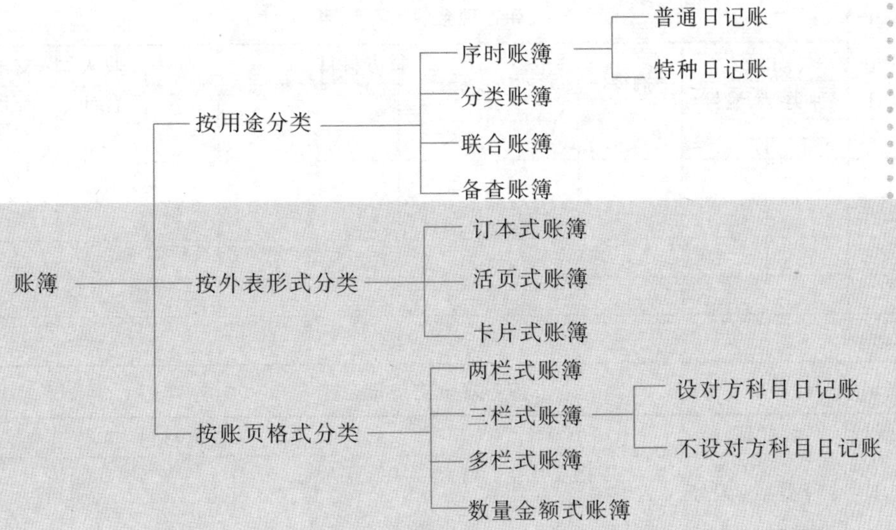

图 6-1　账簿的分类

第二节　账簿的设置和登记

账簿的名称决定记账的内容，账簿的格式决定记账方法，不同种类和结构的账簿有不同的用途，登记方法也各不一样。为了满足登记经济业务需要，必须设置账簿体系，确定账簿的种类、格式、内容、作用和登记方法。

一、序时账簿的设置和登记

企业和事业单位都应设置库存现金日记账和银行存款日记账，用以序时核算库存现金和银行存款的收入、付出和结存情况，并借以加强对货币资金的管理。

（一）库存现金日记账

库存现金日记账，是由出纳员根据现金收款凭证、现金付款凭证和银行存款付款凭证逐笔序时进行登记的。其账页格式一般采用三栏式，也有多栏式库存现金日记账。三栏式库存现金日记账，将收入和支出列在同一张账页上，对方科目分专栏反映，格式见表6-2。多栏式库存现金日记账一般将收入和支出分设在两张账页上，并分别设置现金收入和现金支出的对应科目专栏，以避免账簿的篇幅过宽不方便记账的缺点，格式见表6-3和表6-4。经济业务简单的单位也可将收、支并列在一张账页上。

表 6-2　库存现金日记账　第　页

20×1年		凭证		摘要	对应科目	收入	支出	结余
月	日	种类	编号					
6	1			期初余额				300
	3	银付	12	取备用金	银行存款	5 000		
	3	现收	1	王时报药费、退余款	其他应收款	50		
	3	现付	1	付李玉等人工资	管理费用		3 500	
	3			本日合计		5 050	3 500	1 850
	30					×××	×××	
	30			本月合计				

表6-3 库存现金收入日记账 第 页

20×1年		凭证		摘要	贷方科目					收入合计	支出合计	结余
月	日	种类	编号									

表6-4 库存现金支出日记账 第 页

20×1年		凭证		摘要	借方科目						
月	日	种类	编号								支出合计

三栏式库存现金日记账的登记方法如下：

（1）日期栏：按库存现金实际收、付的日期登记。

（2）凭证栏：指记账凭证的种类以及编号，如“库存现金收（付）款凭证”，在“种类”栏中可简单填写为“现收（付）”，提备用金等时编制的“银行存款付款凭证”可简写为“银付”。在凭证栏中还应填写凭证的编号，以便于查账和核对。

（3）摘要栏：简明扼要地说明经济业务的内容。

（4）对应科目栏：指与库存现金收款或付款业务相对应的科目，如签发支票从银行提取现金，应在“对应科目”栏中填写“银行存款”；付李玉等人工资，应在“对应科目”栏中填写“管理费用”。在三栏式账页中填列“对应科目”栏，对了解经济业务的来龙去脉起参考作用，也方便查账和核对。

（5）收入、支出栏：登记库存现金实际收、付的金额。

（6）结余栏：登记每日的现金余额。

多栏式库存现金日记账将收入和支出分别按对应科目设置专栏进行登记。基本内容的登记方式与三栏式库存现金日记账相同，区别是收入和支出金额以及主要对应科目要分别登记在两本账上，在“库存现金支出日记账”上，应按日结出“支出合计”总额，转记到“库存现金收入日记账”中的“支出合计”栏内，并结出每日的现金余额。多栏式库存现金日记账把经济业务产生的原因或结果用专栏分别登记在两本账上，反映每一笔经济业务的来龙去脉，便于分析和汇总对应科目的发生额。

无论采用何种格式的账页，都应于每日记账完毕，进行库存现金清查，计算当日发生的现金收、付款合计数，并进行结账，登记余额。同时，将账簿余额与出纳员的库存核对相符。若账款不符，应记录备案，并查明原因，做到账实相符，这一过程称为“日清”。每月终了，应汇总计算全月库存现金收、付合计数和结余额，这一过程称为“月结”。

（二）银行存款日记账

银行存款日记账是由出纳员根据银行存款收、付款凭证和现金付款凭证逐笔作序时登记的。账簿一般采用三栏式格式，见表6-5，也可以采用多栏式，登记方法和要求与库存现金日记账相同。

表6-5　银行存款日记账　第　页

20×1年		凭证编号	支票号码	摘要	对应科目	收入	支出	结余
月	日							
6	1			期初余额				43 200
	4	银付12	000351	提取备用金	库存现金		5 000	
	4	银付13	000352	付材料运费	材料采购		850	
	4	银收8	030806	收回托收款	应收账款	15 000		
	4			本日合计		15 000	5 850	52 350
	30					×××	×××	34 112
	30			本月合计		895 625	904 713	34 112

经济业务较多，有出、纳分工记账的单位，或要求反映货币资金对应关系的，可采用多栏式格式，分两本账进行登记。经济业务量不大，会计凭证不多的单位，还可以将银行存款与库存现金合并在一张账页上，见表6-6。

表6-6　库存现金和银行存款日记账　第　页

20×1年		凭证		摘要	库存现金			银行存款			结余合计
月	日	字	号		收入	支出	结余	收入	支出	结余	

有外币收支业务的单位，可采用外币式银行存款日记账，格式见表6-7。

表6-7　银行存款日记账——（外币）　第　页

20×1年		凭证		摘要	借方			贷方			余额		
月	日	字	号		外币	汇率	本位币	外币	汇率	本位币	外币	汇率	本位币

与库存现金一样，银行存款也要进行日清月结工作，计算每日银行存款收、付款发生额及余额，月终，还要核对账目，将银行转来的对账单逐笔与本月银行存款收、付款发生额核对相符，并编制银行存款余额调节表。

二、总分类账的设置和登记

总分类账，是按一级科目开设，用以分类反映和监督各项资产、负债、所有者权益、成本、费用和收入、财务成果等总括核算资料的账簿。总分类账是各企业、事业单位的重要账簿，在整个账簿体系中处于中心地位。它记录全部经济业务，控制所属明细分类账，为编制财务报表提供总括核算资料。由于总分类账簿能够全面、总括地反映企业单位的经济活动情况，并为编制财务报表提供资料，因而任何单位都要设置总分类账。

三栏式总分类账按会计科目逐一设置账页，其登记方法较多，可以根据记账凭证逐笔登记，也可以根据汇总记账凭证登记，还可以根据科目汇总表登记。究竟采用何种方法，要根据企业所采用的会计核算组织程序来确定。表6-8中的登记方法是根据记账凭证逐笔进行登记的。采用汇总记账凭证或科目汇总表作为登记总账的依据时，账簿中的内容将只有汇总资料，只提供总括核算信息。但是，无论采用何种核算形式、总分类账提供的信息详细程度如何，一个单位所发生的经济活动全部都要记入总账，月终，还应结出各科目本月发生额和期末余额，以作为编制财务报表的主要依据。有关总分类账的登记方法在后面的章节进行介绍。

表6-8 总分类账

会计科目：管理费用 第21页

20×1年		凭证		摘要	借方金额	贷方金额	借/贷	余额
月	日	字	号					
6	1			期初余额				0
	5	银付	17	王红报邮电费	4 500		借	4 500
	7	现付	20	付李三等人差旅费用	3 450		借	7 950
	30	转	506	转入本年利润		27 659		0
	30			本月合计	27 659	27 659		0

除此之外，总分类账的格式还有多栏式总分类账，即把序时日记账和总分类账结合在一起的联合账簿，也称为“日记总账”。它具有日记账和总分类账的双重作用。表6-1的格式就是日记总账的格式。实行会计电算化的单位，日记总账显示出独特的优势，设置科目可适当增加，能较全面地反映资金运动的情况，克服了账簿篇幅过长、不方便手工记账的缺点。

三、明细分类账的设置和登记方法

明细分类账，分别按明细科目开设账户，是用来登记某一类经济业务，提供某种会计要素明细核算资料的账簿。明细分类账是对总分类账的必要补充。它用不同的量度，提供经营活动的详细指标，满足经济管理和编制报表的需要。明细分类账反映的经济业务多种多样。按照业务特点和管理上的不同要求，有的明细账不仅需要金额资料，还需要提供数量指标；有的明细账不仅需要本位币金额资料，还需要提供外币金额资料。因此，明细分类账有多种多样的格式，登记除库存现金和银行存款以外的业务，一般常见的格式有三栏式明细账、数量金额式明细账和多栏式明细账三种。

（一）三栏式明细账

三栏式明细账设有借方、贷方和余额三个栏目，适用于只反映金额的经济业务。从账页的格式来看，与总账基本相同，所不同的是总账的外表形式为订本式，而明细账多为活页式。三栏式明细账的登记方法与总账基本相同，适用于只登记金额的业务，例如“应收账款”“应付账款”“其他应收款”“其他应付款”等债权、债务业务的登记。有外币业务的单位，如“应收账款——应收×外商账款”“应付账款——应付×外商账款”，可在普通三栏式账页的基础上增设反映外币金额的栏目，其格式参照表6-7。

（二）数量金额式明细账

数量金额式明细账，是在三栏式金额的基础上增设“数量”和“单价”栏而形成的账簿。它适用于既提供详细金额指标，又提供实物数量指标的财产物资收发业务的分类核算，如原材料、包装物、低值易耗品、库存商品等业务的明细核算。这些账簿一般按存货的名称、规格、数量、单价、金额、计量单位等项目分别设置专栏，并分别登记各种存货的收、发、结存情况，其格式见表6-9。

表6-9　　原材料　明细账　　第　页

材料类别：　　编号：　　仓库地点：　　最高储量：

材料名称：　　规格：　　计量单位：　　最低储量：

20×1年		凭证		摘要	收入			发出			结存		
月	日	字	号		数量	单价	金额	数量	单价	金额	数量	单价	金额

（三）多栏式明细账

多栏式明细账，是根据经济业务的特点和经营管理的需要，在账页上设置若干栏，一般用于登记明细项目多，借、贷方向比较单一的经济业务。与以上两种格式的明细账比较，这种账页的格式不固定，栏目变化较大，一般以明细科目在借方或贷方栏下设置若干金额栏，栏次的数量取决于明细科目的多少、所包含的具体内容以及管理上对这些内容的了解和掌握的详细程度。为了适应经济内容的需要，避免账页篇幅过长，对于经济业务发生频繁的项目设置主要专栏反映，次要项目合并在“其他”栏内反映。多栏式明细账一般用于费用的核算。根据各项费用发生的特点，多栏式明细账一般为单向多栏式。根据方向的不同，多栏式明细账可分为借方发生额多栏式和贷方发生额多栏式两种，其格式见表6-10、表6-11。此外，根据经济业务的需要，还有借贷双向多栏式格式，其格式见表6-12。

表6-10　　管理费用　明细账

会计科目：管理费用　　第　页

20×1年		凭证		摘要	借方发生额								贷方	余额
月	日	字	号		工资费用	办公费	折旧费	修理费	业务招待费	…	其他	合计		

表 6-11　营业外收入　明细账

会计科目：营业外收入　　　　第　页

20×1年		凭证		摘要	贷方发生额						借方	余额
月	日	字	号		政府补助	罚款收入	接受捐赠	…	其他	合计		

表 6-12　应交税费——应交增值税　　　　第　页

20×1年		凭证		摘要	借方				贷方					借或贷	余额
月	日	字	号		合计	进项税额	已交税费	转出未交增值税	合计	销项税额	出口退税	进项税额转出	转出多交增值税		

表6-10是借方多栏式账页，适用于“生产成本”“制造费用”“管理费用”“财务费用”“销售费用”“营业外支出”等账户。这些账户一般只有借方费用发生额的明细核算。

表6-11是贷方多栏式账页，适用于“主营业务收入”“其他业务收入”“营业外收入”等一般只有贷方收入发生额的明细核算账户。

表6-12是借、贷双向多栏式账页，适用于“本年利润”“利润分配”“应交税费——应交增值税”“材料采购”“材料成本差异”等借、贷双方都有发生额的明细分类核算账户。

有的经济业务有特殊要求，需要用卡片式账簿进行记录，如“固定资产”“低值易耗品”等科目，一般采用卡片式账页，在卡片的两面设置必要栏目记录特殊内容。其格式一般不固定，由各单位根据管理需要自行设计。

二维码6-2

账簿的格式和适用账户

在日记账和分类账中无法反映的特殊经济事项，可以用备查簿形式记录，其格式也无固定模式，完全取决于特殊事项的种类、内容和管理上的需要。

各种明细账的登记方法，应根据业务量的大小和管理上的需要，以及所记录的经济内容而定，可以直接根据原始凭证或记账凭证逐笔登记，也可以根据汇总原始凭证或汇总记账凭证定期汇总登记。

四、总账与明细账的关系

总账，是按照总账科目开设账户，对经济业务进行总括核算，提供资产、负债、所有者权益、收入、成本、费用和财务成果等方面的总括情况；明细账，是按照明细科目开设账户，对经济业务进行明细分类核算，提供具体的核算指标。由此可见，总账和明细账是既有内在联系，又有区别的两类账户。

二者有联系的方面主要有：第一，二者所反映的经济业务内容相同。例如，总账反映了一定时期“管理费用”的发生情况，而明细账也反映了同期“管理费用”的发生情况。第二，二者登记账簿的原始依据相同，都以费用支出发票、结算凭证等作为登记账簿的原始依据。

二者有区别的方面主要有：第一，二者反映经济业务的详略程度不同。总账只提供经济业务的总括情况，反映资金运动的价值总量，明细账户则提供经济业务的详细情况。仍以“管理费用”为例，总账提供一定时期管理费用借、贷方发生额的总量指标，而明细账却提供了在同期管理费用中，人工费用、办公费用、差旅费、折旧费、修理费等项目的详细情况。如果是财产物资类的业务，明细账不仅反映了财产物资的价值资料，还可以提供财产物资的数量指标，有的明细账还可以提供劳动量指标。第二，二者所起的作用不同。总账提供综合资料，对所属明细账起统驭作用；明细账是对总账的必要补充，起详细说明作用，由此可见二者之间存在着有机联系。

由于总账和明细账登账的原始依据相同，反映的业务内容相同，因此，在会计核算工作中，二者采用平行登记方法进行登记。平行登记，是指每发生一笔经济业务，既要在总账上进行总括登记，又要在明细账中作明细登记。平行登记的要点有：①登账的时间和原始依据相同；②登账的方向一致；③登记的金额相等。

第三节　记账规则

记账规则，是对记账必须达到的技术要求所做的规范。本节所指的记账规则主要是指手工记账规则。记账是会计核算中的一项重要内容，为了保证会计核算工作的质量，只有正确、及时、全面、系统地把生产经营过程中发生的资金增减变动情况记入账内，才能如实反映和监督资金运动的情况。因此，认真做好记账工作，对正确计算经营活动中所得和所费、如实计量财务成果以及编制财务报表，具有十分重要的意义。

一、账簿启用规则

账簿是储存数据资料的重要会计档案。登记账簿应由专人负责。为了保证账簿记录的严肃性和合法性，明确记账责任，防止舞弊，必须按照《会计基础工作规范》等有关规定启用和交接会计账簿。

在启用账簿时，应在账簿封面上写明单位名称和账簿名称，在账簿扉页上应附“启用表”，正确填写有关内容：启用日期、账簿册数和页数、记账人员或会计主管人员姓名，并加盖名章和单位公章。记账人员或会计主管调动工作时，还应在“经管账簿人员一览表”中登记有关事项，填写交接日期、接管人员和监督人员姓名，并由交接双方人员签名或盖章，以明确记账责任。

启用订本式账簿，应从第一页到最后一页顺序编定页数，不得跳页、缺号，不得撕毁账页。使用活页式账页，应按账户顺序编号，须定期装订成册，装订后再按实际使用的账页顺序编定页数，另加目录，记明每个账户的名称和页次。使用卡片式账簿，应在使用前建立卡片登记簿，以防散失。

“账簿启用表”和“经管账簿人员一览表”可以合并设置为“账簿启用和经管人员一

览表”，其内容和格式见表6-13。

表6-13 账簿启用和经管人员一览表

单位名称： 账簿名称：

账簿编号： 账簿页数：

启用日期：

会计主管（签章）： 记账人员（签章）：

移交日期			移交人		接管日期			接管人		会计主管	
年	月	日	姓名	盖章	年	月	日	姓名	盖章	姓名	盖章

二、账簿登记的规则

登记账簿是对经济业务信息进行加工整理，是会计核算的基本方法。各单位发生的各项经济业务事项应当在依法设置的会计账簿上统一登记、核算，不得违反《会计法》和国家统一的会计制度的规定私设会计账簿登记、核算。会计人员在登记账簿时必须做到：

（一）根据审核无误的会计凭证登记账簿

（1）登记账簿时，应将会计凭证的日期、编号、业务内容摘要、金额和其他有关资料逐项记入账内，做到数字准确，摘要清楚，登账及时。

（2）登记完毕后，要在会计凭证中签名或盖章，并注明已经登账的符号“√”，表示已经记账，以防重记或漏记。

（3）账簿中书写的文字和数字上面要留适当空距，不要写满格，一般应占格距的1/2。

（4）登记账簿要用蓝黑墨水或碳素墨水书写，不得使用铅笔或圆珠笔（银行的复写账簿除外），下列情况可以用红色墨水记账：

①按照红字冲账的记账凭证，冲销错误记录；

②在不设借贷、增减、收付等栏目的多栏式账页中登记减少数；

③在三栏式账户的余额栏前，如未印明余额的方向（借或贷），在余额栏内可登记负数余额；

④会计制度中规定用红字登记的其他记录。

（5）各种账簿按页次顺序连续登记，不得跳行、隔页。如果发生跳行、隔页，应将空行、空页划线注销，或注明“此行空白”或“此页空白”字样，并由记账人员和会计机构负责人（会计主管人员）在更正处签名或盖章。

（6）凡需要结出余额的账户，结出余额后，应在“借或贷”等栏内写明“借”或“贷”等字样来反映余额方向。没有余额的账户，应在“借或贷”等栏内写“平”字，并在余额栏内用“θ”表示。库存现金日记账和银行存款日记账必须逐日结出余额。

（7）每一账页登记完毕结转下页时，应结出本页合计数及余额，写在本页最后一行和下页第一行有关栏内，并在摘要栏内注明“过次页”和“承前页”字样；也可以只写在下页第一行有关栏内，并在摘要栏内注明“承前页”字样，以便对账和结账。

（二）账簿记录发生错误，不准涂改、挖补、刮擦或用药水消除字迹

（1）账簿记录发生错误，应将错误的文字或数字划线注销，但必须使原有字迹仍可辨认；然后在划线上方填写正确的文字或数字，并由记账人员在更正处盖章。对于错误的数字，应全部划线更正，不得只更正其中的错误数字。对于文字差错，可以只划去错误的部分。

（2）由于记账凭证错误而使账簿记录发生错误，应按更正的记账凭证登记账簿。

（三）按照规定定期结账

（1）结账前，必须将本期内所发生的各项经济业务全部登记入账。

（2）结账时，应结出每个账户的期末余额，需要结出当月发生额的，应在摘要栏内注明“本月合计”字样，并在下面划一条单线；需要结出本年累计发生额的，应在摘要栏内注明“本年累计”字样；12月末的“本年累计”就是全年累计发生额。全年累计发生额下应划双线。年终结账时，所有总账户都应结出全年发生额和年末余额。

（3）年度终了，要把各账户的余额结转下年，并在摘要栏注明“结转下年”字样；在下年新账第一行余额栏填写上年结转的余额，并在摘要栏注明“上年结转”字样。

（四）账簿记录要清洁、整齐、美观和准确

（1）金额除单价外，应以“元”为单位，元以下记至角分，分以下四舍五入，数字分位采用三位制。

（2）记账凭证和账簿中的会计科目，必须使用全称，不得任意简化。

（五）遵守会计人员职业道德，如实记录各项会计信息

（1）会计人员应当按照会计法律、法规和国家统一会计制度规定的程序和要求进行会计工作，保证所提供的会计信息合法、真实、准确、及时、完整。

（2）会计人员必须树立自己职业的形象和人格的尊严，敢于抵制歪风邪气，同一切违法乱纪的行为作斗争。

（3）会计信息的正确与否，不仅关系到微观决策，而且关系到宏观决策。会计人员做好会计工作，应当具备过硬的技术本领、实事求是的精神和客观公正的态度，在工作中需严格遵守会计人员职业道德，如实记录各项会计信息。

三、错账的更正规则

会计人员填制会计凭证和登记账簿，必须严肃认真，一丝不苟，尽最大努力把账记好，防止差错，保证核算质量。在记账过程中，如果账簿记录发生错误，不得任意用刮擦、挖补、涂改或用褪色药水等方法去更改字迹，必须根据错误的具体情况，采取相应的方法予以更正。更正错账的方法一般有以下几种：

（一）划线更正法

账簿或凭证中的文字或数字发生错误时，可用细红线划销，并在划线上面做出正确的记录，这种更正方法，叫作划线更正法。具体做法为：在错误文字或全部数字的上面划一道细红线注销，然后将正确的文字或全部数字用蓝字写在红线上面，并由记账员在

更正处盖章，以明确责任。更正时，不得只划线更正个别的数字，对已划线的数字应保持原有的字迹清晰可辨，以备查核。划线更正法在记账凭证正确，但账簿记录发生错误时适用。

【例6-1】记账凭证是“收到销售A产品的货款46 400元”，而银行存款日记账的记录为“收到销售B产品的货款64 400元”。按照划线更正法更正时，在错误文字“B”和错误数字“64 400”上面划一条细红线注销，并在红线上面更正为“A”和“46 400”，不能只划掉错误的“6”“4”数字，见表6-14。

表6-14　银行存款日记账　第　页

20×1年		凭证编号	支票号码	摘要	对应科目	收入	支出	结余
月	日							
3	1			期初余额				56 300
3	12	银收17		A 收到销售~~B~~产品的货款	主营业务收入	46 400 ~~64 400~~		

（二）红字更正法

红字更正法也叫红字订正法，是指当记账凭证应借、应贷科目或金额发生错误，并且已经登记入账时，先用红字填制内容相同的记账凭证，冲销原有错误记录，然后用蓝字重新填写一份正确的记账凭证，重新登记入账。这种更正方法适用于以下两种情况：

（1）记账后发现记账凭证使用会计科目有错，或记账方向错误，或金额错误时，可采用红字更正法予以更正。其具体操作是：先用红字填写一张与原记账凭证中会计科目、借贷方向和金额完全相同的凭证，以冲销错误记录；然后用蓝字重新填写一份正确的记账凭证，两份记账凭证一并登记入账。

【例6-2】华兴公司签发支票支付厂部办公用品款，价值3 000元。

编制记账凭证（见表6-15）并已入账的会计分录误为：

借：制造费用　3 000

　贷：银行存款　3 000

表6-15　付款凭证　银付字第15号

贷方科目：银行存款　20×1年3月10日　附件2张

摘要	贷方科目			金额
	总账科目	明细科目	√	
购买办公用品	制造费用	办公用品	√	3 000
合计			√	3 000

会计主管：　记账：　审核：　出纳：　制单：

发现以上错误时，不可单方面更正账簿记录，必须对记账凭证中的错误予以更正，并依据更正的记账凭证登记账簿，保持证、账相符。【例6-2】中的错误，首先应用红字填制一张与原凭证会计科目、借贷方向和金额完全相同的凭证，以冲销错误记录。

红字记账凭证见表6-16。

表6-16　付款凭证　银付字第21号

贷方科目：银行存款　20×1年3月25日　附件2张

摘要	贷方			金额
	总账科目	明细科目	√	
冲销本月银付字第15号凭证	制造费用	办公用品	√	3 000
合计			√	3 000

会计主管：　记账：　审核：　出纳：　制单：

接着，用蓝字编制一张正确的记账凭证，见表6-17。

表6-17　付款凭证　银付字第22号

贷方科目：银行存款　20×1年3月25日　附件2张

摘要	贷方科目			金额
	总账科目	明细科目	√	
购买厂部办公用品	管理费用	办公用品	√	3 000
（更正本月银付字第15号凭证，附件见第15号凭证）				
合计			√	3 000

会计主管：　记账：　审核：　出纳：　制单：

以上付款凭证（银付字第15号）、付款凭证（银付字第21号）以及付款凭证（银付字第22号）的登账见表6-18、表6-19。

表6-18　银行存款日记账　第　页

20×1年		凭证编号	支票号码	摘要	对应科目	收入	支出	结余
月	日							
3	1			期初余额				56 700
3	10	银付15		购厂部办公用品	制造费用		3 000	
3	25	银付21		冲销银付字第15号	制造费用		3 000	
3	25	银付22		更正银付字第15号	管理费用		3 000	

表 6-19 制造费用明细账 第 页

20×1年		凭证编号		摘要	借方	贷方	借或贷	余额
月	日							
3	1			期初余额				578 000
3	10	银付15		购厂部办公用品	3 000			
3	25	银付21		冲销银付字第15号	3 000			

（2）记账后，发现记账凭证和账簿记录金额错误，但原记账凭证中应借应贷科目并无错误，错误的表现是所记金额大于应记金额。此类错误应采用红字更正法，即编制一张红字记账凭证，应借应贷科目与原记账凭证相同，只将多记金额列于红字记账凭证，并凭以登记入账，借以冲销多记的金额。

【例6-3】华兴公司以存款35 200元购进固定资产。原记账凭证（略）中的会计分录为：

借：固定资产 40 000

　　应交税费——应交增值税（进项税额） 5 200

　贷：银行存款 45 200

账簿记录也是45 200元，多记了10 000元。对于此项错误，应采用红字更正法更正。先编制一张红字记账凭证（略），冲销多记的金额，会计分录为：

借：固定资产 10 000

　贷：银行存款 10 000

然后，依据红字记账凭证冲销账簿记录，见表6-20、表6-21。

表 6-20 银行存款日记账 第 页

20×1年		凭证编号	支票号码	摘要	对应科目	收入	支出	结余
月	日							
3	1			期初余额				56 700
3	20	银付23		购进固定资产	固定资产		45 200	
3	26	银付25		冲销银付字第18号多记金额	固定资产		10 000	

表 6-21 固定资产明细账 第 页

20×1年		凭证编号	摘要	借方	贷方	借或贷	结余
月	日						
3	1		期初余额			借	897 000
3	20	银付23	购进固定资产	40 000			
3	26	银付25	冲销银付字第18号多记金额	10 000			

（三）补充登记法

记账后，如果发现记账凭证上应借应贷会计科目虽无错误，但所填金额小于应记金额，应针对原记账凭证中所记金额与应记金额的差额用蓝字填一张记账凭证，予以补充登记。这种更正错误的方法叫作补充登记法。

【例6-4】华兴公司以银行存款60 000元（不考虑增值税），购买机器设备一台。

其错误分录为：

借：固定资产　6 000

　贷：银行存款　6 000

发现错误后，可采用补充登记法更正。编制补充记账凭证（略），会计分录如下：

借：固定资产　54 000

　贷：银行存款　54 000

然后，依据补充记账凭证登记入账，见表6-22、表6-23。

表6-22　银行存款日记账　第　页

20×1年		凭证编号	支票号码	摘要	对应科目	收入	支出	结余
月	日							
3	1			期初余额				56 700
3	24	银付24		购固定资产	固定资产		6 000	
3	27	银付32		补充银付字第24号少记金额	固定资产		54 000	

表6-23　固定资产明细账　第　页

20×1年		凭证编号	摘要	借方	贷方	借或贷	结余
月	日						
3	1		期初余额			借	897 000
3	24	银付24	购固定资产	6 000			
3	27	银付32	补充银付字第24号少记金额	54 000			

第四节　对账和结账

二维码6-3

账簿登记规则

登记账簿是会计核算的专门方法之一，它包括记账、对账和结账三个相互联系、不可分割的环节。为了如实反映和监督企业的经济活动，保证账簿记录的完整、正确，数据真实可靠，必须做好记账、对账和结账工作。前面已介绍了记账规则和记账方法，本节将介绍登账后的对账和结账工作环节。

一、对账

对账，简单地讲就是核对账目，即把账簿上记载的资料进行内部核对、内外核对、账实核对，确保账证、账账和账实三相符。

对账是登账后、结账前的一项工作，一般在月末进行，其具体内容包括三个方面：

（一）账证核对

账证核对，是指对各种账簿记录与会计凭证的核对，包括核对记账凭证及其所附原始凭证是否与登记入账的内容一致。

由于记账凭证和原始凭证数量多，内容广泛，如果集中在月终核对账证，不仅会增加月终的工作量，还会影响结账的及时性。因此，在实际工作中，这项工作大部分是分散在平时进行的，即在对日常会计事项的处理过程中，一边记账，一边由有关人员复核账证，期末采用重点抽查和有目标地核对来检查账证的一致性。

日常核对账证的内容有：会计凭证记载内容与实际经济业务是否相符；是否如实反映了有关数据和资料；所登记账簿与记账凭证中的账户名称是否相符，应借、应贷方向是否一致，金额是否相等。通过及时核对以便发现问题，及时纠正错误，这是保证月终结账工作的基础。

（二）账账核对

账账核对，是指各种账簿之间有关数据的核对。核对内容包括：

（1）总账借方、贷方发生额合计数的核对

根据借贷记账法的平衡原理，核对总账本期所有账户的借方发生额合计数是否等于贷方发生额合计数。总账借、贷方发生额的核对可以通过编制发生额试算平衡表来进行。

（2）总账与所属明细账的核对

由于总账与所属明细账采用平行登记，总账统驭所属明细账，因此，有关明细账本期发生额之和必然与总账发生额相等；期末各明细账户余额之和也必然与总账余额相等。总账与明细账的核对可以直接由总账记录员与所属明细登记人员逐一核对账目来进行，也可以通过编制各明细账户发生额及余额平衡表来核对。

（3）总账与日记账的核对

日记账一般指库存现金日记账和银行存款日记账。总账与日记账的核对是指总账账户中的库存现金与银行存款本期发生额合计数以及期末余额是否与库存现金日记账、银行存款日记账的发生额合计数及余额一致。

（4）会计账簿与业务部门的实物账核对

会计账簿与业务部门的实物账核对，是指财会部门各种财产物资的账面结存数与业务归口部门保管或使用的实物账结存数的核对，如存货类账簿的记录与仓库登记的存货收、发、结存的数量、金额是否相符；财会部门的固定资产账簿与各使用部门的固定资产名称、规格、型号、数量及价值是否相符；与设备管理部门、行政管理部门、房产管理部门的业务登记记录是否一致；会计账簿与实物账的核对，主要是通过总账与二级明细账、实物保管、使用部门的卡片账进行的。

（三）账实核对

账实核对是指各种财产物资的账面余额与实物数额的核对，具体指：

①库存现金日记账账面余额与出纳员的库存现金实有额的核对。

②银行存款日记账余额与开户银行转来的对账单核对，包括逐笔核对发生额及编制“银行存款余额调节表”，以验证余额的正确性。

③存货类物资明细账余额与实物结存量的核对，包括验证存货计价的一致性。可通过实地盘点，进行财产清查，借以核对账实是否相符。

④各种债权、债务账目与往来单位账目的核对。在实际工作中，账实核对一般是通过定期或不定期财产清查来进行的，账实核对的实质就是财产清查。

二、结账

结账，针对账簿而言，就是计算并结转各账簿本期发生额及期末余额，而不是指一个单位与另一个单位之间的款项清算。按照规定，结账应在月末、季末、年终进行。另外，企业因撤消或兼并等原因，需办理账务交接时，也要进行结账。

（一）结账的内容

（1）按照规定的会计期间登记本期发生的经济业务，并检查本期发生的经济业务是否已经全部登记入账，不能提前或延期结账。

（2）按照权责发生制原则进行期末账项调整，结转账目。权责发生制要求以应收和应付为标准确认本期收入和费用。凡是属于本期赚取的收入或发生的费用，无论款项是否收到或付出，均应作为本期的收入和费用入账；反之，凡是不属于本期赚取的收入或发生的费用，即使款项在本期收到或支付，也不应作为本期的收入或费用入账。根据权责发生制，只有将企业发生的收入和费用按照会计期间正确划分其归属期后，才能真实反映企业本期的财务状况和经营成果。

（3）计算本期发生额和期末余额，并结转下期。

本期经济业务登账完毕，应当计算各种日记账、明细账和总账的本期发生额和余额，并按要求结转下期。

（二）结转方法

1.月结

每月终了，应对各账户进行月结，具体操作方法：

（1）在本月发生额最末一行数字下，划一道通栏单红线；

（2）将借、贷方发生额加总，用蓝字登记在红线下面一行；

（3）在摘要栏内标明“本月合计”的字样；

（4）在月结金额行的下面再划一道通栏单红线。

对于某些只有一笔经济业务，或本月未发生经济业务的账户，可不进行月结。

2.季结

季结是在最后一个月月结的下面，对本季度三个月的借、贷方发生额加总累计。具体操作方法是：

（1）在月结的基础上，将本季度三个月的发生额加总，用蓝字登记在月结数的下一行；

（2）在摘要栏内标明“本季度合计”字样；

（3）在季结数下面划一道通栏单红线。

3.年结

年结是在第四季度季结的基础上进行的账务总结。年结不仅要计算各账户本年度借贷发生额、余额，还要将年末余额结转下年。为计算方便，有必要将年初余额列于年结中，以便核对。一般年结的程序如下：

（1）加总累计四个季度的发生额，在第四季度季结的红线下面一行，用蓝字填列发生额加总累计数；

（2）在摘要栏内标明“本年累计”字样；

（3）在“本年累计”的下一行过入各账户年初余额，并在摘要栏内标明“年初余额”字样；

（4）在“年初余额”的下一行，计算并填列各账户应转入下年度的余额；

（5）在摘要栏中注明“结转下年”字样；

二维码6-4

（6）在“结转下年”行的下面划通栏双红线，表示已结清所有账户的余额，即封账之意。

对账和结账

有关结账方法，见表6-24。

表6-24 总分类账

会计科目：应收账款 第 页

20×1年		凭证编号	摘 要	借 方	贷 方	借或贷	余 额
月	日						
1	1		上年结转			借	216 000
1	10			50 000	45 000		
1	20			32 000	42 000		
1	31		本月合计	813 000	715 000	借	314 000
2	10			60 000	70 000		
2	20			33 000	52 000		
2	28		本月合计	760 000	714 000	借	360 000
3	10			30 000	41 000		
3	20			38 000	54 000		
3	31		本月合计	926 000	1 002 000	借	284 000
			一季度合计	2 499 000	2 431 000	借	284 000
			本年累计	8 632 000	8 596 000	借	252 000
			上年余额	216 000			
			结转下年		252 000		
			总 计	8 848 000	8 848 000	平	

注：表中粗线表示单红线，双线表示双红线。

年结后，将各账户的年末余额过入新账簿，并在摘要栏内标明“上年结转”字样，在日期栏内注明1月1日。

三、错账的查找

对账簿中发生的错误，需及时查找，以便及时更正。

（一）错账的主要表现

（1）总账借、贷方发生额合计数不等；

（2）总账借、贷方余额合计数不等；

（3）总账发生额与所属明细账发生额合计数不等；

（4）总账余额与所属明细账余额之和不等。

（二）查找方法

（1）汇总记账凭证全部账户借、贷方发生额合计数，核对总账借、贷方发生额合计数，若一方与凭证相符，而另一方金额小于记账凭证数额，则有可能是漏记了某笔业务，可查找记账凭证中有无相同金额的发生额。

（2）总账借、贷方发生额不平衡，并且与记账凭证借、贷方发生额均不相符时，将总账借、贷方发生额之差除以2，若能被2整除，则有可能是某笔发生额记反了方向，形成的差错数是错数的二倍。

（3）总账发生额大于所属明细账发生额之和时，按差额检查记账凭证，以核对明细账记录是否漏项。

（4）总账借、贷方发生额合计数虽平衡，但与明细账核对时，某一明细账发生额大于总账，而另一明细账发生额小于总账，并且两个账户的差错金额正好相等。这种情况有可能是在登记总账时，将两个账户串户而形成的。此类差错可迅速在凭证中找出。

（5）总账借、贷方发生额合计数虽平衡，但比记账凭证中借、贷方发生额合计数多一个相同的金额。可以核对各明细账户的余额，若与两个明细账户的余额差错数相同，即可确定在进行总账汇总时，借、贷方重记某差错数。

检查核对错账的方法很多，例如，尾数法、除9法等。它们都使查找工作简便快捷。但是，我们不能依赖寻找错账而省略了每月的账账核对工作。事实上，每月所进行的对账就是防止错账发生的必要手段和环节。

第五节　账簿的更换和保管

账簿记录是重要的会计档案和历史资料，应对账簿进行一年一度的更换和归档保管。

一、账簿的更换

账簿的更换是指在会计年度终了时，将上年度的账簿更换为次年度的新账簿。企业在更换账簿时，应注意：

（1）除重大财务变更事项之外，总账和明细分类账必须每年更换一次。

（2）卡片式明细账和变动事项不大的明细账，如固定资产明细账、仓库货架上的卡片账等，不必每年更换。除此之外，绝大部分明细账都必须每年更换一次。

（3）更换账簿时，必须对上年度的账簿进行结账、封账，将余额过入下年度启用的新账簿中。

（4）新旧账簿的余额结转，一般无须编制记账凭证。

二、账簿的保管

与会计凭证和财务报表一样，各种账簿必须按照会计制度规定的年限妥善保管，不得丢失或任意销毁。账簿归档保管前，应将各种账簿装订成册，加具封面，统一编号，办理归档手续，交接人员应在归档资料上签名盖章，明确责任。账簿归档后如需借用，应办理借阅手续，如期归还。

账簿应按照规定期限保管，各类会计账簿保管时间见表6-25。超过保管期限，须销毁账簿时，应登记造册，还必须按照程序办理审批手续后，方能销毁，但必须妥善保管销毁手册。

表6-25 企业会计档案保管期限表

序号	档案名称	保管期限	备注
一	会计凭证		
1	原始凭证	30年	
2	记账凭证	30年	
二	会计账簿		
3	总账	30年	
4	明细账	30年	
5	日记账	30年	
6	固定资产卡片		固定资产报废清理后保管5年
7	其他辅助性账簿	30年	
三	财务会计报告		
8	月度、季度、半年度财务会计报告	10年	
9	年度财务会计报告	永久	
四	其他会计资料		
10	银行存款余额调节表	10年	
11	银行对账单	10年	
12	纳税申报表	10年	
13	会计档案移交清册	30年	
14	会计档案保管清册	永久	
15	会计档案销毁清册	永久	
16	会计档案鉴定意见书	永久	

案例六评析

在会计核算中，对每一项经济业务，都必须取得和填制会计凭证，但会计凭证数量很多，又很分散，而且只能分散地反映个别经济业务的内容，不能全面、连续、系统地反映和监督一个经济单位在一定时期内某类和全部经济业务的变化情况，且不便于日后查阅。因此，为了给经济管理提供系统的核算资料，就要运用登记账簿的方法，把大量分散的会计凭证核算资料，加以集中和归类整理，登记到账簿中去。

该公司在账簿登记和管理工作中存在以下问题：

（1）这家公司所有的账簿采用活页式，如果管理不善，账页容易散失或被抽换。在实际应用中，库存现金日记账、银行存款日记账必须采用订本式账簿，而记录内容比较复杂的财产明细账，如固定资产卡片则需使用卡片式账簿。除此之外的明细账可以使用活页式账簿。该公司所有账簿都采用活页式账簿显然不够规范。

（2）应收账款和应付账款不记账，不便于了解与客户和供货商之间的债权债务结算情况，容易造成责任不明确。会计账簿具有重要意义。记录在会计凭证上的信息是分散、不系统的。为了把分散在会计凭证中的大量核算资料进行集中归类反映，为经营管理提供系统、完整的核算资料，并为编制财务报表提供依据，就必须设置和登记账簿。设置和登记账簿是会计核算的专门方法之一。因此，会计凭证必须登记入账。

（3）记账差错允许使用涂改液进行涂改，看不到修改前的差错，不便于了解涂改的原因。如果发现账簿记录有错误，应按规定的方法进行更正，不得涂改、挖补或用涂改液消除字迹。更正错误的方法有划线更正法、红字更正法及补充登记法。

（4）出纳和库存现金总账由同一人负责，没有岗位监督。由于现金和银行存款是企业重要的资产，同时又非常容易出问题，所以为了加强内部控制，必须坚持内部牵制原则，实行钱、账分管。出纳人员不得负责登记库存现金日记账和银行存款日记账以外的任何账簿。出纳人员登记库存现金日记账和银行存款日记账后，应将各种收付款凭证交由会计人员据以登记总分类账及有关的明细分类账。

另外，出纳人员还应做到：①敬业爱岗：会计人员应当热爱本职工作，努力钻研业务，使自己的知识和技能适应所从事工作的要求。②熟悉法规：会计人员应当熟悉财经法律、法规、规章和统一会计制度，并结合会计工作进行广泛宣传。③依法办事：会计人员应当按照会计法律、法规和统一会计制度规定的程序和要求开展会计工作，保证提供的会计信息合法、真实、准确、及时、完整。④客观公正：会计人员在办理会计事务中，应当实事求是，客观公正。⑤做好服务：会计人员应当尽其所能，为改善单位的内部管理、提高经济效益服务。

练习题

一、名词解释

序时账簿　总分类账簿　对账　结账

二、填空题

1.账簿是以________为依据，用来全面、系统、连续、分类地记录和反映经济业务的簿籍。

2.账簿按用途分类，可分为________、________、________和________四种。

3.账簿按外表形式分类，可分为________、________和________三种。

4.库存现金日记账一般采用________格式，也可采用________格式。

5.总分类账是按________科目开设的账簿，账页一般采用________格式，其外表采用________账簿。

6.明细分类账分别按________开设账户。

7.平行登记的要点：一是________；二是________；三是________。

8.记账规则，是对记账必须达到的________所做的规范。

9.更正错账的方法有三种，分别是________、________和________。

10.对账的主要内容包括________、________和________。

三、单项选择题（在下列答案中选出一个正确答案）

1.账簿按（　　）不同，可分为订本账、活页账和卡片账。

A.作用　　B.账页格式　　C.用途　　D.外表形式

2.特种日记账是指（　　）。

A.总分类账　　B.明细分类账

C.库存现金和银行存款日记账　　D.材料收发日记账

3.对于按照经济业务发生或完成时间的先后顺序，逐日逐笔进行登记的账簿称为（　　）。

A.备查账簿　　B.序时账簿

C.分类账簿　　D.三栏式账簿

4.下列账户，必须采用订本式的账簿是（　　）。

A.原材料明细账　　B.库存商品明细账

C.银行存款日记账　　D.固定资产登记簿

5.下列做法，不符合会计账簿的记账规则的是（　　）。

A.使用圆珠笔登账

B.账簿中书写的文字和数字一般应占格距的1/2

C.登记后在记账凭证上注明已经登账的符号

D.按账簿页次顺序连续登记，不得跳行隔页

6.“生产成本”明细账应采用（　　）。

A.三栏式　　B.多栏式　　C.数量金额式　　D.横线登记式

7.下列各项，构成期末账项调整基础的是（　　）。

A.权责发生制　　B.会计分期　　C.收付实现制　　D.配比原则

8.将银行存款日记账与银行对账单核对属于（　　）。

A.账账核对　　B.账实核对　　C.账证核对　　D.账表核对

9.下列错误，能够通过试算平衡查找的是（　　）。

A.重记经济业务　　B.漏记经济业务　　C.借贷方向相反　　D.借贷金额不等

10.若记账凭证上的借贷方向有错误，并据以登记入账，应采用（　　）予以更正。

A.补充登记法　　B.红字更正法　　C.划线更正法　　D.编制相反分录冲减

四、多项选择题（在下列答案中选出多个正确答案）

1.账簿按外表形式分类，分为（　　）。

A.序时账簿　　B.订本式账簿　　C.卡片式账簿　　D.活页式账簿

2.账簿按其用途不同，分为（　　）。

A.联合账簿　　B.分类账簿　　C.备查账簿　　D.卡片式账簿

3.下列账簿，一般采用多栏式的有（　　）。

A.成本明细账　　B.债权明细账　　C.费用明细账　　D.债务明细账

4.可以使用红色墨水记账的情况有（　　）。

A.补充登记　　B.负余额　　C.划线　　D.冲账

5.对账是指（　　）。

A.总分类账与明细分类账核对　　B.记账凭证与账簿核对

C.记账凭证与财务报表核对　　D.记账凭证与实物核对

五、简答题

1.更正账簿错误的方法有哪些？

2.设置备查账簿有什么作用？一般登记哪些内容？

3.设置总分类账和明细分类账各有什么作用？

六、业务题

资料：某企业将账簿记录与记账凭证进行核对时，发现下列经济业务内容的账簿记录有误：

1.收到W公司归还欠款8 600元。原编制记账凭证中的会计分录为：

借：银行存款　　6 800

　贷：应收账款　　6 800

2.计提本月厂部固定资产折旧费2 300元。原编制记账凭证中的会计分录为：

借：管理费用　　3 200

　贷：其他应付款　　3 200

3. 以现金暂付采购人员差旅费3 000元。原编制记账凭证中的会计分录为：

借：其他应付款　3 000

　贷：库存现金　3 000

4. 车间管理人员出差回来报销差旅费2 700元，交回现金300元，予以转账。原编制记账凭证中的会计分录为：

借：管理费用　2 700

　　库存现金　300

　贷：其他应收款　3 000

5. 签发转账支票6 000元预付本季度车间办公用房租金。原编制记账凭证中的会计分录为：

借：其他应付款　6 000

　贷：银行存款　6 000

要求：将上列各项经济业务的错误记录，分别以适当的更正错账方法予以更正。

二维码6-5

练习题参考答案

第七章　财产清查

会计学原理

Principles of Accounting

第七章 财产清查

▶【学习目标】

- 了解财产清查的含义与种类；
- 掌握实地盘存制和永续盘存制的内涵及区别；
- 掌握不同盘存制度下期末存货数量和成本的基本确定方法；
- 掌握财产清查结果的账务处理方法。

▶【本章重点】

- 财产物资盘存制度；
- 银行存款余额调节表的编制；
- 财产清查结果的账务处理。

▶【本章难点】

- 财产物资的两种盘存制度；
- 财产清查的方法；
- 财产清查结果的账务处理。

案例七

光华会计师事务所对东海钢铁厂的存货进行审计，发现存在下列问题：

（1）该钢铁厂2021年11月发生一场火灾，材料损失达90万元，保险公司可以赔偿30万元。企业在预计全年收支情况后发现，如果报材料损失，就会使本年利润下降更加严重。为保证利润指标的实现，领导要求财会部门不列报毁损材料。

（2）副经理王某将企业使用的一台设备借给其朋友，未办理任何手续。清查人员在年底盘点时发现盘亏了一台设备，经查，属王某所为，于是派人向借方追索。借方声称，该设备已被人偷走。当问及王某对此处理意见时，他建议按正常报废处理。

企业清查财产的目的是什么？该企业的上述做法是否妥当，这样做的结果是什么？

第一节 财产清查概述

一、财产清查的概念

财产清查，是指在一定日期，通过对各项财产物资的盘点或核对，查明其实有数与账存数是否相符，并查明账实不符的原因的一种会计核算方法。财产清查的范围包括各项财产物资、债权债务。

以财产物资为例，财产物资的管理是通过两方面的工作共同进行的：一方面是财产物资的实物管理。实物负责人对所保管的财产物资的每一次增减变动都要做详细的数量记录，并随时清点实物掌握结存情况，以避免差错；另一方面是财产物资的会计管理。会计人员对财产物资的日常增减变动都要根据原始凭证编制记账凭证，登记账簿，计算结存数，并通过账证核对、账账核对来保证账簿记录的正确性。从理论上讲，财产物资的实有数应与账存数一致，即账实相符。但在实际工作中，由于种种原因，会使财产物资的账存数与实存数发生差异，即账实不符。造成账实不符的原因很多，可以从主观原因和客观原因两个方面进行分析。

（一）主观原因

（1）由于规章制度不健全、管理不善或工作人员失职而造成财产物资的损坏、变质或短缺，以及货币资金往来款项的差错，导致账实不符；

（2）在财产物资收发过程中，由于计量、计算或检验不准确，从而出现品种、数量及质量上的差错，导致账实不符；

（3）当财产物资发生增减变动时，由于会计人员工作疏忽未登记凭证、账簿，或账簿记录混乱，或账簿记录不及时、不准确，从而发生登记上及计算上的错误，或会计人员违反财经纪律、未严格遵守结算制度，导致账实不符。

（二）客观原因

（1）财产物资在保管过程中由于外界因素（比如发生物理、化学或天气变化）而产生的自然损耗，如汽油会在空气中挥发、铁会生锈、盐在干燥或潮湿的天气中重量会发生变化等；

（2）在财产物资的收发过程中，由于某些财产物资整进零出，如有的财产物资入库时是一次称重，而发出则是分次拆零称重而发生计量偏差致使账实不符；

（3）由于度、量、衡器具不准确而造成账实不符；

（4）在结算过程中发生的未达账项；

（5）因发生贪污、盗窃、营私舞弊等不法行为而造成的账实不符；

（6）由于非常损失，如水灾、风灾等自然灾害造成财产物资的损失而使账实不符。

以上原因可能造成财产物资数量上的账实不符，必须采用一定的方法对财产物资进行清查，查清各项财产物资的实存数，并将实有数与账簿记录相核对；若实有数与账存数不相符，则要对其差异进行账务处理，将账有数调整为实存数，并查明差异产生的原因和责任，按有关规定进行相应的处理。

二、财产清查的作用

财产清查是会计核算的一种专门方法，对完善财产物资管理制度、保证会计资料的真实可靠性、保证财产物资的安全完整及挖掘财产物资的使用潜力等都具有十分重要的作用。

（一）财产清查有利于完善财产物资管理制度

通过财产清查，能发现财产物资在日常收、发、保管过程中存在的问题，可查明有关人员是否因失职而造成财产损失，以加强实物管理的内部牵制；可查明财产物资在会计核算上存在的问题，检查会计人员是否遵守财经纪律和结算制度；可查明财产物资的使用是否符合国家有关的政策、法律、法规。针对财产清查中查出的问题，进一步建立和健全财产物资管理制度，堵塞漏洞，防患于未然。

（二）财产清查能保证会计资料的真实可靠性

在财产清查的过程中，无论是财产物资的账簿记录错误，还是实物管理不善、非正常情况及其他原因而造成的账实不符，都可以通过调整账户，使账簿记录与财产物资的实存数相等，以保证会计资料的真实可靠。

（三）财产清查能保护财产物资的安全完整

通过财产清查，可以检查各项财产物资的保管条件和设备是否良好，有无损失浪费、霉烂变质、非法挪用、贪污、盗窃等情况，以便消除一些危及财产物资安全的隐患。同时，加强财产物资的安全防范措施，保护财产物资的安全完整。

（四）财产清查可挖掘财产物资的使用潜力

通过财产清查，可以查明各项财产物资的储备和利用情况，对超储、积压、呆滞、冷背的财产物资应积极处理，争取尽快收回资金，加速流动资金周转，减少财产物资价值和使用价值的损失，做到物尽其用。

三、财产清查的种类

财产清查的种类很多，可以按不同的标志进行分类。

（一）按财产清查的对象和范围划分，分为全面清查和局部清查

（1）全面清查

全面清查，是指对所有的财产物资、债权债务进行全面的盘点和核对，包括对货币资金、存货、固定资产、应收应付款以及各种借款的清查。全面清查由于涉及面广、工作量大，一般在年终决算前或清产核资以及单位撤销、合并、改变隶属关系时进行。

（2）局部清查

局部清查，是指根据需要或有关规定，对部分财产物资、债权债务进行盘点和核对。在一般情况下，对流动性较大或贵重的财产物资，除年度清查外，还应有计划地按月轮流盘点或重点抽查；对库存现金，应由出纳人员当日清点核对；对银行存款，应按月、旬或每10天、5天同银行核对一次；对各种债权债务应在会计年度内至少核对一至两次。

（二）按财产清查的时间划分，分为定期清查和不定期清查

（1）定期清查

定期清查，是指按规定的时间对财产物资进行的盘点和核对。定期清查的显著特点是具有一定的规律性，一般在年末、季末或月末结账前进行。

（2）不定期清查

不定期清查，是指事先并没有具体规定时间，而是根据实际情况的需要，对有关资产或债务临时进行的清查和核对。不定期清查的显著特点是不可预见性，具有一定的突然性。一般发生以下几种情况需要进行不定期清查：更换财产、物资和库存现金经管人员；财产发生非常损失或意外损失；国家有关行政管理机关或上级主管单位对企业进行会计检查；进行临时性清产核资以及发生其他情况下进行的清查。

定期清查和不定期清查根据清查的对象和范围可以是全面清查，也可以是局部清查。

（三）按财产清查的执行单位划分，分为内部清查和外部清查

（1）内部清查

内部清查，是指由企业、单位自行组织清查工作小组所进行的财产清查，也称自查。大多数的财产清查都是内部清查。

（2）外部清查

外部清查，是指由上级主管部门、审计机关、司法部门、注册会计师根据国家的有关法律、法规、制度规定对企业所进行的财产清查。外部清查可以是定期清查或不定期清查、全面清查或局部清查。

四、财产清查的技术方法

财产清查的技术方法，是指查明某种或某类财产实有数额和完成清查任务的具体技术手段。在实际进行的财产清查工作中，常用的技术方法有查询法、技术推算法、外存推算法、抽样盘点法、实地盘点法等。

（1）查询法

查询法，是指在财产清查中，向有关单位和人员通过当面或信函了解确定财产物资实有数量的一种方法，一般适用于债权、债务等往来账款的清查。

（2）技术推算法

技术推算法，是指在财产清查中，按照一定的标准推算出清查对象实有数量的一种方法，一般适用于堆存量大或价值低廉、不宜逐一点数的大宗物资的清查，如对大量堆放的燃煤可用技术推算的方法，以单位体积的重量求出实际存量。

（3）外存推算法

外存推算法，是指对委托外单位加工或存放在外单位的财产物资，根据发出、收回的数量等资料推算出在外加工或存放的材料物资数量的一种方法。外存推算法用公式表示如下：

在外材料物资数量=发出材料物资数量-收回材料物资数量-加工和在途损耗数量

（4）抽样盘点法

抽样盘点法，是指在财产清查过程中，随机抽取部分财产物资进行清查，以确定全部财产物资实有数的一种方法，一般适用于量大、有规律堆放并且易于清点的材料、在产品、库存商品等的清查。

（5）实地盘点法

实地盘点法，是指在财产清查过程中，对清查对象采用逐一盘点、计数、计量以确定其实有数的一种方法，一般适用于量少、有形并且易于计量的财产物资的清查，如库存现金、原材料、在产品、库存商品及固定资产等。

五、财产清查前的准备工作

财产清查是一项复杂、细致的工作，涉及面广，工作量大。因此，在进行财产清查之前，必须认真做好各方面的准备工作，以保证财产清查工作有条不紊地进行。

（1）组织准备

根据财产清查工作的有关任务与要求，成立财产清查领导小组，制订财产清查计

划，确定清查的对象和范围，安排清查工作的进度，配备清查人员等，做好必要的组织准备工作。

（2）业务准备

业务准备是进行财产清查的前提条件，有关部门和人员应分别做好下列准备工作：

①会计部门和会计人员必须将所有经济业务全部入账，做到账簿记录完整，计算正确，账证相符，账账相符，为财产清查提供正确、可靠的依据。

②财产物资保管部门和保管人员必须对所保管的各种财产物资分门别类整理、排列清楚，挂上标签，标明品种、规格和结存数量，以便盘点查对。

二维码7-1

财产清查的含义和分类

③财产清查人员必须按国家标准校正各种必要的度量衡器，准备好各种专用表格。

第二节　存货的盘存制度

存货是企业在生产经营过程中为销售或耗用而储存的各种有形资产，包括各种原材料、燃料、包装物、低值易耗品、委托加工材料、在产品、库存商品等。伴随着企业生产经营活动的展开，存货也在不断地购入、消耗或销售，整体上具有较强的流动性。在会计实务中对存货采取专门的记录方法进行反映和控制，这种记录方法被称为存货盘存制度。存货盘存制度分为实地盘存制和永续盘存制。

一、实地盘存制

实地盘存制，是指会计期末通过对全部存货进行实地盘点，确定期末存货的数量，并据以计算期末存货成本和本期销售或耗用存货成本的一种存货会计处理方法。采用这种方法，平时账上只记存货的购进或收入，不记发出，期末通过实地盘点确定存货数量，然后倒挤出当期的耗用或销货成本。这一方法用于工业企业，被称为“以存计耗”或“盘存计耗”；用于商品流通企业，被称为“以存计销”或“盘存计销”。计算公式如下：

期末存货成本=存货实地盘存数量×进货单价

本期销售或耗用成本=期初存货成本+本期购货成本−期末存货成本

【例7-1】假设华兴公司的存货核算采用实地盘存制，期末存货成本与销货成本计算采用全月一次加权平均法。2021年6月份甲材料期初余额及购进记录为：

1日，期初余额100件，单价10元/件，金额1 000元。

26日，购进60件，单价9.50元/件，金额570元。

假设30日甲材料实地盘存数量为70件，则本月甲材料期末成本与销货成本计算如下：

加权平均单价=（1 000+570）÷（100+60）=9.8125（元）

期末存货成本=70×9.8125=686.88（元）

本期销售或耗用成本=1 000+570−686.88=883.12（元）

由【例7-1】可以看出，在实地盘存制下，首先要确定期末库存数量，然后计算期末存货成本与本期耗用或销货成本。

实地盘存制由于平时账上只记购进或收入，对销售或耗用及结存的数量可不做记录，可按大类或全部存货设置总账账户，因此，存货的日常核算比较简单。由于“以存计销”和“以存计耗”倒挤成本，从而使非正常销售或耗用的存货损失、差错，甚至盗窃等原因所引起的短缺被全部挤入耗用或销货成本之内，掩盖了仓库管理上存在的问题，从而削弱了企业对存货的控制。

二、永续盘存制

永续盘存制，是指通过设置存货明细账，平时逐笔或逐日地登记存货的收入和发出，并随时结出账存数，然后与实存数相核对的一种存货会计处理方法。采用永续盘存制，对存货仍须定期或不定期地进行实地盘点。但是，这种盘点仅仅是核对账实是否相符的一种方法。

采用永续盘存制，会计部门要设置存货二级账户进行分类控制，并按品种规格设置明细账户进行数量、金额双重控制。仓储部门按每种存货分户设置一套保管账和商品卡，由记账员根据收、发货单登记收、发数量，进行数量控制。通过上述逐级控制，互相核对，可以起到随时反映库存情况和保护存货安全完整的作用，一旦发生差错或短缺，也容易发现和查找原因。

【例7-2】假设华兴公司的存货核算采用永续盘存制，期末存货成本与销货成本计算采用移动加权平均法。2021年6月份甲材料收、发、结存记录见表7-1。

表7-1 库存材料明细账

品名：甲材料

计量单位：件

金额单位：元

2021年		摘要	收入			发出			结存		
月	日		数量	单价（元/件）	金额	数量	单价（元/件）	金额	数量	单价（元/件）	金额
6	1	期初余额							100	10	1 000
	7	销售				40	10	400	60	10	600
	26	购进	60	9.50	570				120	9.75	1 170
	28	销售				50	9.75	487.50	70	9.75	682.5
	30	本期销售成本				90		887.50			

表7-1中，6月7日单价因无变化，故销售金额仍按期初单价计算。6月28日销售单价计算如下：

加权平均单价=（600+570）÷（60+60）=9.75（元/件）

由【例7-2】可以看出，在永续盘存制下，通过存货明细账可以随时很清楚地了解存货的收、发、结存数量与金额，从而实现有效的账簿控制。

三、实地盘存制与永续盘存制的比较

实地盘存制和永续盘存制作为确定存货数量的两种会计记录方法，各有其优缺点和适用性。

实地盘存制的主要优点是可以简化存货的日常核算工作。但是，实地盘存制也有其明显的缺点，主要表现为：手续不严密，不能随时反映存货收入、发出和结存的动态，只能到期末盘点时结转耗用或销货成本，从而加大了期末核算的工作量，而且容易掩盖存货管理中存在的问题。所以，实地盘存制的实用性较差，仅适用于定期结转，而且不能随时结转销售或耗用成本的存货，如一些价值低、品种杂、交易频繁的财产物资和一些损耗大、数量不稳定的鲜活商品。即使采用实地盘点制，也应采取相应的管理措施。

永续盘存制的优点是：有利于加强对存货的管理，在存货明细账户中，可以随时反映每一种存货收入、发出和结存的情况，并从数量和金额两方面对存货进行控制；通过账簿记录和实地盘点，将实存数与账存数相核对，可以查明溢余或短缺的原因；通过账簿记录还可以随时反映出存货余缺，以便及时合理地组织货源和调配资金。因此，在实际工作中，除价值低廉或在管理上不便于实行永续盘存制的财产物资外，企业、行政、事业单位都采取永续盘存制来确定账面财产物资结存数。永续盘存制的主要缺点是存货明细分类核算的工作量较大，而在存货品种规格繁多的企业里，这个缺点更为突出。

第三节　财产清查的内容和方法

一、货币资金的清查

货币资金的清查主要包括对库存现金的清查和对银行存款的清查。

（一）库存资金的清查

库存现金的清查，是指通过对库存现金盘点的实有数与库存现金日记账的余额进行核对，以查明账实是否相符的方法。其基本方法是实地盘点。

库存现金清查的内容与方法如下：

（1）在盘点前，库存现金出纳员应先将涉及库存现金的收、付款凭证全部登记入账，并结出余额。

（2）在盘点时，为了明确经济责任，出纳人员必须在场。清查人员要仔细逐一清点库存现金纸币、硬币，并认真审核收、付款凭证和账簿记录，检查经济业务的合理和合法性，如检查企业是否以“白条”或“借据”抵充库存现金，有无坐支库存现金等。

（3）在盘点结束后，应填制“库存现金盘点报告表”并由盘点人员和出纳员共同签章。“库存现金盘点报告表”是反映库存现金实存数并用以调整账簿记录的重要原始凭证，也是分析账实不符原因、明确经济责任的依据。“库存现金盘点报告表”的格式见表7-2。

表 7-2 库存现金盘点报告表

单位名称： 年 月 日

实存金额	账存金额	实存与账存对比		备 注
		盘 盈	盘 亏	

盘点人签章： 出纳员签章：

（二）银行存款的清查

银行存款的清查，是指将银行存款日记账与开户银行的“银行对账单”相核对的方法。银行存款日记账与开户银行“银行对账单”上都登记着企业在对账期内存款的增减变化及结存情况，但在通常情况下，二者记录的余额往往不相符，除了双方记账差错外，主要是由未达账项引起的。

未达账项是指在企业和银行之间，由于凭证的传递时间不同，双方记账时间不一致，一方已经登记入账，另一方由于尚未接到有关结算凭证而未入账的款项。

未达账项包括以下四种情况：

（1）企业已收款入账，银行未收款入账的款项。

（2）企业已付款入账，银行未付款入账的款项。

（3）银行已收款入账，企业未收款入账的款项。

（4）银行已付款入账，企业未付款入账的款项。

在与银行对账时，应首先查明有无未达账项。如果存在未达账项，可编制“银行存款余额调节表”。“银行存款余额调节表”的编制应在企业银行存款日记账余额和银行对账单余额的基础上，分别加减未达账项，调整相符后的双方余额，则为企业可以动用的资金。

以下举例说明“银行存款余额调节表”的具体编制方法。

【例 7-3】华兴公司 2021 年 6 月 30 日银行存款日记账余额为 300 100 元，银行对账单余额为 300 600 元，经逐笔核对后，发现以下未达账项：

（1）企业收到转账支票一张，系 48 000 元的货款，存入银行，企业已记银行存款增加，而银行未能及时入账；

（2）企业开出转账支票一张，支付购料款 14 700 元，企业已记银行存款减少，由于持票人未到银行办理转账手续，银行尚未入账；

（3）银行收到销货款 35 000 元，银行已记增加，企业尚未收到收款通知而未入账；

（4）银行代企业支付水费 1 200 元，银行已记减少，企业尚未收到付款通知而未入账。

根据上述资料编制“银行存款余额调节表”，见表 7-3。

表 7-3 银行存款余额调节表

2021年6月30日 单位：元

项　目	金　额	项　目	金　额
企业银行存款日记账余额	300 100	银行对账单余额	300 600
加：银行已收企业未收	35 000	加：企业已收银行未收	48 000
减：银行已付企业未付	1 200	减：企业已付银行未付	14 700
调节后的存款余额	333 900	调节后的存款余额	333 900

经过上述调整后，若企业银行存款日记账与银行对账单余额仍不相等，则应查找其他原因。必须注意的是，“银行存款余额调节表”左右两边调节后的余额是企业银行存款的真正数，应该相等，但不能据以调整账面，即对银行已入账而企业尚未入账的各未达账项，不能根据“银行存款余额调节表”来编制会计分录、改动账面记录，必须在收到银行的通知凭证后才能入账。

二维码 7-2
银行存款余额调节表

二、实物财产的清查

实物财产是指具有实物形态的各种财产，包括存货和固定资产等。

（一）实物财产的清查方法

不同品种的实物财产，其实物形态、体积或重量、堆放方式等不同，因而它们所采用的清查方法也有所不同。常用的实物财产的清查方法包括以下几种：实地盘点法、技术推算法、抽样盘点法等。

（二）实物财产清查使用的凭证

为了明确经济责任，在进行财产清查时，有关实物财产的保管人员必须在场，并参加盘点工作。各项财产的盘点结果应如实、准确地登记在“盘存单”上，并由有关参加盘点人员同时签字或盖章。“盘存单”是财产盘点结果的书面证明，也是反映实物财产实有数额的原始凭证。“盘存单”的一般格式见表 7-4。

表 7-4 盘 存 单

单位名称：　　　　盘点时间：　　　　编号：

财产类别：　　　　存放地点：

序号	名称	规格型号	计量单位	实存数量	单价	金额	备注

盘点人签章：　　　　保管人签章：

盘点完毕，将“盘存单”中所记录的实存数与账面结存数余额相核对，如发现实物盘点结果与账面结存结果不相符，应根据“盘存单”和有关账簿记录填制“实存账存对比表”，以确认实物财产的盘盈数或盘亏数。“实存账存对比表”是财产清查的原始证明，是调整账面记录的原始凭证，也是分析盈亏原因、明确经济责任的重要依据。“实存账存对比表”的一般格式见表7-5。

表7-5　实存账存对比表

单位名称：　　　　年　月　日　　　　金额单位：元

编号	类别	规格	计量	单价	账存		实存		对比结果				备注
									盘盈		盘亏		
					数量	金额	数量	金额	数量	金额	数量	金额	

实物保管人：（签章）

三、往来账项的清查

企业与其他单位的往来结算款项包括应收、暂付款和应付、暂收款，对各种应收、应付款的清查，应采取“查询法”，即与对方单位核对账目。清查单位应在其各种往来账项记录准确的基础上，编制“往来账项对账单”，寄发或派人送交对方单位进行核对。核对的内容包括往来账项的原始记录发生的时间、原因及金额，已付款的时间、金额、付款方式及余额等。对方单位收到“往来账项对账单”后，应与其有关账目进行核对，并在回单上注明是否相符；若不相符，则应注明差异。清查完毕，根据各往来单位寄回的回单，编制“往来账项清查报告单”，其格式见表7-6。

表7-6　往来账项清查报告单

××单位　　　　年　月　日

明细分类账户		清查结果		不符原因分析				
单位名称	金额	相符	不相符	未达账项	拖付款项	争执款项	无法收回	其他

记账员签章：　　　　清查人员签章：

第四节　财产清查的账务处理

财产清查的结果大致有两种：一种是账实相符；另一种是账实不符。账实不符是指实存数与账存数有差异，实存数大于账存数为盘盈；反之，为盘亏。财产清查结束后应首先分析账实不符的原因，针对财产清查中发现的问题，提出改进措施，积极处理积压物资，查明财产清查中的各种差异，调整账簿记录，做到账实相符。对账实不符的情况则应分两步进行账务处理：第一，根据“盘存报告表”，将账存数调整为实存数，并查明账实不符的原因，报上级有关部门审批。第二，根据上级有关部门的审批意见，分别将盘盈数或盘亏数记入有关账户。

为了核算和监督财产清查中查明的各种财产物资的盘盈、盘亏、毁损及处理情况，应设置“待处理财产损溢”账户。“待处理财产损溢”账户核算企业在清查财产过程中查明的各种财产物资的盘盈、盘亏和毁损及处理情况。该科目的借方登记各类财产物资的盘亏、毁损数以及结转已批准处理的各类财产物资的盘盈数；贷方登记发生的财产物资的盘盈数和结转已批准处理的盘亏、毁损数。期末如为借方余额，表示尚未处理的各种财产物资的盘亏、毁损数大于尚未批准处理的财产盘盈数的差额，为待处理财产净损失数；如为贷方余额，表示尚未处理的各种财产物资的盘盈数大于尚未批准处理的财产盘亏和毁损数的差额，为待处理财产净溢余数。“待处理财产损溢”一般应设置“待处理非流动资产损溢”和“待处理流动资产损溢”两个明细分类账户。

一、库存现金清查结果的处理

在库存现金清查中发现库存现金短缺或盈余时，应根据“库存现金盘点报告表”，在“待处理财产损溢——待处理流动资产损溢”明细账户中核算。库存现金短缺，借记“待处理财产损溢——待处理流动资产损溢”账户，贷记“库存现金”账户；库存现金长款，借记“库存现金”账户，贷记“待处理财产损溢——待处理流动资产损溢”账户。待查明原因后，应根据批准的处理意见，进行转账处理。

（1）库存现金清查中发现长款时编制如下会计分录，并报上级审批：

借：库存现金

　贷：待处理财产损溢——待处理流动资产损溢

若查明原因，多收款应退还现金；若未查明原因，报经批准作营业外收入处理。

借：待处理财产损溢——待处理流动资产损溢

　贷：营业外收入

　　　其他应付款

（2）库存现金清查中发现短款时编制如下会计分录，并报上级审批：

借：待处理财产损溢——待处理流动资产损溢

　贷：库存现金

若查明原因，应由出纳员或保险公司赔偿；若无法查明原因，报经批准作管理费用处理。

借：其他应收款

　　管理费用

　贷：待处理财产损溢——待处理流动资产损溢

二、存货清查结果的处理

存货清查的核算，也通过“待处理财产损溢——待处理流动资产损溢”账户进行。该账户的贷方登记企业盘盈的各种存货的数额以及报经批准后转销盘亏、毁损的存货数额；借方登记盘亏、毁损的各种存货数额以及报经批准后转销的盘盈存货数额；期末如为借方余额，表示尚未处理的各种存货的净损失，如为贷方余额，表示尚未处理的各种存货的净收益。

企业盘盈、盘亏和毁损的存货，一般的处理办法是：属于自然损耗产生的定额内合理损耗，转作管理费用；属于超定额的短缺以及毁损造成的损失，还应同时转出原记入“应交税费——应交增值税（进项税额）”账户的进项税，并由过失人赔偿；属于非常损失造成的存货毁损，也需要转出进项税额，在扣除保险公司赔偿和残料价值后，经批准应列作营业外支出等；如果发生盘盈，经批准可作冲减管理费用处理。

在财产清查中发现存货盘盈（以原材料为例），在批准之前，根据“实存账存对比表”编制如下会计分录：

借：原材料

　贷：待处理财产损溢——待处理流动资产损溢

经批准冲减管理费用，编制如下会计分录：

借：待处理财产损溢——待处理流动资产损溢

　贷：管理费用

在财产清查中发现存货盘亏（以原材料为例），在批准之前，根据“实存账存对比表”编制如下会计分录：

借：待处理财产损溢——待处理流动资产损溢

　贷：原材料

　　　应交税费——应交增值税（进项税额转出）

根据批准处理意见，编制如下会计分录：

借：管理费用

　　营业外支出——非常损失

　　其他应收款

　贷：待处理财产损溢——待处理流动资产损溢

三、固定资产清查结果的处理

在财产清查中，发现盘盈、盘亏和毁损的固定资产，应分别用不同的账户处理。盘盈的固定资产，应按以下规定确定其入账价值：如果同类或类似固定资产存在活跃市场，将同类或类似固定资产的市场价格，减去按该项资产的新旧程度估计的价值损耗后的余额，作为入账价值；若同类或类似固定资产不存在活跃市场，将该项固定资产的预计未来现金流量的现值，作为入账价值。按此确定的入账价值，借记“固定资产”账户，贷记“以前年度损益调整”账户。盘盈固定资产作为前期差错处理的原因是，固定资产出现盘盈的可能性极小，甚至不可能。如果企业出现固定资产的盘盈，必定是由于企业以前会计期间少记、漏记固定资产，故应当作为会计差错进行更正处理。这样也在一定程度上降低了人为调解利润的可能性。

企业发生固定资产盘亏时，按盘亏固定资产的净值，借记“待处理财产损溢——待处理非流动资产损溢”账户；按已提折旧，借记“累计折旧”账户，按固定资产的原价贷记“固定资产”账户。盘亏的固定资产报经批准转销时，若为非常损失或自然原因，借记“营业外支出”账户；若为责任人或保险公司赔偿，借记“其他应收款”账户，贷记“待处理财产损溢——待处理非流动资产损溢”账户。

盘盈的固定资产在批准前，根据“固定资产盘盈盘亏报告表”编制如下会计分录：

借：固定资产

　贷：以前年度损益调整

盘亏固定资产在批准前，根据“固定资产盘盈盘亏报告表”，编制如下会计分录：

借：待处理财产损溢——待处理非流动资产损溢

　　累计折旧

　贷：固定资产

查明盘亏原因，扣除保险公司同意赔偿部分，经有关部门批准后，将净损失列入营业外支出，编制如下会计分录：

借：营业外支出

　　其他应收款——保险公司

　贷：待处理财产损溢——待处理非流动资产损溢

四、往来账款清查结果的处理

在财产清查中查明确实无法收回的应收账款和无法支付的应付账款，按规定程序报经批准后，直接转账冲销。对无法收回的应收账款，冲减坏账准备；对无法支付的应付账款经批准后，直接转入营业外收入。

（1）长期无法收回的应收账款，按规定程序报经批准后，编制如下会计分录：

借：坏账准备

　贷：应收账款

（2）长期无法支付的应付款，经批准作销账处理，编制如下会计分录：

借：应付账款

　贷：营业外收入

二维码7-3

财产清查的账务处理

案例七评析

财产清查的目的是保证账账相符、账实相符，维护会计核算的真实性和完整性，强化会计人员的责任意识，保护公司财产物资的安全完整，最大限度地利用公司资源。

1.这样做会使利润虚增，影响信息使用者的决策。应在90万元的基础上扣除保险公司赔偿的30万元以及材料的残值等项目，再记入“营业外支出”科目。

2.设备租借未办理任何手续，也不对丢失的设备进行追查，财产保管责任不清，处罚不明。

练习题

一、单项选择题

1.对现金进行盘点时，盘点结果应编制的原始凭证是（　　）。

A.盘存单　　B.账存实存对比表

C.库存现金盘点报告表　　D.银行对账单

2.银行存款余额调节表中的调节后余额不相等，说明企业或银行账面记录（　　）。

A.肯定有错误　　B.肯定没有错误

C.一般有错误　　D.一般没有错误

3.在存货清查中，由于计量收发或定额内的自然损耗引起盘亏存货，经批准后，应计入（　　）。

A.资本公积　　B.营业外支出　　C.其他应收款　　D.管理费用

4.往来账项的清查方法是（　　）。

A.实地盘点法　B.查询法　C.技术推算法　D.抽查法

5.对于天然堆放的煤，一般采用（　　）法进行清查。

A.技术推算　B.抽查　C.查询　D.实地盘点

6.永续盘存制运用的公式是（　　）。

A.期末账面结存数额=期初余额+本期增加数-本期减少数

B.本期减少数=期初结存余额+本期增加数-期末实地盘点数

C.本期累计结存数=本期增加数-本期减少数

D.本期减少数=本期增加数-期末实地盘点数

7.对于发生自然灾害受损的财产物资进行财产清查，通常采用的清查方法是（　　）。

A.定期清查　B.不定期清查　C.统一清查　D.分散清查

8.下列属于财产物资盘存制度的是（　　）。

A.权责发生制　B.实地盘存制　C.收付实现制　D.实收实付制

9.企业在遭受自然灾害后，对其受损的财产物资通常采用（　　）方法进行清查。

A.局部清查和定期清查　B.全面清查和定期清查

C.局部清查和不定期清查　D.全面清查和不定期清查

10.对原材料、产成品盘点后应编制（　　），作为分析差异原因及明确经济责任的依据。

A.实存账存对比表　B.盘存单

C.营业外支出　D.生产成本

二、多项选择题

1.现金清查的内容主要包括（　　）。

A.检查是否有未达账项　B.检查是否有白条抵库

C.检查是否有超限额留存现金　D.检查往来款项是否相符

2.下列情况，适用于全面清查的有（　　）。

A.年终决算前

B.单位撤销、合并或改变隶属关系前

C.全面清产核资、资产评估

D.单位主要负责人调离工作前

3.关于银行存款的清查，下列说法正确的有（　　）。

A.不需要根据“银行存款余额调节表”进行任何账务处理

B.对于未达账项，等以后有关原始凭证到达后再进行账务处理

C.如果调整之后双方的余额不相等，则说明银行或企业记账有误

D.对于未达账项，需要根据“银行存款余额调节表”进行账务处理

4.“待处理财产损溢”账户借方登记（　　）。

A.财产物资盘亏的价值　B.财产物资毁损的价值

C.财产物资盘亏的价值转销　D.财产物资盘盈的价值转销

5.下列财产，应定期清点的有（　　）。

A.库存现金　B.银行存款　C.应收账款　D.贵重物品

三、判断题

1.财产清查按其时间不同，可分为定期清查和局部清查。（　　）

2.银行存款的清查应通过与开户银行核对账目的方法进行。（　　）

3.当企业撤销或兼并时，要对企业的部分财产进行重点清查。（　　）

4.“银行存款余额调节表”编制完成后，可以作为调整企业银行存款余额的原始凭证。（　　）

5.定期清查和不定期清查的范围均既可以是全面清查，又可以是局部清查。（　　）

6.永续存盘制是指通过定期对实物的清点，来确定存货期末结存数量，从而计算结存金额或发出存货金额的一种方法。（　　）

7.财产盘亏一般是定额外损耗、偷盗损失、自然灾害等，对于定额内合理损耗计入营业外支出。（　　）

8.在进行库存现金和存货清查时，出纳人员和实物保管人员不得在场。（　　）

9.盘盈存货应冲减管理费用。（　　）

10.只要将银行存款余额调节表调节相符，就证明银行存款日记账记录无误。（　　）

四、简答题

1.造成财产物资账实不符的主要原因有哪些？

2.实地盘存制与永续盘存制的区别是什么？

3.如何进行库存现金、银行存款、实物财产等的清查？

4.如果你是某次财产清查工作的负责人，在清查过程中发现企业管理层有挪用公款的行为，你会如何处理？

五、业务题

1.东华公司2021年9月30日的银行存款日记账余额为54 000元，与收到的银行对账单的存款余额62 770元不符。经核对，公司与银行均无记账错误，但是发现有下列未达账款：

（1）9月28日，东华公司开出一张金额为3 500元的转账支票用于支付供货方货款，但供货方尚未持该支票到银行兑现。

（2）9月29日，东华公司送存银行的某客户转账支票2 100元，因对方存款不足而被退票，而公司未接到通知。

（3）9月30日，东华公司当月的水电费用750元，银行已代为支付，但公司未接到付款通知而尚未入账。

（4）9月30日，银行计算应付给东华公司的存款利息120元，银行已入账，而公司尚未收到收款通知。

（5）9月30日，东华公司委托银行代收的款项14 000元，银行已转入公司的存款户，但公司尚未收到通知入账。

（6）9月30日，东华公司收到购货方转账支票一张，金额为6 000元，已经送存银行，但银行尚未入账。

要求：编制东华公司2021年9月30日的银行存款余额调节表。

2.东方公司2021年12月31日财务报表决算前进行财产清查时发现如下问题：

（1）现金短缺180元，经查明是由出纳收发错误造成的，经批准由出纳赔偿。

（2）甲材料盘盈100千克，单价10元/千克，经查明属于自然升溢。

（3）乙材料盘亏100千克，单价1 000元/千克，增值税税率为13%，经查明属于计量差错造成。

（4）盘亏设备一台，固定资产原值为120 000元，已经计提折旧95 000元，未计提减值准备，经查明属于失窃，可以获得保险公司赔偿1 000元。

要求：对上述事项批准前后分别进行账务处理。

二维码7-4

练习题参考答案

第八章　资产计价

会计学原理

Principles of Accounting

第八章 资产计价

▶【学习目标】

- 了解资产计价的概念和标准；
- 理解坏账准备的计提方法；
- 掌握发出存货和期末存货计价的计算方法；
- 了解固定资产折旧及其折旧额的计算方法。

▶【本章重点】

- 应收账款的计价方法；
- 发出存货的计价方法；
- 固定资产的计价方法。

▶【本章难点】

- 坏账准备的理解和计提坏账准备对财务报表的影响；
- 不同的发出存货计价方法对财务报表的影响。

案例八

2021年12月，A公司对2020年注销B公司的应收款项全额计提坏账准备，带来公司在相应年份净利润虚增、虚减情形，最后收到中国证券监督管理委员会的行政监管措施决定书。经查，B公司于2020年7月注销，而A公司未在2020年第三季度计提B公司的坏账准备，导致A公司在2020年净利润虚增300万元、2021年净利润虚减300万元。

A公司为何会受到中国证券监督管理委员会的处罚？在这种情况下，A公司应如何进行会计处理？

第一节 资产计价概述

一、资产计价的概念和意义

资产计价是指以货币来计量企业各种资产的实际价值，亦称资产估价或资产评价。

会计是对会计对象的内在数量关系加以计算、衡量和确定的计量过程。因此，会计计量及其方法取决于会计对象的内在规律。从会计对象的具体内容来看，会计的计量对象包括资产、负债、所有者权益和收入、费用、利润等六大类会计要素。由于负债和所有者权益的计量在一定程度上受制于对资产价值的计量，而计量收入和费用总是围绕损益的确定进行，因此，资产计价和损益计量构成会计计量的主要内容。损益由某一特定期间的收入和成本费用相互配比而确定。其中，收入是企业在本期从事经营活动获得的或应获得的货币资产，而费用则是为获取收入而耗费的各项资产。由此可见，资产计价直接决定了损益的计量。可以这样说，资产计价是会计计量的核心内容。

因此，资产计价是会计核算的重要组成部分。它不仅直接关系到各种资产以何种价值和金额反映在账簿和财务报表中，还关系到收入、费用和损益的数额大小，从而影响有关财务会计指标的确定，最终决定会计信息的质量。

二、资产计量属性

企业在将符合确认条件的会计要素登记入账并列报于财务报表及其附注时，应当按照规定的会计计量属性进行计量，并确定其金额。计量属性是指计量客体的特征或外在表现形式。不同的计量属性，会使相同的会计要素表现为不同的货币数量，从而使会计信息反映的财务成果和经营状况建立在不同的计量基础上。在我国企业会计准则中，资产的计量属性有以下几种：

（一）历史成本

历史成本又称为实际成本，是指企业的各种资产应按其取得或购建时发生的实际成本进行核算。实际成本，就是取得或制造某项财产物资时所实际支付的现金或其他等价物。在历史成本计量下，资产按照购买时支付的现金或者现金等价物的金额，或者按照购置资产时所付出的等价的公允价值计量。

（二）重置成本

重置成本又称现行成本，是指按照当前市场条件，重新取得同样一项资产所需支付的现金或现金等价物金额。在重置成本计量下，资产按照现在购买相同或者相似资产所需支付的现金或者现金等价物的金额计量。

（三）可变现净值

可变现净值又称为结算价值，是指在正常生产经营过程中，以预计售价减进一步加工成本和销售的预计税金、费用后的净值。在可变现净值计量模式下，资产按照其正常对外销售所能收到现金或者现金等价物的金额，扣减该资产至完工时估计将要发生的成本、估计的销售费用以及相关税费后的金额计量。

（四）现值

现值是指未来现金流量按照一定方法折合成的当前价值。在现值计量下，资产按照预计从其持续使用和最终处置中所产生的未来净现金流入量的折现金额计量。《企业会计准则第8号——资产减值》第九条规定："资产预计未来现金流量的现值，应当按照资产在持续使用过程中和最终处置时所产生的预计未来现金流量，选择恰当的折现率对其进行折现后的金额加以确定。预计资产未来现金流量的现值，应当综合考虑资产的预计未来现金流量、使用寿命和折现率等因素。"

（五）公允价值

公允价值是指市场参与者在计量日发生的有序交易中，出售一项资产所能收到或者转移一项负债所需支付的价格。

企业选择何种资产计价标准直接影响资产计价的结果。我国《企业会计准则——基本准则》规定："企业对会计要素进行计量时，一般应当采用历史成本，采用重置成本、可变现净值、现值、公允价值计量的，应当保证所确定的会计要素金额能够取得并可靠计量。”

采用历史成本原则的初衷是认为资产负债表的目的不在于以市场价格表示企业资产的现状，而在于通过资本投入与资产形成的对比来反映企业的财务状况和经营业绩，这种对比需以历史成本为基础。

遵循历史成本原则有其合理性：

第一，历史成本由实际已经发生的经济活动确定，反映了当时的市场价格；

第二，历史成本有原始凭证作依据，具有较强的可比性，经得起检验；

第三，历史成本的资料数据易于取得，简便易行；

第四，以历史成本计价，无须经常调整账目，可防止随意改变会计记录，维护会计信息的可靠性。

历史成本原则也有其局限性：当物价波动较大或币值不稳定时，历史成本就不能真实地体现会计主体的财务状况和经营业绩，从而削弱了会计信息的有用性，影响当前决策。

二维码8-1

资产的计量属性

采用不同的会计计量方法，对企业财务数据和财务报表会产生较大的影响，具体采用什么样的计量属性，需要根据实际情况和具体的数据需求者而定。五种计量属性的存在，使会计信息能全方位、多角度地反映资产价值。

第二节　流动资产计价

流动资产是指可以在1年或者超过1年的一个营业周期内变现或耗用的资产，主要包括库存现金、银行存款、应收及预付款项、存货等。本章流动资产计价主要介绍应收账款计价和存货计价。

一、应收账款计价

应收账款是指企业在正常生产经营过程中因赊销产品、商品或提供劳务而应向客户收取的款项。

在市场经济条件下，商业信用是客观存在的。在激烈的市场竞争中，赊销作为一种促销手段，被许多企业所采用。赊销实际上是向购货企业提供无息的短期信贷，销货方被占用的资金如果不能及时回笼，就会使自身的资金周转不灵，进而影响企业的正常生产经营活动。在现实生活中，许多企业的应收账款因种种原因或多或少总有一部分不能收回。不能收回的应收账款称为坏账或呆账，企业因坏账而产生的损失称为坏账损失。

坏账损失的处理方法有两种。一种是直接转销法，即当坏账损失发生时，将坏账发生的实际金额直接计入当期损益。这种方法虽然核算简单，但是不符合权责发生制和配比原则，而且只有当坏账确定发生时才注销应收账款，会导致虚增应收账款的实际可回收金额，从而给会计信息使用者提供了错误的应收账款信息。另一种是备抵法，即在坏账损失实际发生以前，就依据权责发生制原则预先估计可能发生坏账损失的数额，作为坏账准备，计入当期损益，待坏账损失实际发生时再冲减坏账准备。

我国企业采用备抵法核算坏账损失，将“应收账款”账户的期末借方余额扣除“坏账准备”账户的期末贷方余额，即为期末应收账款净额，反映预计可以收回的应收账款。“应收账款”账户余额一般可根据账簿记录确定，因此，应收账款计价的核心问题是合理估计坏账损失数额。用备抵法估计坏账损失有三种方法：应收账款余额百分比法、销货净额百分比法和账龄分析法。

（一）应收账款余额百分比法

应收账款余额百分比法，是以会计期末应收账款的账面余额为基础，乘以估计坏账率（坏账损失占应收账款余额的百分比），来确定当期应估计的坏账总额，并据此提取本期坏账准备。

采用应收账款余额百分比法时，坏账损失估计的计算方法如下：

坏账损失估计数=应收账款期末余额×估计坏账率

【例 8-1】华兴公司 2020 年年末首次计提坏账准备，当年年末的应收账款余额为 100 000 元，估计坏账率为 5‰，则：

坏账损失估计数=100 000×5‰=500（元）

借：信用减值损失 500

贷：坏账准备 500

2021 年年末，公司应收账款余额为 120 000 元，仍按 5‰ 估计坏账损失。按应收账款余额百分比法计算，期末坏账准备余额应该有 600 元。由于 2021 年年初，“坏账准备”账户的贷方余额为 500 元，因此年末只需补提 100 元坏账准备。

（二）销货净额百分比法

销货净额百分比法，是根据赊销净额的一定比例来估计坏账损失的方法。赊销净额是指赊销金额扣除销货退回、折扣和折让后的余额。企业根据过去的经验，估计出每期坏账损失占赊销净额的百分比，将某期的赊销净额乘以此比例，就得到该期的坏账损失估计数。

【例 8-2】华兴公司根据经验确定坏账损失占赊销净额的百分比为 4‰，本年赊销净额为 500 000 元，则：

坏账损失估计数=500 000×4‰=2 000（元）

（三）账龄分析法

账龄分析法是根据应收账款入账时间的长短来估计坏账损失的方法。一般而言，客户欠款时间越长（账龄越长），收回的可能性越小，发生坏账的可能性就越大，应估计的坏账损失也越多。

采用账龄分析法，首先根据应收账款明细账计算出每项应收账款所欠时间的天数，并将赊欠期间分为若干组，如 1~30 天、31~60 天等。通常，第一组的时间为正常的付款期限（信用期）。超过付款期的各组应收账款，则根据其赊欠期间的长短确定各自不同的坏账损失率。然后，将各组应收账款的金额乘以该组的坏账损失率，计算出各组坏账损失估计数。最后，将各组坏账损失估计数加总，即得到该期的坏账损失估计数。以上计算过程及结果，通常列入编制的“应收账款的账龄分析及坏账损失计算表”。

【例 8-3】华兴 2021 年年末有关应收账款的账龄分析及估计坏账损失见表 8-1。

表 8-1　应收账款的账龄分析及坏账损失计算表　金额单位：元

分组	应收账款账龄	期末余额	估计坏账率(%)	提取的坏账准备
		2021 年		2021 年
第一组	未过信用期	50 000	0.5	250
第二组	过期 1 个月	40 000	1	400
第三组	过期 2 个月	25 000	2	500
第四组	过期 3 个月	20 000	3	600
第五组	过期 3 个月以上	15 000	5	750
合计	—	150 000	—	2 500

上述三种方法各有利弊。采用应收账款余额百分比法虽然能够从总体上反映企业坏账准备的比例和金额，但是，这种方法估计坏账不是以当期销售金额，而是以会计期末累计的应收账款余额为基础，因此所计提的坏账准备与当期实现的销售金额无直接联系，无法合理地解决收入和费用的配比问题。账龄分析法实际上是一种更精确的应收账款余额百分比法。采用这种方法时，销售收入和其相应的坏账损失不一定在同一会计期间确认，违背了配比原则。另外，由于此方法需要对各类应收账款按账龄分类，并且要确定不同组次的估计坏账率，因此，使用该方法的工作量较大。销货净额百分比法在一定程度上解决了当期收入与费用相配比的问题，但是，由于坏账损失仅和当期因赊销而发生的应收账款有关，与当期的现销收入无关，因此，无法体现企业的整体坏账损失情况。同时，这种方法忽视了应收账款最重要的信息——本年实际的货款收回情况。此外，各赊销项目收账期间不同，发生坏账损失的风险也相差很大，因此企业笼统地按一个百分比估计坏账损失不尽合理。

计提坏账准备的方法由企业自行确定。在确定坏账准备的计提比例时，应当根据以往的经验、债务单位的实际财务状况和现金流量等相关信息予以合理估计。企业应当制定计提坏账准备的政策，明确计提坏账准备的范围、提取方法、账龄的划分和提取比例。坏账准备计提方法一经确定，不得随意变更；如需变更，应当在财务报表附注中予以说明。

计提坏账准备是谨慎性原则在应收账款计价中的应用。除坏账准备外，其他类型的资产也需要依据谨慎性原则计提相应的减值准备。在资产评价工作中运用会计谨慎性原则，是底线思维在会计工作中的体现。习近平总书记曾在多个场合强调“底线思维”，提出坚持底线思维，增强忧患意识，提高防控能力，着力防范化解重大风险。

二维码 8-2

应收账款的计价

二、存货计价

存货，是指企业在日常活动中持有以备出售的产成品或商品、处在生产过程中的在产品，以及在生产过程或提供劳务过程中耗用的材料和物料等，包括各类材料、库存商品、在产品、半成品、产成品等。

（一）存货的盘存制度

存货的盘存制度就是确定财产物资实际结存数量的核算方法，即规定各种财产物资的收入、发出、结存在账簿中的记录方法，包括永续盘存制和实地盘存制两种制度（详见第七章）。

在永续盘存制下，财产物资的结存数量按照下列计算公式确定：

期初存货结存数+本期存货增加数-本期存货减少数=期末存货结存数

永续盘存制的优点有：通过连续、完整的账簿记录，能够随时了解各种财产物资的收入、发出及结存情况，而且，利用账存和实存两个数字对比可以加强对财产物资的监督和管理。其缺点有：财产物资明细分类核算工作量较大，存货品种规格繁多的企业更是如此，需要投入较多的人力和时间。

在实地盘存制下，财产物资的结存数量按照下列计算公式确定：

期初存货结存数+本期存货增加数-期末存货结存数=本期存货减少数

实地盘存制无须通过账面连续记录得出期末存货结存数量，并假定除期末库存以外的存货均已出售或耗用，从而倒轧出销货成本，因此，在实地盘存制下，在账簿中只登记增加的存货数量，在日常经营中因销售或耗用而减少的存货数量则不予记录，期末将实地盘点得到的存货实际结存数及倒轧出的本期存货减少数记入账簿。

实地盘存制的主要优点在于简化存货的日常核算工作，不必逐笔登记存货减少的业务。但是，采用这种方法只能到期末盘点时才能结转耗用或销货成本，无法连续反映存货收入、发出和结存数量的增减变化情况，而且容易掩盖存货管理中存在的自然损失和人为损失，不利于企业对存货的控制。

由于永续盘存制具有及时控制和保护财产物资安全的显著优点，因此，在实际工作中，除了那些价值低廉、在管理上使用永续盘存制的确有困难的财产物资外，一般都采用永续盘存制。实地盘存制一般只适用于一些价值低、品种杂、收发频繁的财产物资和一些损耗大、数量不确定的鲜活商品。

（二）存货的计价方法

存货计价包括取得存货的计价和耗用（或销售）存货的计价两方面内容。我国企业会计准则规定，存货入账价值应采用历史成本，即各种存货应当按取得时的实际成本记账。取得存货的计价，包括材料采购成本的计算、产品生产成本的计算。本章重点介绍耗用（或销售）存货（也称发出存货）的计价。发出存货的计价是指发出存货实际成本的计算方法，涉及存货的流转问题。

【例8-4】华兴公司材料仓库采用永续盘存制对甲材料进行核算。2021年6月，甲材料收发情况登记见表8-2。

表 8-2　　甲材料收发情况登记表　　单位：吨

2021年		摘　要	收　入	发　出	结　存
月	日				
6	1	月初结存	—	—	1 000
6	3	购入材料	1 500		2 500
6	5	车间领用		900	1 600
6	9	购入材料	800		2 400
6	12	车间领用		900	1 500
6	15	车间领用		800	700
6	18	购入材料	1 500		2 200
6	20	车间领用		900	1 300
6	25	购入材料	1 000		2 300
6	30	车间领用		800	1 500
6	30	月末结存	—	—	1 500

【例 8-5】承上例，华兴公司材料仓库采用实地盘存制对丙材料进行核算。已知2021年6月初丙材料的结存数及6月份丙材料的购入情况。6月末经实地盘点，丙材料的月末结存数为200吨，则有：

本月丙材料耗用数=300+（500+600+500+400）−200=2 100（吨）

丙材料收发情况登记表见表 8-3。

表 8-3　　丙材料收发情况登记表　　单位：吨

2021年		摘　要	收　入	发　出	结　存
月	日				
6	1	月初结存	—	—	300
6	3	购入材料	500	—	—
6	9	购入材料	600	—	—
6	18	购入材料	500	—	—
6	25	购入材料	400	—	—
6	30	本月耗用	—	2 100	—
6	30	月末结存	—	—	200

企业存货的流转包括实物流转和成本流转。在理论上，两者应当一致。但是在实际工作中，企业存货收发的数量很大，品种也繁多。由于存货市场价格的波动，企业在不同时间、不同批次取得的同种存货的实际成本可能不尽相同，因而难以保证各种存货的成本流转与实物流转相一致。同一种存货，尽管取得成本不同，但均能满足销售或生产需要，在存货销售（或消耗）时，无须辨别是哪一批次的存货被发出，只要知道发出存货成本和库存成本即可。这样就出现了存货成本流转的假设。

存货成本流转的假设有两大类：

一是假设存货的成本流转与实物流转相一致。

二是假设存货的成本流转与实物流转不一致。

采用何种存货成本流转的假设，在期末存货与发出存货之间分配成本，便产生了不同的存货成本分配方法，即发出存货的计价方法。常见的存货计价方法有个别计价法、先进先出法、加权平均法、移动加权平均法、毛利率法、计划成本法、零售价法等。

1.个别计价法

个别计价法，又称个别认定法、具体辨认法，是指逐一辨认各批次发出存货和期末存货所属的购进批别或生产批别，分别将其购入或生产时所确定的单位成本作为计算各批次发出存货成本和期末存货成本的方法。这种方法假设存货的成本流转与实物流转相一致。

个别计价法的操作要点：

第一，逐一记录每一批次取得的、每种规格存货的单位价格和数量；

第二，逐一辨认各批次发出存货属于哪一批次取得以及取得时的单位价格和数量，据以确定各批次发出存货的成本；

第三，逐一辨认期末存货属于哪一批次取得以及取得时的单位价格和数量，据以确定期末存货成本。

根据个别计价法计算的发出存货成本和期末存货成本比较合理、准确。但是，由于要对发出存货和期末存货所属的购进批别或生产批别进行具体认定，因此，实际操作的工作量繁重，困难较大。

采用个别计价法，发出存货和期末存货都是按照其原来取得时的单位成本个别计价，因此，无论企业采用永续盘存制还是实地盘存制，确定的发出存货成本和期末存货成本的结果完全一致。

个别计价法适用于容易识别、存货品种数量少、单位价值较高的存货计价，如房屋、船舶、珠宝、古董、名贵艺术品等。

2.先进先出法

先进先出法，是以先购入或先生产的存货先发出这样一种存货成本流转假设为前提，对发出存货进行计价的一种方法。这种方法假设存货的成本流转与实物流转不一致。采用先进先出法，期末存货成本是按最近取得存货的实际单位成本确定的，比较接近现行的市场价值。当物价上涨时，先进先出法会高估企业当期利润和存货价值；反之，当物价下跌时，会低估企业当期利润和存货价值。

【例8-6】华兴公司采用永续盘存制对丁材料进行核算，平时账簿上逐笔登记每批材料收入和发出时的单价、数量及金额情况，月末一次性计算期末存货总成本并结转发出存货总成本。2021年6月有关丁材料收发的具体资料见表8-4。

在永续盘存制下，按照先进先出法月末一次性计算本期发出存货总成本和期末存货成本如下：

本期可供发出的存货总成本=期初存货成本+$\sum$（每批收入存货的数量×该批收入存货的单价）

=300×8+（400×9+300×10）

=9 000（元）

表 8-4 永续盘存制下先进先出法的应用 金额单位：元

2021年		摘要	收入			发出			结存		
月	日		数量（千克）	单价（元/千克）	金额	数量（千克）	单价（元/千克）	金额	数量（千克）	单价（元/千克）	金额
6	1	月初结存							300	8	2 400
6	3	车间领用				200	略	1 600	100	略	800
6	9	购入材料	400	9	3 600				500	略	4 400
6	18	车间领用				400	略	3 500	100	略	900
6	25	购入材料	300	10	3 000				400	略	3 900
6	30	本月发出存货合计				600	略	5 100			
6	30	月末结存							400	略	3 900

本期实际发出存货总成本 $=\sum$（每批发出存货的数量 × 该批发出存货按照先进先出的顺序依次确定的单价）

=200×8+100×8+300×9

=1 600+3 500=5 100（元）

期末存货成本=本期可供发出的存货总成本−本期实际发出存货总成本

=9 000−5 100 =3 900（元）

按照一般情形，大多数企业都是将先取得的存货先行耗用或出售，特别是容易腐坏变质的商品。此时，先进先出的成本流转假设与存货的实物流转情形相符合，易于理解。必须指出，先进先出法所指的“先进先出”实质是一种存货成本流转假设，与存货的实际流转无关。所以，无论企业的存货本身是否先进先出，都可采用此方法。

在先进先出法下，以实地盘存制为基础计算的发出存货成本和期末存货成本的结果与永续盘存制下的计算结果完全相同。

【例 8-7】假设华兴公司采用实地盘存制对丁材料进行核算，2021 年 6 月有关丁材料收发的具体资料见表 8-5。6 月末经实地盘点，丁材料的月末结存数为 400 千克。

在实地盘存制下，按照先进先出法月末一次性计算期末存货成本和本期发出存货总成本如下：

本月发出存货数量合计=月初存货结存数量+本月购入存货数量−月末存货结存数量

=300+（400+300）−400 =600（千克）

本期可供发出的存货总成本=期初存货成本 $+\sum$（每批收入存货的数量 × 该批收入存货的单价）

=300×8+（400×9+300×10）=9 000（元）

期末存货成本=月末存货结存数量×按照先进先出的顺序依次确定的最近取得该存货的单价

=300×10+100×9 =3 900（元）

本期实际发出存货总成本=本期可供发出的存货总成本−期末存货成本

=9 000−3 900=5 100（元）

计算结果与【例 8-5】相同。

表8-5　实地盘存制下先进先出法的应用　金额单位：元

2021年		摘要	收入			发出			结存		
月	日		数量（千克）	单价（元/千克）	金额	数量（千克）	单价（元/千克）	金额	数量（千克）	单价（元/千克）	金额
6	1	月初结存							300	8	2 400
6	9	购入材料	400	9	3 600						
6	25	购入材料	300	10	3 000						
6	30	月末结存							400	略	3 900
6	30	本月发出存货合计				600	略	5 100			

3.加权平均法

加权平均法亦称全月一次加权平均法，是以本月全部收入的存货数量加上月初存货数量作为权数，去除本月全部收入存货的成本加上月初存货成本，计算出存货的加权平均单位成本，从而确定本月发出存货的成本和月末库存存货的成本。

计算公式如下：

$$存货单位成本=\frac{月初存货成本+\sum(本月各批收入存货的实际单位成本\times本月各批收入存货的数量)}{月初存货数量+本月全部收入存货的数量之和}$$

本月发出存货成本=本月发出存货数量×存货单位成本

月末库存存货成本=月末库存存货数量×存货单位成本

存货的实物流转在很多情况下，既不是先进先出，又不是后进先出，发出存货时常常已不能分辨出其取得时的具体批次。加权平均法就是基于这种情形而设立的存货成本流动假设。这种方法假设存货的成本流转与实物流转不一致。采用这种方法，不论存货市场价格上涨或下跌，所计算出来的单位成本比较平均，对本期可供发出的存货总成本在发出存货和期末存货之间的分摊较为折中。

【例8-8】仍用【例8-6】中华兴公司丁材料2021年6月的有关资料。

在永续盘存制下，按照加权平均法月末一次性计算本期发出存货总成本和期末存货成本见表8-6。

表8-6　永续盘存制下全月一次加权平均法的应用　金额单位：元

2021年		摘要	收入			发出			结存		
月	日		数量（千克）	单价（元/千克）	金额	数量（千克）	单价（元/千克）	金额	数量（千克）	单价（元/千克）	金额
6	1	月初结存							300	8	2 400
6	3	车间领用				200			100	9	900
6	9	购入材料	400	9	3 600				500	9	4 500
6	18	车间领用				400			100	9	900
6	25	购入材料	300	10	3 000				400	9	3 600
6	30	本月发出存货合计				600	9	5 400			
6	30	月末结存							400	9	3 600

存货单位成本=$\frac{2\,400+(400\times9+300\times10)}{300+(400+300)}$=9（元/千克）

本月发出存货总成本=600×9=5 400（元）

月末库存存货成本=本月可供发出的存货总成本-本月发出存货总成本

=9 000-5 400=3 600（元）

或者：

月末库存存货成本=400×9=3 600（元）

采用加权平均法，由于发出存货的单价在月末才一次性计算加权平均单价，从而在平时登记账簿时，只登记数量，不登记金额，日常核算工作量较小。但是，这种方法也存在不足之处。由于存货的计价工作集中在月末进行，加大了月末的核算工作量，平时无法及时从账簿上得到发出存货和结存存货的单价及金额信息，因而不利于企业加强对存货的日常管理。

加权平均法在永续盘存制和实地盘存制下都可以采用。两种盘存制下计算的本期发出存货总成本和期末存货成本结果一致。

4.移动加权平均法

移动加权平均法亦称移动平均法，是指本次收入存货的成本加原有库存存货的成本，去除本次收入存货数量加原有库存存货数量，据以计算加权平均单价，并对发出存货进行计价的一种方法。在这种方法下，每收入一批存货，就要计算一次加权平均单位成本，此后发出的存货都按照该加权平均单位成本计价，直到下一次收入存货，再重新计算一次加权平均单位成本，此后发出的存货再按照调整后的加权平均单位成本计价，依此类推。移动加权平均法与上述加权平均法计算存货的基本原理相同，但其仅适用于永续盘存制。

计算公式如下：

存货加权平均单价=$\frac{\text{原有库存存货成本}+\text{本批收入存货实际成本}}{\text{原有库存存货数量}+\text{本次收入存货数量}}$

本批发出存货成本=本批发出存货数量×存货加权平均单价

【例8-9】仍用【例8-6】中华兴公司丁材料2021年6月的有关资料，见表8-7。

在永续盘存制下，按照移动加权平均法月末一次性计算本期发出存货总成本和期末存货成本如下：

月初存货单价=8元/千克

6月3日发出的第一批存货成本=200×8=1 600（元）

6月9日收入第一批存货后的存货加权平均单价=（800+400×9）÷（100+400）=8.8（元/千克）

6月18日发出的第二批存货成本=400×8.8=3 520（元）

6月25日收入第二批存货后的存货加权平均单价=（880+300×10）÷（100+300）

=9.7（元/千克）

本月发出存货总成本=第一批发出存货成本+第二批发出存货成本

=1 600+3 520=5 120（元）

表 8-7 永续盘存制下移动加权平均法的应用 金额单位：元

2021年		摘要	收入			发出			结存		
月	日		数量（千克）	单价（元/千克）	金额	数量（千克）	单价（元/千克）	金额	数量（千克）	单价（元/千克）	金额
6	1	月初结存							300	8	2 400
6	3	车间领用				200	8	1 600	100	8	800
6	9	购入材料	400	9	3 600				500	8.8	4 400
6	18	车间领用				400	8.8	3 520	100	8.8	880
6	25	购入材料	300	10	3 000				400	9.7	3 880
6	30	本月发出存货合计				600	—	5 120			
6	30	月末结存							400	9.7	3 880

本月可供发出的存货总成本=月初存货成本+$\sum$（每批收入存货的数量×该批收入存货的单价）

=300×8+（400×9+300×10）=9 000（元）

月末库存存货成本=本月可供发出的存货总成本-本月发出存货总成本

=9 000-5 120 =3 880（元）

或者：

月末库存存货成本=400×9.7=3 880（元）

移动平均法能使企业管理层及时了解存货的结存情况，而且计算的存货平均单位成本以及发出和结存的存货成本比较均衡客观，只是每次收入存货都要调整存货加权平均单价，计算较烦琐且工作量大。

5.毛利率法

毛利率法是根据本期销售净额乘以上期实际或本月计划毛利率计算本期销售毛利，并据以计算本期发出存货和期末存货成本的一种方法。计算公式为：

本期销售净额=本期商品销售收入-本期商品销售退回与折让

本期销售毛利=本期销售净额×毛利率

本期销售成本=本期销售净额-本期销售毛利

期末存货成本=期初存货成本+本期购货成本-本期销售成本

毛利率一般根据前期实际毛利率或前几个期间的实际平均毛利率确定，也可以采用计划毛利率。毛利率计算公式如下：

毛利率=销售毛利÷销售净额×100%

【例 8-10】红光童装批发公司 2021 年 6 月童装购销存有关资料见表 8-8。本月计划毛利率为 25%。试用毛利率法计算本期销货成本和期末存货成本。

表 8-8 童装购销存有关资料 单位：元

期初存货成本	本期购货成本	本期商品销售收入	本期商品销售退回与折让
48 000	240 000	350 000	50 000

计算过程如下：

本期销售净额=350 000-50 000=300 000（元）

本期销售毛利=300 000×25%=75 000（元）

本期销售成本=300 000-75 000=225 000（元）

期末存货成本=48 000+240 000-225 000=63 000（元）

这一方法是商品批发企业常用的方法。由于商品批发企业经营商品品种繁多，且同类商品的毛利率大致相同，因此采用这种存货计价方法，商品销售成本按商品大类销售额计算，在大类商品账簿上结转成本，计算手续简便，既能减少工作量，又能基本满足对存货管理的要求。

（三）存货的期末计价

存货的期末计价，是指企业在会计期末（通常指年末）编制资产负债表时，存货按何种价值列示。存货在期末的计价方法一般有三种，即成本法、市价法、成本与可变现净值孰低法。

成本法，是指按照期末结存存货的实际采购成本或制造成本在资产负债表上列示。这种方法简便易行，并可保证会计信息的可靠性，但是当存货市价下跌时，会导致虚增资产价值，不符合会计的谨慎性原则。

市价法，是指按照期末结存存货的市场价格在资产负债表上列示。这种方法反映存货的期末实际价值，有助于提高会计信息的有用性，但收集市价资料的工作量大，当存货市价上涨时，会导致虚增当期利润。

成本与可变现净值孰低法，是指在会计期末通过比较存货的成本与可变现净值，取两者中较低的一个作为存货价值列示在资产负债表中。当存货成本低于可变现净值时，按成本列示；当可变现净值低于成本时，按可变现净值列示。我国企业会计准则规定，在资产负债表日，存货应当按照成本与可变现净值孰低计价。

成本与可变现净值孰低规则中的“成本”是指存货的历史成本；“可变现净值”是指在正常生产经营过程中，以预计售价减去预计完工成本以及销售所必需的预算费用后的价值。

采用成本与可变现净值孰低法时，先按前述先进先出法、加权平均法等对存货进行计价，确定其实际成本，再与存货的可变现净值比较。

会计处理上，如果成本低于可变现净值，则不进行账务处理；如果可变现净值低于成本，有两种会计处理方法：

一是直接转销法，是指在确认存货跌价损失时，将可变现净值低于成本的损失直接冲销有关存货科目，同时将存货成本调整为可变现净值。在这种方法下，确认存货跌价损失时，借记“资产减值损失”账户，贷记有关存货账户。

二是备抵法，是指可变现净值低于成本的损失不直接冲销有关存货科目，另设“存货跌价准备”科目，计提的存货跌价准备借记“资产减值损失”账户，贷记“存货跌价准备”账户。每一会计期末，通过比较期末存货的成本与可变现净值，计算出应计提的跌价准备，然后与“存货跌价准备”账户的余额进行比较。若应提数大于已提数，应予补提；反之，应冲销部分已提数。

二维码8-3

存货的计价

第三节 非流动资产计价

非流动资产是指不能在1年或者超过1年的一个营业周期内变现或者耗用的资产。非流动资产是指除流动资产以外的资产，主要包括固定资产、在建工程、无形资产、长期股权投资、投资性房地产等。本节主要说明固定资产的计价问题。

一、固定资产计价的内容

固定资产，是指同时具有下列特征的有形资产：为生产商品、提供劳务、出租或经营管理而持有的；使用期限超过一个会计年度。

固定资产计价通常包括以下四个方面的内容：

①固定资产原始价值的确定；

②固定资产减值准备的确定；

③固定资产折旧价值的确定；

④固定资产后续支出的确定。

二、固定资产原始价值的确定

固定资产的初始计量，即原始价值的确定，遵循历史成本原则。

固定资产在取得时，应按取得时的成本入账。取得时的成本包括买价、运输和保险等相关费用，以及为使固定资产达到预定可使用状态前所必要的支出，如场地整理费、运输费、装卸费、安装费等。固定资产取得时的成本应当根据企业的具体情况分别确定：

（1）购置的不需要经过建造过程即可使用的固定资产，以实际支付的买价、包装费、运输费、安装成本等，作为入账价值。

（2）自行建造的固定资产，按建造该项资产达到预定可使用状态前所发生的全部支出，作为入账价值。

（3）投资者投入的固定资产，按投资各方确认的价值，作为入账价值。

（4）盘盈的固定资产，按同类或类似固定资产的市场价格，减去按该项资产的新旧程度估计的价值损耗后的余额，作为入账价值。

三、固定资产减值准备的确定

固定资产的减值是指固定资产的可收回金额低于其账面价值。

可收回金额，是根据资产公允价值减去处置费用后的净额与资产预计未来现金流量的现值两者之间较高者确定的。

当资产存在减值迹象时，应估计可收回金额。当资产的可收回金额低于账面价值时，应将资产的账面价值减记至可收回金额。减记的金额确认为资产减值损失，同时计提相应的资产减值准备。计提减值准备是对历史成本的修正，反映了固定资产当前的价值，体现了会计的谨慎性原则。

四、固定资产折旧的确定

固定资产折旧是指固定资产在使用过程中由于损耗而逐步转移的那部分价值。在长期使用过程中，固定资产的原有实物形态保持不变，但是，其价值在使用中随着固定资产的磨损而逐渐消耗或转移。固定资产折旧即体现了固定资产的消耗。

会计上通过将固定资产折旧计入产品成本或期间费用来实现对固定资产价值的补偿。在这一过程中，被占用在固定资产形态上的资金由于固定资产价值的逐步转移而不断减少，并通过折旧形式转化为成本费用，从而随着收入的实现最终得到补偿。

折旧，是指在固定资产的使用寿命内，按照确定的方法对应计折旧额进行系统分摊。其中，应计折旧额，是指应当计提折旧的固定资产的原价扣除其预计净残值后的余额。

折旧的概念基础是权责发生制以及体现这一制度要求的配比原则。由于固定资产可以在企业生产经营过程中长期使用，并可以在多个会计期内为企业带来经济利益，因而在采用权责发生制的条件下，按照配比原则的要求，需要将固定资产的原始价值按一定的分配方式在固定资产的折旧年限内进行分配，以正确计算产品成本和当期损益。（注：为便于讲述，以下（一）（二）（三）部分的内容都未考虑固定资产减值准备）

（一）影响固定资产折旧的因素

（1）固定资产原始价值

固定资产原始价值即固定资产按取得时的实际成本记入账簿形成的账面价值。

（2）固定资产预计残值收入

固定资产预计残值收入即在固定资产使用期满后，对报废的固定资产进行处置时估计可望收回的市场价值。如果未来的残值收入不确定或很小，可估计为零。

（3）固定资产预计清理费用

固定资产预计清理费用即处置报废固定资产时发生的清理费用，如拆卸、搬运、整理等费用。

固定资产残值收入首先用来支付其清理费用，差额为净残值。如果固定资产处置时的清理费用高于其残值收入，净残值为负数。

（4）固定资产预计使用寿命

固定资产在其报废处置之前所提供的服务的单位数量，服务单位既可用固定资产的使用时间表示（如年、月），又可用固定资产的业务量或产出量表示（如机器小时、钢铁的吨数、汽车行驶的千米数），最常见的表示方式为固定资产的使用时间。

折旧源于固定资产的损耗，固定资产使用寿命由固定资产的损耗程度决定。固定资产的损耗分为有形损耗和无形损耗两种。

其一，有形损耗是指固定资产由于使用和自然力的影响，逐渐丧失其物理性能而引起的使用价值和价值的损失，包括机械损耗（使用性损耗）和自然损耗（非使用性损耗）。其主要是由物质磨损、时间侵蚀以及外部事故、破坏等原因造成的。

其二，无形损耗是指由于劳动生产率提高和科学技术进步的影响，固定资产相对使用价值下降所引起的价值损失，包括贬值损耗和淘汰损耗。例如，因新技术的出现而使现有的资产技术水平相对陈旧、市场需求变化使产品过时等。

在激烈的市场竞争和科技不断进步的环境下，企业固定资产的有形损耗和无形损耗同时存在，因此，预计固定资产的使用寿命时应综合考虑这两种不同损耗对折旧的影响。在会计实务中，准确测定这些价值损耗非常困难，因此往往采用简单的系统假设，用直线法、工作量法或加速折旧法来直接计算折旧额。

固定资产折旧额包括固定资产应计提折旧总额和特定期间应计提折旧额（如年折旧额）两层含义。

固定资产应计提折旧总额，即应计折旧额，是指特定固定资产价值逐步损耗的最大程度，也称为折旧基数，是固定资产原始价值扣减固定资产预计净残值后的余额。在不考虑固定资产计提减值准备的情况下，固定资产应计提折旧总额的计算公式如下：

固定资产应计提折旧总额=固定资产原始价值-固定资产预计残值收入+固定资产预计清理费用

或者：

固定资产应计提折旧总额=固定资产原始价值-固定资产预计净残值

特定期间固定资产的应计提折旧额，是指固定资产应计提折旧总额应归属于某个期间的数额，即企业在各个会计期间应计提的固定资产折旧额。其大小取决于三个因素：固定资产应计提折旧总额的多少、固定资产预计使用寿命的长短、企业采用的固定资产折旧方法。

企业应特别注意固定资产计提折旧的范围，这是正确确认各期折旧额的重要前提。

（二）固定资产计提折旧的范围

企业在计提当月折旧时，应以月初应计提折旧的固定资产原值为依据。企业在用的固定资产，一般均应计提折旧。当月增加的固定资产，当月不提折旧，从下月起计提折旧；当月内减少或者停用的固定资产，当月仍提折旧，从下月起才不提折旧。

（三）固定资产折旧方法

按照现行会计制度的规定，固定资产折旧可以按四种方法计提：平均年限法、工作量法、双倍余额递减法、年数总和法。后两种折旧方法称为加速折旧法。在计提固定资产折旧时，无论采用何种折旧方法，也无论折旧年限的长短，固定资产的应计提折旧总额始终是一致的。各种折旧方法的根本区别，就在于将固定资产应计提折旧总额在固定资产预计使用年限内进行分摊的方式不同。

（1）平均年限法

平均年限法又称直线法或使用年限法，是将固定资产应计提折旧总额在固定资产预计使用年限内进行平均分摊的一种折旧方法。其计算公式如下：

$$\text{固定资产年折旧额}=\frac{\text{固定资产原始价值}-\text{固定资产预计净残值}}{\text{固定资产预计使用年限}}$$

$$\text{固定资产月折旧额}=\frac{\text{固定资产年折旧额}}{12}$$

在实际工作中，如果对单项固定资产逐一核定残值和清理费用，不仅工作量较大，而且往往由于缺乏参照而导致预计数值不够准确。因此，企业常用预计净残值率来简化折旧额的计算。固定资产预计净残值率一般按固定资产类别、根据历史资料确定。其计算公式如下：

$$\text{预计净残值率}=\frac{\text{固定资产预计净残值}}{\text{固定资产原始价值}}\times100\%$$

则上述折旧额的计算公式可变为：

$$\text{固定资产年折旧额}=\frac{\text{固定资产原始价值}\times(1-\text{预计净残值率})}{\text{固定资产预计使用年限}}$$

固定资产折旧额占其原始价值的百分比叫折旧率，反映了固定资产在使用年限内的平均损耗程度。其计算公式如下：

$$\text{固定资产年折旧率}=\frac{\text{固定资产年折旧额}}{\text{固定资产原始价值}}\times100\%$$

$$=\frac{\text{固定资产原始价值}\times(1-\text{预计净残值率})}{\text{固定资产预计使用年限}\times\text{固定资产原始价值}}\times100\%$$

即：

$$固定资产年折旧率=\frac{1-预计净残值率}{预计使用年限}\times100\%$$

$$固定资产月折旧率=\frac{固定资产月折旧额}{固定资产原始价值}\times100\%$$

由此可知：

固定资产月折旧率=固定资产年折旧率÷12

【例 8-11】华兴公司购入设备一台，原值50 000元，预计使用5年，预计净残值4 000元，预计清理费用2 000元。按平均年限法计算该项固定资产各年的折旧额如下：

年折旧额=（50 000-4 000+2 000）÷5=9 600（元）

年折旧率=9 600÷50 000×100%=19.2%

按平均年限法计提折旧，每期折旧额相等。这实际上是假定固定资产在其使用期限内的损耗均匀发生，因而计入各期的折旧费相同。每年使用时间、工时负荷和损耗程度等基本相同的固定资产，如房屋、建筑物等，宜采用平均年限法计提折旧。

（2）工作量法

工作量法是根据固定资产实际工作量计提折旧额的一种方法。其计算公式为：

$$单位工作量折旧额=\frac{固定资产原价\times(1-预计净残值率)}{固定资产预计工作量总数}$$

某期应计提折旧额=固定资产本期实际工作量×单位工作量折旧额

不同的固定资产，其工作量的计算方法可能不同，如汽车可按行驶里程、机床可按工作小时或产量、施工机械可按工作台班等不同计量单位计算。按计量单位的不同，工作量法可进一步分为工作台班折旧法、产量折旧法、工作时间折旧法和行驶里程折旧法等。

【例 8-12】华兴公司有货运卡车一辆，原值240 000元，预计净残值率5%，预计总行驶里程800 000千米。2021年6月实际行驶里程为5 000千米。按工作量法计算该项固定资产本月折旧额如下：

单位里程折旧额=［240 000×（1-5%）］÷800 000=0.285（元/千米）

本月应计提折旧额=5 000×0.285=1 425（元）

采用工作量法计提折旧，各期所提的折旧额与该期固定资产的实际工作量成正比。这种方法适用于某些流动性较大、在年度内非均衡使用的运输设备或大型施工机械。这些机械设备在不同期间的工作量不同，按照权责发生制原则，应计入成本费用的折旧额也应不同。

（3）双倍余额递减法

双倍余额递减法是指在不考虑固定资产净残值的情况下，将每年年初固定资产净值（固定资产原值减累计已提折旧额），乘以双倍的平均年限法下的折旧率，据以计算当年固定资产折旧的一种方法。随着固定资产净值的逐年减少，各年计提的折旧额也逐期递减。其计算公式为：

$$年折旧率=\frac{2}{预计使用年限}\times100\%$$

月折旧率=年折旧率÷12

月折旧额=固定资产净值×月折旧率

固定资产净值=固定资产原值-该固定资产累计已提折旧额

采用双倍余额递减法计算折旧的固定资产，应在其固定资产预计使用年限即将到期的最后两年内，将固定资产净值扣除预计净残值后的净额平均摊销。

【例 8-13】承【例 8-11】假设华兴公司对该设备按双倍余额递减法计提折旧，见表 8-9。

表 8-9　双倍余额递减法折旧计算表　金额单位：元

年数	年折旧率	年折旧额	累计已提折旧	年末账面净值
1	$\frac{2}{5}\times100\%$	20 000	20 000	30 000
2	40%	12 000	32 000	18 000
3	40%	7 200	39 200	10 800
4		4 400	43 600	6 400
5		4 400	48 000	2 000

（4）年数总和法

年数总和法，是以固定资产预计使用年限的各年数字之和为分母，以剩余可使用年限数为分子，计算出呈逐年递减趋势的各年折旧率，再将固定资产的原值减去净残值后的净额乘以每年的折旧率，最终计算出每年应计提折旧额的一种方法。其计算公式如下：

$$\text{某年折旧率}=\frac{\text{预计使用年限}-\text{已使用年限}}{[\text{预计使用年限}\times(\text{预计使用年限}+1)]\div 2}\times100\%$$

或者：

某年折旧率=尚可使用的年数÷预计使用年限的年数总和×100%

月折旧率=年折旧率÷12

月折旧额=（固定资产原值-预计净残值）×月折旧率

【例 8-14】承【例 8-11】假设华兴公司对该设备按年数总和法计提折旧，见表 8-10。

表 8-10　年数总和法折旧计算表　金额单位：元

年数	计算年折旧率	年折旧率	折旧基数	年折旧额	累计已提折旧额
1	$\frac{5}{1+2+3+4+5}$	5/15	48 000	16 000	16 000
2	$\frac{4}{1+2+3+4+5}$	4/15	48 000	12 800	28 800
3	$\frac{3}{1+2+3+4+5}$	3/15	48 000	9 600	38 400
4	$\frac{2}{1+2+3+4+5}$	2/15	48 000	6 400	44 800
5	$\frac{1}{1+2+3+4+5}$	1/15	48 000	3 200	48 000

双倍余额递减法和年数总和法都属于加速折旧法。采用加速折旧法，主要是考虑到固定资产在使用过程中，使用效率或收益能力逐年下降，而修理费用要逐年增加。按照权责发生制及收入与费用相互配比的原则，为了均衡固定资产在使用年限内各年的使用费，固定资产在使用前期所提的折旧额应大于其后期所提的折旧额。与直线折旧法相比，采用加速折旧法可以加快折旧计提的速度，使固定资产成本在预计使用年限中加快得到补偿，从而尽快收回固定资产原始投资的大部分；收回的资金又可以尽快运用于新的技术和设备，以增强企业的竞争能力。从资金时间价值角度看，早收回的资金比晚收回的资金价值高，

可以推迟一部分税收的缴纳期限，可以避免无形损耗带来的风险和意外事故提前报废所造成的损失。

企业应当根据固定资产的性质和消耗方式，合理地确定固定资产的预计使用年限和预计净残值，并根据科技发展、环境及其他因素，选择合理的固定资产折旧方法。折旧方法一经确定，不得随意变更。如需变更，应当在财务报表附注中予以说明。

五、固定资产后续支出的确定

固定资产取得后，在其使用期间还可能发生一些后续支出，如增添、更换、改建和扩建、改良、修理等支出。

对于固定资产在使用过程中的后续支出，在会计上的主要问题是辨认支出的性质，确定支出的归属，即划分收益性支出和资本性支出。

与固定资产有关的后续支出，如果使可能流入企业的经济利益超过了原先的估计，如延长了固定资产的使用寿命，或者使产品质量实质性提高，或者使产品成本实质性降低，则应当计入固定资产账面价值，其增计金额不应超过该固定资产的可收回金额；否则，应当在支出发生时确认为当期费用。

二维码8-4

固定资产的计价

案例八评析

计提坏账准备体现了谨慎性会计原则，目的是让资产价值尽量接近真实价值。A公司在B公司注销之后未及时计提坏账准备，从而操纵公司利润，违反了企业会计准则的规定。B公司注销后，A公司300万元的应收账款已经不能真实反映企业债权，需要对估计无法收回的债权计提坏账准备。A公司应在B公司注销当期计提应收账款的坏账准备。

练习题

一、单项选择题

1.坏账损失是指（　　）。

A.确实无法收回的应收账款　　B.营业外收入

C.营业外支出　　D.无法支付的应付款项

2.采用备抵法时，企业对于无法收回的应收账款应借记的会计账户是（　　）。

A.“财务费用”　　B.“营业外支出”

C.“待处理财产损溢”　　D.“坏账准备”

3.某企业2019年年初的应收账款余额为0，年末应收账款余额为2 000 000元；2020年确认坏账损失30 000元，年末应收账款余额为3 000 000元；2021年收回已转销的坏账20 000元，年末应收账款余额为3 500 000元。坏账准备提取比例为5‰，则该企业3年内计提坏账准备而记入“信用减值损失”账户的金额累计为（　　）元。

A.47 500　　B.22 500　　C.27 500　　D.40 000

4.存货计价采用成本与可变现净值孰低法，体现的会计核算的一般原则是（　　）。

A.历史成本原则　　B.配比原则

C.谨慎性原则　　D.客观性原则

5.某工业企业采用加权平均法计算发出材料的实际成本。该企业2021年1月1日甲材料的结存数量为200吨，账面实际成本为40 000元；1月4日购进该材料300吨，单价为180元/吨；1月10日发出材料400吨；1月15日购进材料500吨，单价为200元/吨；1月19日发出材料300吨；1月27日发出材料100

吨。2021年1月31日，该材料的实际账面金额为（　　）元。

A.39 600　　B.38 800　　C.39 800　　D.19 000

6.下列固定资产折旧方法，初期不需要考虑固定资产净残值的方法是（　　）。

A.工作量法　　B.平均年限法

C.双倍余额递减法　　D.年数总和法

7.某固定资产使用年限为5年，在采用年数总和法计提折旧的情况下，第1年的折旧率为（　　）。

A.20%　　B.33%　　C.40%　　D.50%

8.某固定资产原值为250 000元，预计净残值6 000元，预计可以使用8年，按照双倍余额递减法计算，第2年应提取的折旧为（　　）元。

A.46 875　　B.45 750　　C.61 000　　D.30 500

9.一台机器设备原值80 000元，估计净残值8 000元，预计可使用12年，按直线法计提折旧，则第2年应计提的折旧为（　　）元。

A.6 600　　B.6 000　　C.7 000　　D.8 000

10.凡为形成生产经营能力、在以后各期取得收益而发生的各种支出，即支出的效益与几个会计年度相关的，应作为（　　）。

A.收益性支出　　B.资本性支出　　C.营业性支出　　D.营业外支出

二、多项选择题

1.坏账是指企业无法收回的（　　）。

A.预收账款　　B.应收账款　　C.其他应收款　　D.对外投资

2.处理坏账损失的方法有（　　）。

A.备抵法　　B.实地盘存法　　C.加权平均法　　D.直接转销法

3.坏账核算的直接转销法的缺点有（　　）。

A.不符合权责发生制　　B.虚增利润

C.虚增应收账款实际可变现金额　　D.核算程序复杂

4.采用备抵法核算坏账时，可采用下列方法中的（　　）估计坏账损失。

A.直接核销法　　B.销货百分比法

C.账龄分析法　　D.应收款项余额百分比法

5.期末存货计价过高，可能会引起（　　）。

A.当期利润增加　　B.当期利润减少

C.当期所有者权益增加　　D.期末资产增加

6.期末通过比较，发现存货的成本高于可变现净值，则可能的原因有（　　）。

A.按差额首次计提存货跌价准备　　B.按差额补提存货跌价准备

C.冲减存货跌价准备　　D.不进行账务处理

7.能使企业在较短时间内收回大部分固定资产投资的折旧方法是（　　）。

A.平均年限法　　B.双倍余额递减法

C.工作量法　　D.年数总和法

8.企业计算固定资产折旧的主要依据有（　　）。

A.固定资产的使用年限　　B.固定资产的原值

C.固定资产的净残值　　D.固定资产的使用部门

9.下列不属于加速折旧法的是（　　）。

A.平均年限法　　B.工作量法

C.双倍余额递减法　　D.年数总和法

10.按照《企业会计准则》的规定，企业可以采用的固定资产折旧方法有（　　）。

A. 工作量法　　B. 平均年限法　　C. 年数总和法　　D. 双倍余额递减法

三、判断题

1. 企业计提坏账准备的方法由企业自行确定，但是坏账准备计提方法一经确定，不得随意变更。如需变更，应在财务报表附注中予以说明。（　）

2. “材料成本差异”账户借方登记结转入库材料的节约差异。（　）

3. 企业原材料无论是按实际成本计价还是按计划成本计价核算，其计入生产成本的原材料成本最终均为所耗用材料的实际成本。（　）

4. 在总体上采用计划成本进行材料日常计价核算的企业，对每一类材料，都必须按计划成本进行核算。（　）

5. 存货发出的计价方法不同，在期末资产负债表中反映的“存货”项目的金额不同，企业当期计算出的利润也可能不同。（　）

6. 采用先进先出法，在物价上涨时，会过低估计企业的当期利润和库存存货价值。（　）

7. 加速折旧法与平均年限法相比，会缩短固定资产使用寿命，减少折旧金额。（　）

8. 固定资产折旧方法的选用应当遵循一贯性原则。（　）

9. 实行双倍余额递减法计提折旧的固定资产，应当在该固定资产折旧年限到期前两年内，将该固定资产净值（扣除净残值）平均摊销。（　）

10. 固定资产计提减值准备后，需要调整原已计提的折旧额。（　）

四、简答题

1. 什么是资产计价？它包括哪些主要内容？

2. 应收账款减值准备计提有哪几种基本方法？其各自特点是什么？

3. 什么是存货？它主要包括哪些内容？

4. 计算固定资产折旧时，应当考虑哪几个基本因素？

5. 财政部、国家税务总局发布的《关于扩大固定资产加速折旧优惠政策适用范围的公告》，自2019年1月1日起将固定资产加速折旧优惠的行业范围扩大至全部制造业领域。这项政策的实施将对企业产生什么影响？

五、业务题

1. 新丰公司按照应收账款余额的3%提取坏账准备。该公司第1年年末的应收账款余额为100 000元；第2年发生坏账6 000元，其中甲企业1 000元，乙企业5 000元，年末应收款余额为1 200 000元；第3年，已冲销的上年乙企业的应收账款5 000元又收回，期末应收账款余额为1 300 000元。假设第1年年初的应收账款余额为0。

要求：根据上述材料，计算企业每年提取的坏账准备，并编制有关会计分录。

2. 华丰公司2021年10月K产品的购销情况如下：

①期初结存200件，单价5元/件。

②4日销售140件。

③5日购进80件，单价5.50元/件。

④15日销售90件。

⑤22日购进60件，单价6元/件。

⑥24日销售10件。

⑦期末结存100件。

要求：分别按加权平均法、先进先出法计算该商品的期末存货成本和本月销货成本。

3. 华东公司“累计折旧”账户的月初余额为200 000元，月末余额为204 000元。月内固定资产没有增加和减少。假定该公司采用的固定资产年折旧率为6%，预计净残值为0。

要求：计算华东公司月末固定资产原值和净值。

4.东兴公司一项固定资产的原价为20 000元，预计使用年限为5年，预计净残值200元。假设：

（1）公司按双倍余额递减法计算年折旧额。

（2）公司按年数总和法计算年折旧额。

要求：分别计算两种方法下的各年折旧额。

二维码8-5

练习题参考答案

第九章　财务会计报告

【案例九】
第一节　财务会计报告概述
第二节　资产负债表
第三节　利润表
第四节　现金流量表
第五节　所有者权益变动表
第六节　财务报表附注
【案例九评析】
【练习题】

会计学原理

Principles of Accounting

第九章　财务会计报告

▶【学习目标】

- 了解财务会计报告的作用及相关概念；
- 掌握资产负债表的结构和编制方法；
- 掌握利润表的结构和编制方法；
- 了解现金流量表的作用和基本内容；
- 了解所有者权益变动表的作用和基本内容；
- 了解财务报表附注的作用和基本内容。

▶【本章重点】

- 资产负债表、利润表的内容和编制方法。

▶【本章难点】

- 财务报表的作用和编制方法。

案例九

2020年1月31日，做空机构浑水公司声称，收到了一份长达89页的匿名做空报告，直指瑞幸咖啡财务数据造假。2020年4月，瑞幸咖啡自曝公司从2019年第二季度起从事某些不当行为，伪造交易相关的销售额约为22亿元，这导致瑞幸咖啡盘前跌幅超80%，每股由26.2美元降至每股4.6美元以下，盘中数次暂停交易。两个月后，瑞幸咖啡在美闪电退市。

2020年9月，中国证券监督管理委员会针对瑞幸咖啡的虚假宣传行为，对包括两家瑞幸相关公司做出上限200万元的罚款决定。2020年12月，瑞幸咖啡同意支付1.8亿美元罚金，与美国证券交易委员会（SEC）达成和解。

你如何看待本次瑞幸咖啡造假事件？财务报表有什么作用？企业应该在什么时间，通过什么方式和渠道披露会计信息？作为一家上市企业的管理层和财务工作者，应该具备哪些会计职业道德修养，又可以通过哪些机制来改善或者提升我们的专业素质价值观？

第一节　财务会计报告概述

一、财务会计报告的作用

企业的经济活动，通过取得原始凭证、编制记账凭证、登记账簿的程序，进行确认和计量。这一过程是通过会计核算方法中的前几项会计方法共同完成的，包括设置会计账户、进行复式记账、填制和审核会计凭证、登记账簿、成本计算、资产计价和财产清查。这些方法的运用，使零星、繁杂的经济信息转换为分类汇总反映经济活动的会计信息。然而，会计核算的目标不是简单的分类反映，而是帮助会计信息使用者了解、分析、评判、预测会计主体的活动，提高企业的经营管理水平。仅依靠账簿中这些丰富但又零散的分类信息，不能形成对企业全局的整体认识，要参与企业的经营管理活动是很难的，还需要对账簿中的会计信息进行进一步的加工整理，按照一定的方法和体系，集中地、概括地以文字形式表达会计信息，帮助信息使用者全面地了解企业。编制财务会计报告，才能圆满完成一整套企业经济信息的处理程序，满足企业各利益相关者的需要。

编制财务会计报告是会计核算的最后一道程序，是会计工作的重要组成部分，是向各方提供会计信息的重要媒介。企业的财务会计报告，是以会计账簿资料为主要依据，以货币为主要计量单位，全面、总括地反映会计主体在一定时期内的财务状况、经营成果及现金流量的书面文件。

财务会计报告的具体作用主要表现在：

（一）满足投资者进行投资决策时对信息的需要

企业的投资者来自国家、法人单位、社会公众和外商，还有潜在的投资者，他们关心资本的投向和投资风险，投资后又关注投资报酬的大小。财务会计报告可以为潜在投资者提供了解企业经营活动情况的资料，也可以向企业的投资者提供企业经营成果及支付报酬等方面的有效信息，以帮助投资者进行正确的投资决策。

（二）满足企业债权人了解企业偿债能力的需要

企业的营运资金中很大一部分是由债权人提供的。这些债权人包括银行、其他金融机构等融资部门，还有企业债券的购买者、商品和劳务交易中的债权人。他们关注企业的经营情况，需要财务会计报告提供企业的经营能力、资产变现能力和偿债能力的信息，从而做出信贷和赊销的正确决策。

（三）满足国内外合作经营的需要

改革开放发展了外向型企业，给企业在国内外的联合发展提供了良机，国内外有合资、合作意向的法人主体都在寻求有利的合作者，都需要通过财务会计报告的信息增进彼此的了解。我国企业会计准则已经与国际会计准则趋同，这无疑给中国企业的跨国发展提供了基础，具备了向合资各方提供有价值的经济资料的条件。

（四）满足企业管理者和职工实施日常管理活动对信息的需要

财务会计报告是提纲挈领的数据，全面揭示了企业的资金运营、经营成果和现金流动情况，帮助管理者分析经济运行中的薄弱环节，为管理者总结经验，不断优化资本结构，最大化地利用经济资源，提高经营管理水平提供了数据资料。

企业的职工与企业的前途休戚相关，职工关注企业的收入和利润稳步增长，需要利用财务会计报告提供的资料参与管理，为企业的发展出谋划策。

（五）满足政府管理部门对会计信息的需要

财政、市场监管、税务、审计等行政管理部门是有权代表国家实施宏观管理的职能部门。它们需要通过财务会计报告提供的资料，了解企业的资金运动、费用支出和成本的形成、利润分配及税收的解缴、各项法律法规在企业的执行情况，以便实施国家的宏观管理。

二、财务会计报告的内容

财务会计报告是企业正式对外揭示或表述财务信息的总结性书面文件，由财务报表、财务报表附注和财务情况说明书组成。在市场经济中，由于所有权与经营权分离，企业必须面向市场进行筹资、投资和经营活动，这在客观上要求企业向市场披露信息，以便帮助现在和潜在的投资者、债权人和其他信息使用者对投资、信贷等做出正确的决策，并向国家提供宏观调控所需要的基本数据。在企业对外披露的财务信息中，有些是通过财务会计报告提供的，另一些则是通过其他报表提供的。一般来说，财务报表是财务会计报告的核心，企业对外提供的主要财务信息都应纳入财务报表。财务报表应当提供以下信息：

第一，企业的经济资源信息，即资源上的权利信息以及引起资源和资源权利变动的各种交易、事项的信息。

第二，企业在报告期内的经营绩效，即企业在经营活动中引起的资产、负债和所有者权益的变动及其结果的信息。

第三，企业现金流动的信息。企业过去、现在和未来的现金流动（尤其是净现金流动）是企业在经济上有无活力、在财务上有无弹性、在未来发展上有无后劲的重要标志。会计信息的外部使用者特别关注企业到期债务的利息与本金能否有足够的现金偿还，应付股利能否用现金分派，以及影响企业变现能力或偿债能力的其他信息。

第四，反映企业管理层向资源提供者报告如何利用受托使用的资源，进行资源的保值、增值活动，并履行法律与合同规定的其他义务等有关受托责任的信息。

第五，根据社会经济的发展，逐渐扩展财务会计报告的内容，包括非财务信息和未来信息，如企业未来经营预测和社会责任的履行情况。

三、财务会计报告披露方式

财务会计报告不仅包括主要财务报表，还包括和企业会计信息有关的其他报告。在我国，财务会计报告应当包括财务报表、财务报表附注、财务情况说明书。按有关法律、行政法规的规定，财务会计报告须经注册会计师审计的，注册会计师及其所在的会计师事务所出具的审计报告应当随同财务会计报告一并提供。上市公司还应当依据《上市公司信息披露管理办法》的要求，披露其他必要的信息。财务报表是财务会计报告的核心组成部分，主要提供财务信息，其他报告提供辅助信息，且不限于财务信息。

（一）财务报表

财务报表是根据企业会计准则，以表格形式概括反映企业财务状况、现金流动、经营绩效及所有者权益变动的书面文件。《企业会计准则第30号——财务报表列报》规定，财务报表是对企业财务状况、经营成果和现金流量的结构性表述。财务报表至少应当包括资产负债表、利润表、现金流量表、所有者权益（或股东权益）变动表和附注。其中，资产负债表、利润表、现金流量表和所有者权益（或股东权益）变动表属于基本财务报表，而附注是对基本财务报表的信息进行进一步的说明、补充或解释，以便帮助使用者理解和使用报表信息。在会计实务中，财务报表附注可采用附表和底注等形式。

（二）其他报告

其他报告的编制基础与方式可以不受会计准则的约束，而以灵活多样的形式提供各种相关的信息，包括定性信息和非会计信息。其他报告作为财务报表的辅助报告，提供的信息内容十分广泛。这种报告既包括货币性和定量信息，又包括非货币性和定性信息；既包括历史性信息，又包括预测性信息。其他报告的内容主要包括管理层的分析与讨论预测报告、内部控制报告和社会责任报告等。

四、财务报表的分类

财务报表可按不同的标准分为以下几类：

（一）按照报表反映的内容，分为动态报表和静态报表

动态报表是指反映企业在一定时期内资金耗费和资金收回的报表，如利润表是反映企业一定时期内经营成果的报表；静态报表是指综合反映企业在某一时点资产、负债和所有者权益的报表，如资产负债表是反映在资产负债表日企业资产总额和权益总额的报表，从企业资产总量方面反映企业的财务状况，进而反映企业资产的变现能力和偿债能力。

（二）按照报表的编报时间，分为中期报表和年度报表

年度报表以一个完整的会计年度为基础，反映企业在一个会计年度内的各类会计信息。中期财务报表是以中期（短于一个完整会计年度的报告期间）为基础编制的财务报表，包括月报、季报和半年报（上市公司）。其中，月报要求简明扼要、及时反映；年报要求披露完整、反映全面；季报在财务信息的详细程度方面，介于月报和年报之间。

（三）按照报表的编制基础，分为个别报表和合并报表

个别报表一般根据账簿记录进行加工后编制，以反映个别企业的财务状况和经营成果；合并报表是由母公司编制的，在母公司和子公司个别报表的基础上，对企业集团内部交易进行相互抵消后编制的财务报表，以反映企业集团综合的财务状况和经营成果。

五、财务报表的编制要求

为了使财务报表反映信息的时间和口径一致、信息相关、编制方法相同、方便汇总，财政部门统一制定了主要报表的种类、格式、内容和编制方法，有利于对财务报表的理解和使用。为了保证财务报表的质量，企业编制财务报表时必须遵守以下要求：

（一）内容完整

内容完整，是指编制的报表种类齐全、数据全面、充分反映、主次分明。编制单位必须按照财政部门的统一规定编报财务报表，主表、附表填列项目要齐全，反映充分，不得漏报。所使用的会计原则、会计方法、项目分类的改变及其影响，都必须予以说明。对会计信息使用者进行决策有重要影响的项目，必须根据重要性原则在报表中单独反映，重点揭示，并力求精确，次要会计事项，可在报表中合并反映。

（二）数字真实

数字真实是指编报财务报表必须遵循客观性原则，所填列的数据客观、真实，能够准确地反映企业的财务状况和经营成果。会计信息只有真实、可靠才有用，有用才能增加使用价值。编报财务报表时，必须在账证、账账、账实一致的基础上进行，做到数据真实、

准确，不弄虚作假，不伪造篡改，并注意账表衔接。

（三）正确及时

财务报表列示的指标，必须符合财政部门规定的口径，不得任意增加或删减。只有使用的计算公式和会计方法正确、一致，才能使统计和汇总数据有价值。报送财务报表讲求时效，为此，必须及时记账、对账和结账，使财务报表的使用者能够及时利用信息资料。

（四）信息具有相关性

财务会计的目标是提供有助于会计信息使用者进行决策的信息。因此，相关性也是编制财务报表的基本要求。从财务报表的内容选择、指标体系设置到项目分类和排列顺序等都应当考虑使用者的决策需要。相关性还要求报表所反映的内容要充分、完整，企业应将当期发生的交易与事项全部确认并通过报表披露。报表应填列的指标，包括附注和补充资料都必须填列齐全、不得漏列，总之就是要充分披露（揭示）会计信息。

（五）列报基础为持续经营

企业应当以持续经营为基础，根据实际发生的交易和事项，按照《企业会计准则——基本准则》和其他各项会计准则的规定进行确认和计量，并在此基础上编制财务报表。企业管理层应当评价企业的持续经营能力。对持续经营能力产生重大怀疑的，应当在附注中披露导致对持续经营能力产生重大怀疑的影响因素。企业正式决定或被迫在当期或将在下一个会计期间进行清算或停止营业的，表明其处于非持续经营状态，应当采用其他基础编制财务报表，在附注中声明财务报表未以持续经营为基础列报，并披露未以持续经营为基础列报的原因以及财务报表的编制基础。

（六）权责发生制

除现金流量表按照收付实现制编制外，财务报表应当按照权责发生制编制。在采用权责发生制的情况下，当项目符合基本准则中财务报表要素的定义和确认标准时，企业就应当确认相应的资产、负债、所有者权益、收入和费用，并在财务报表中加以反映。

（七）列报的一致性

可比性是会计信息质量的要求，目的是使同一企业不同期间和同一期间不同企业的财务报表相互可比。财务报表项目的列报应当在各个会计期间保持一致，不得随意变更。这一要求不仅针对财务报表中的项目名称，还包括财务报表项目的分类、排列顺序等方面。

（八）重要性的判断

重要性，是指财务报表某项目的省略或错报会影响使用者据此做出经济决策。重要性应当根据企业所处的环境，从项目的性质和金额大小两方面加以判断。判断项目性质的重要性，应当考虑项目是否属于企业日常活动，是否对企业的财务状况和经营成果具有较大影响等；判断项目金额大小的重要性，应当通过单项金额占资产总额、负债总额、所有者权益总额、营业收入总额、营业成本总额和净利润等相关项目金额的比重加以确定。

对于性质或功能不同的项目，应当在财务报表中单独列报，但不具有重要性的项目除外；性质或功能类似的项目，其所属类别具有重要性的，应当按其类别在财务报表中单独列报。例如，对于货币资金项目和存货项目，无论性质还是功能都是根本不相同的，就应当在资产负债表中分项目单独列示。存货项目是由很多具体项目组成的，包括原材料、包装物、库存商品等，这些具体项目的性质或功能是类似的。虽然其中的某一个项目可能并不重要，但是作为一个整体类别来看，存货项目是重要的，如果不单独列报，则有可能误导财务报表使用者。因此，通常应将各种原材料、包装物、库存商品等合并为存货项目一并在资产负债表中列报。

（九）正常营业周期

在财务报表列报时，应正确确定在判断流动资产、流动负债时所称的一个正常营业周期。一个正常营业周期通常是指企业从购买用于加工的资产起至实现现金或现金等价物的期间。正常营业周期通常短于1年，但是也存在正常营业周期长于1年的情况，如飞机、船舶制造企业生产的对外出售的飞机、船只等。它们往往超过1年才能出售、变现，但仍应将其划分为流动资产。正常营业周期不能确定时，应当将1年（12个月）作为一个正常营业周期。

（十）比较信息的列报

企业在列报当期财务报表时，至少应当提供所有列报项目上一个可比会计期间的比较数据，以及与理解当期财务报表相关的说明，目的是向报表使用者提供对比数据，提高信息在会计期间的可比性。

六、财务报表的编制程序

为了保证财务报表的质量，使报表资料真实可靠，编制财务报表时应按科学的程序进行。其一般程序是：

（一）清查财产

清查财产，是编制财务报表的一项重要准备工作。在编制财务报表之前，必须按照会计制度的规定，对单位的各项财产物资进行清查盘点。盘点时要编制盘点表，并与账簿记录核对，做到账实相符。如果发现账实不符或账账不符的情况，应及时查明原因，并按规定的方法进行处理或更正。

（二）整理和调整会计记录

会计期末，要对日常会计核算资料进行综合试算，并按权责发生制调整会计记录，如费用的摊销、折旧的提取、应交税费的计算等各种期末调整业务。

（三）核对账目

为了确保账簿记录的正确性，在结账之前，对账簿之间的有关指标应核对相符。总分类账的各账户余额同有关日记账和明细账的余额应该核对相符。会计账簿记录应与有关实物使用部门的保管记录核对相符。此外，本单位与其他单位的往来账款应核对相符。

（四）进行试算平衡

运用借贷原理，来测验各种账户借贷数额是否平衡，通过编制“总分类账户发生额和余额对照表”“明细分类账户发生额及余额对照表”进行，或者是通过编制“工作底稿”进行。“工作底稿”的一般格式见表9-1。

表9-1　　工作底稿

编制单位：　　年　月　日　　单位：元

账户名称（会计科目）	调整前的期末余额		调整		调整后的期末余额		利润表		资产负债表	
	借方	贷方	借方	贷方	借方	贷方	借方	贷方	借方	贷方

表9-1所示的“工作底稿”为十栏式，其中有五大专栏，每栏又各有借、贷两栏，共为十栏。

十栏式“工作底稿”的编制方法是：

（1）将总分类账簿中各账户的余额填入调整前的期末余额栏；将总分类账簿中有余额的各账户的名称依次填入会计科目栏，并将各科目的余额分别填入借方或贷方；然后加计借方和贷方金额总数，确定借贷两方总额相等后，才可进行下一步骤。

（2）将调整分录填入调整栏。为了便于查找，将调整分录填入调整栏时，应注明经济业务序号。调整完毕，分别加计调整栏借方、贷方总额并确定是否平衡。

（3）将各账户调整后的期末余额（调整前与调整两栏合并）填入调整后的期末余额栏，并确定借贷是否平衡。

（4）将调整后的期末余额栏各账户的余额，依其性质，分别填入利润表和资产负债表栏。

（5）完成利润表栏和资产负债表栏的计算，为编制正式的财务报表提供底稿。

（五）结账

经过对会计记录进行试算平衡后，对各个账户进行结账，计算各账户的借方发生额、贷方发生额及余额。

二维码9-1

财务会计报告的含义和编制要求

（六）编表

结账以后，依据账簿记录编制财务报表。在编制财务报表时，应按规范的报表格式和内容，严格认真地填写。

第二节　资产负债表

一、资产负债表的含义和作用

资产负债表是反映企业在某一特定日期财务状况的财务报表，即反映了某一特定日期关于企业资产、负债、所有者权益及其相互关系的信息。它是一张揭示企业在特定时点上财务状况的静态报表。资产负债表的作用主要表现在以下方面：

（1）通过资产负债表反映的信息，可以了解企业所拥有的各种经济资源及其分布形态，分析资产的结构是否合理，从而改善并提高资产的利用效率。

（2）帮助了解企业资金的营运能力，促进企业优化资本结构，合理有效地使用各种资金，加速资金周转，提高经济效益。

（3）了解企业的财务实力、短期偿债能力和长期偿债能力的强弱，提高企业举债经营的效益，防范或控制财务风险。

（4）通过对各期资产负债表的比较分析，揭示企业的发展趋势，为企业的债权人和投资者做出正确决策提供有价值的信息。

二、资产负债表的结构

资产负债表按各项目在表中的排列方法不同，形成了不同的资产负债表格式。由于企业各异，资产负债表项目排列及采用的结构也会有所区别，但不论采用何种格式，资产负债表都应标明本表的名称、编表企业的名称、资产负债表日和货币计量单位等。通常有下列格式的资产负债表：

（一）报告式资产负债表

报告式资产负债表将资产、负债、所有者权益项目采用垂直分列的形式呈现，有两种形式：（1）依照“资产=权益”的等式；（2）依照“资产-负债=所有者权益”的等式。报告式资产负债表的格式分别见表9-2和表9-3。

表9-2　　报告式资产负债表（1）

资产	
⋮	
资产合计	
权益	
	负债
	⋮
	负债合计
	所有者权益
	⋮
	所有者权益合计
权益合计	

表9-3　　报告式资产负债表（2）

资产
⋮
资产合计
负债
⋮
负债合计
所有者权益
⋮
所有者权益合计

报告式资产负债表的优点在于便于编制比较资产负债表，即在一张报表中，除列出本期的财务状况外，还可增设几个栏目，分别列示过去几期的财务状况。其缺点是资产和权益间的恒等关系并不一目了然。

（二）账户式资产负债表

资产负债表分为左右两方，成“T”形账户式结构，左边反映企业拥有的全部资产，右边反映负债和所有者权益，体现了“资产=负债+所有者权益”这一会计等式，即全部资产总额等于负债加所有者权益总额，其格式见表9-4。

表9-4　账户式资产负债表

左边　右边

资产	负债及所有者权益
资产 ⋮ ⋮	负债 ⋮ 负债合计 所有者权益 ⋮ 所有者权益合计
资产合计	负债及所有者权益合计

账户式资产负债表的优、缺点与报告式资产负债表正好相反。资产和权益间的恒等关系一目了然，但要编制比较资产负债表时需做些旁注，相对比较困难。

（三）我国企业资产负债表格式

《企业会计准则第30号——财务报表列报》规定，资产负债表采用账户式结构，分左、右两部分。左边列示资产，右边列示负债和所有者权益。从整体上体现了“资产=负债+所有者权益”的会计等式。资产和负债各项目均按其流动性顺序依次排列。所有者权益类项目应当按照实收资本（或股本）、资本公积、其他综合收益、盈余公积、未分配利润等项目分项列示。采用对比式（对照式）填列，即各项目均应对比填列“期末余额”和“上年年末余额”。这样做，既有利于进行纵向的对比分析，又有利于考察各项目在本期的增减变动情况，便于年末编制现金流量表时获得必要的数据。我国已执行新金融工具准则、新收入准则和新租赁准则的企业，资产负债表的格式见表9-5。

三、资产负债表项目的分类与排列顺序

在编制资产负债表时，应当依照财务报表的目的，按照一定的标准对资产、负债和所有者权益项目进行再分类，以便充分披露重要信息。我国对资产负债表项目按照流动性分类，资产分为流动资产和非流动资产；负债分为流动负债和非流动负债；所有者权益分为投入资本和留存收益。

（1）流动资产。资产满足下列条件之一的，应当归类为流动资产：

①预计在一个正常营业周期中变现、出售或耗用。如果正常营业周期不能确定时，应当以1年作为划分流动资产的标准。

表 9-5 资产负债表 会企 01 表

编制单位：__________ _____年____月_____日 单位：元

资产	期末余额	上年年末余额	负债和所有者权益（或股东权益）	期末余额	上年年末余额
流动资产：			流动负债：		
货币资金			短期借款		
交易性金融资产			交易性金融负债		
衍生金融资产			衍生金融负债		
应收票据			应付票据		
应收账款			应付账款		
应收款项融资			预收款项		
预付款项			合同负债		
其他应收款			应付职工薪酬		
存货			应交税费		
合同资产			其他应付款		
持有待售资产			持有待售负债		
一年内到期的非流动资产			一年内到期的非流动负债		
其他流动资产			其他流动负债		
流动资产合计			流动负债合计		
非流动资产：			非流动负债：		
债权投资			长期借款		
其他债权投资			应付债券		
长期应收款			其中：优先股		
长期股权投资			永续债		
其他权益工具投资			租赁负债		
其他非流动金融资产			长期应付款		
投资性房地产			预计负债		
固定资产			递延收益		
在建工程			递延所得税负债		
生产性生物资产			其他非流动负债		
油气资产			非流动负债合计		
使用权资产			负债合计		
无形资产			所有者权益（或股东权益）：		
开发支出			实收资本（或股本）		
商誉			其他权益工具		
长期待摊费用			其中：优先股		
递延所得税资产			永续债		
其他非流动资产			资本公积		
非流动资产合计			减：库存股		
			其他综合收益		
			专项储备		
			盈余公积		
			未分配利润		
			所有者权益（或股东权益）合计		
资产总计			负债和所有者权益（或股东权益）总计		

②主要为交易目的而持有。企业持有资产的目的是用于交易，而不是自己使用。例如，企业拥有的生产设备属于非流动资产，它主要是用于生产经营，而不是用于出售；而企业持有的存货属于流动资产，其最终目的是出售。

③预计在资产负债表日起1年内（含1年，下同）变现。企业持有的流动资产，通常可以在1年内变为现金。如果企业持有的资产将在超过1年的时间内变现，则应当将其划分为非流动资产。

④自资产负债表日起1年内，交换其他资产或清偿负债的能力不受限制的现金或现金等价物。

流动资产可以进一步划分为不同的明细项目，主要包括货币资金、交易性金融资产、应收票据、应收账款、预付款项、其他应收款、存货和其他流动资产。

（2）非流动资产。非流动资产是指流动资产以外的资产。资产预计不能在一个正常营业周期中变现、出售或耗用，持有资产的主要目的不是交易，预计在资产负债表日起1年内不能变现，或者自资产负债表日起1年内，交换其他资产或清偿负债的能力受到限制的现金或现金等价物，这些资产都应当归类为非流动资产。例如，企业持有的固定资产和无形资产等的主要目的不是交易，而是在经营过程中长期使用，一般不可能自资产负债表日起1年内（含1年）变现。

在资产负债表中，非流动资产应按其性质分类列示。企业的非流动资产通常包括长期应收款、长期股权投资、投资性房地产、固定资产、在建工程、递延所得税资产和其他非流动资产。

（3）流动负债。流动负债的定义与流动资产的定义相对应。流动负债是可合理地预计，需要动用流动资产，或者用其他流动负债加以清偿的短期负债。负债满足下列条件之一的，应当归类为流动负债：

①预计在一个正常营业周期中清偿。例如，对于应付账款等经营性项目，属于企业正常经营周期中使用的营运资金的一部分，通常应当在1年内清偿，但有时也可能在资产负债表日后超过1年才清偿，对此也应将其划分为流动负债。正常营业周期不能确定时，应当以1年（含1年）作为划分流动负债的标准。

②主要为交易目的而持有。例如“交易性金融负债”，主要为交易目的而持有。

③在资产负债表日起1年内到期应予以清偿。企业持有的流动负债，通常应当在1年内清偿。例如，企业持有的短期借款，通常应当在不超过1年的时间内偿还；企业持有的应付票据，最长不超过6个月清偿。

④企业无权自主地将清偿义务推迟至资产负债表日后1年以上。如果企业可以自主地将清偿义务推迟至资产负债表日后1年以上，则该项负债应该属于非流动负债。企业对其承担的流动负债，一般无权自主地将清偿义务推迟至资产负债表日后1年以上，如短期借款、应付票据、应付账款、应付职工薪酬、应交税费等。

在资产负债表中，流动负债可以进一步划分为不同的明细项目，流动负债包括短期借款、应付票据、应付账款、预收款项、应付职工薪酬、应交税费、其他应付款和其他流动负债。

（4）非流动负债。非流动负债是与流动负债相对应的概念，流动负债以外的负债应当归类为非流动负债。当企业承担的某一项负债，预计不能在一个正常营业周期中清偿，或者主要不是为交易目的而持有，或者不能在资产负债表日起1年内到期并予以清偿，或者企业有权自主地将清偿义务推迟至资产负债表日后1年以上，这样的负债应当划分为非流动负债。

在资产负债表中，非流动负债按其性质分类列示，主要包括长期借款、应付债券、长期应付款、预计负债、递延所得税负债和其他非流动负债。

(5) 所有者权益。所有者权益是指企业资产扣除负债后由所有者享有的剩余权益。公司的所有者权益也称为股东权益。从金额上看，所有者权益为企业资产总额减去负债总额后的净额。所有者权益按其来源划分，可分为所有者投入的资本、直接计入所有者权益的利得和损失、留存收益。

在资产负债表中，所有者权益也要划分为不同的明细项目，包括实收资本（或股本）、其他权益工具、资本公积、库存股、其他综合收益、盈余公积和未分配利润。

二维码9-2

资产负债表的格式和内容

按流动性分类和排列资产负债表项目的最大优点在于能够较为直接地获得偿债能力的信息，尤其是短期偿债能力的信息。长期以来，报表使用者尤其是债权人最为关心的就是偿债能力信息。偿债能力、资产的流动性和资本结构等已成为企业利益相关者非常关注的重要信息。在资产负债表中，资产项目按照流动性由高至低的顺序排列；负债项目按照负债到期日由近至远的顺序排列。

四、资产负债表的编制方法

由于资产负债表总括反映企业的资产、负债和所有者权益的构成，所以它不能根据各总账账户的余额作简单、重复的反映。一方面，它的项目要比总分类账户更概括；另一方面，有些项目需要按重要性原则突出反映。

在编制资产负债表之前，企业应做好准备工作：首先，要进行财产清查、核对账目，做到账账、账证、账实三相符；其次，要进行账户试算平衡；最后，将上一年度资产负债表各项目的“期末余额”过入本年度资产负债表的“上年年末金额”栏。如果本年度项目或内容与上年不一致，则应对上年各项目及数据进行相应调整，并将调整数填列入本表的“上年年末余额”栏。

（一）一般企业资产负债表的列报方法

根据资产、负债和所有者权益类科目的期末余额填列资产负债表“期末余额”栏，具体包括如下情况：①根据总账账户的余额填列；②根据明细账账户的余额计算填列；③根据总账账户和明细账账户的余额分析计算填列；④根据有关账户余额减去其备抵账户余额后的净额填列；⑤综合运用上述填列方法分析填列。

（二）各项目的内容和“期末余额”的填列方法

下面介绍资产负债表中部分常见项目的填列方法，其他项目填列方法基本相似。

(1)“货币资金”项目，反映企业期末持有的现金、银行存款和其他货币资金等的总额，应当根据“库存现金”、“银行存款”和“其他货币资金”各账户的期末借方余额合计填列。

(2)“交易性金融资产”项目，反映资产负债表日企业分类为以公允价值计量且其变动计入当期损益的金融资产，以及企业持有的指定为以公允价值计量且其变动计入当期损益的金融资产的期末账面价值。该项目应根据“交易性金融资产”科目的相关明细科目的期末余额分析填列。自资产负债表日起超过一年到期且预期持有超过一年的以公允价值计量且其变动计入当期损益的非流动金融资产的期末账面价值，在“其他非流动金融资产”项目内反映。

（3）“应收票据”项目，反映资产负债表日以摊余成本计量的、企业因销售商品、提供劳务等收到的商业汇票，包括银行承兑汇票和商业承兑汇票。本项目应根据“应收票据”科目的期末余额，减去“坏账准备”科目中相关坏账准备期末余额后的金额分析填列。

（4）“应收账款”项目，反映资产负债表日以摊余成本计量的、企业因销售商品、提供劳务等经营活动应收取的款项。本项目应根据“应收账款”科目的期末余额，减去“坏账准备”科目中相关坏账准备期末余额后的金额分析填列。

（5）“预付款项”项目，反映企业期末持有的按照购货合同的规定预付给供应单位的款项，如“预付账款”科目所属有关明细科目期末有贷方余额，应在“应付账款”项目内反映；如“应付账款”账户所属明细科目有借方余额，也应包括在本项目内。

（6）“其他应收款”项目，应根据“应收利息”、“应收股利”和“其他应收款”科目的期末余额合计数，减去“坏账准备”科目中相关坏账准备期末余额后的金额填列。其中的“应收利息”仅反映相关金融工具已到期可收取但于资产负债表日尚未收到的利息。基于实际利率法计提的金融工具的利息应包含在相应金融工具的账面余额中。

（7）“存货”项目，反映企业期末持有的在库、在途和在加工中的各项存货的实际价值，包括各种材料、库存商品、在产品、半成品等。该项目应当按照各项存货账户的期末余额，扣减已提取的存货跌价准备后的净额填列。

材料采用计划成本核算以及库存商品采用计划成本或售价核算的企业，“存货”项目还应按加上或减去“材料成本差异”“商品进销差价”科目期末余额后的金额填列。

（8）“债权投资”项目，反映资产负债表日企业以摊余成本计量的长期债权投资的期末账面价值。该项目应根据“债权投资”科目的相关明细科目期末余额，减去“债权投资减值准备”科目中相关减值准备的期末余额后的金额分析填列。自资产负债表日起一年内到期的长期债权投资的期末账面价值，在“一年内到期的非流动资产”项目内反映。企业购入的以摊余成本计量的一年内到期的债权投资的期末账面价值，在“其他流动资产”项目内反映。

（9）“其他债权投资”项目，反映资产负债表日企业分类为以公允价值计量且其变动计入其他综合收益的长期债权投资的期末账面价值。该项目应根据“其他债权投资”科目的相关明细科目的期末余额分析填列。自资产负债表日起一年内到期的长期债权投资的期末账面价值，在“一年内到期的非流动资产”项目内反映。企业购入的以公允价值计量且其变动计入其他综合收益的一年内到期的债权投资的期末账面价值，在“其他流动资产”项目内反映。

（10）“长期股权投资”项目，反映企业期末持有的采用成本法和权益法核算的长期股权投资的实际价值。本项目应根据“长期股权投资”账户的期末余额，扣减“长期股权投资减值准备”科目的余额后填列。

（11）“固定资产”项目，反映资产负债表日企业固定资产的期末账面价值和企业尚未清理完毕的固定资产清理净损益。该项目应根据“固定资产”科目的期末余额，减去“累计折旧”和“固定资产减值准备”科目的期末余额后的金额，以及“固定资产清理”科目的期末余额填列。

(12)“在建工程”项目，反映资产负债表日企业尚未达到预定可使用状态的在建工程的期末账面价值和企业为在建工程准备的各种物资的期末账面价值。该项目应根据“在建工程”科目的期末余额，减去“在建工程减值准备”科目的期末余额后的金额，以及“工程物资”科目的期末余额，减去“工程物资减值准备”科目的期末余额后的金额填列。

(13)“无形资产”项目，反映企业期末持有的无形资产成本，具体包括专利权、非专利技术、商标权、著作权和土地使用权等。本项目应根据“无形资产”账户的期末余额，扣减“累计摊销”和“无形资产减值准备”账户的余额后填列。

(14)“其他非流动资产”项目，反映企业除以上资产以外的其他非流动资产。

(15)“短期借款”项目，反映企业向银行或其他金融机构等借入的期限在1年以下(含1年)的各种借款。本项目应根据“短期借款”科目的期末余额填列。

(16)“应付票据”项目，反映资产负债表日以摊余成本计量的、企业因购买材料、商品和接受劳务等开出、承兑的商业汇票，包括银行承兑汇票和商业承兑汇票。本项目应根据“应付票据”科目的期末余额填列。

(17)“应付账款”项目，反映资产负债表日以摊余成本计量的、企业因购买材料、商品和接受劳务等经营活动应支付的款项。本项目应根据“应付账款”和“预付账款”科目所属的相关明细科目的期末贷方余额合计数填列。

(18)“预收款项”项目，反映企业按照合同规定向购货单位预收的款项。本项目应根据“预收账款”账户所属各明细账户的期末贷方余额合计填列。“预收账款”科目所属各明细账户有借方余额的，应在“应收账款”项目内填列；“应收账款”科目所属各明细账户有贷方余额的，也应该包括在本项目内。

(19)“应付职工薪酬”项目，反映企业根据有关规定应付给职工的各种薪酬。本项目应根据“应付职工薪酬”账户的期末余额填列。

(20)“应交税费”项目，反映企业按照税法规定计算应缴纳的各种税费，包括增值税、消费税、所得税、城市维护建设税等。本项目应根据“应交税费”账户的期末余额填列。

(21)“其他应付款”项目，应根据“应付利息”、“应付股利”和“其他应付款”科目的期末余额合计数填列。其中的“应付利息”仅反映相关金融工具已到期应支付但于资产负债表日尚未支付的利息。基于实际利率法计提的金融工具的利息应包含在相应金融工具的账面余额中。

(22)“长期借款”项目，反映企业向银行或其他金融机构借入的期限在1年以上(不含1年)的各项借款。本项目应根据“长期借款”科目的期末余额填列。

(23)“实收资本(或股本)”项目，反映企业接受投资者投入企业的实收资本。本项目应根据“实收资本(或股本)”科目的期末余额填列。

(24)“资本公积”项目，反映企业收到投资者出资额超出其在注册资本或股本中所占份额的部分。本项目应根据“资本公积”科目的期末余额填列。

(25)“其他综合收益”项目，反映企业根据会计准则的规定未在损益中确认的各项利得和损失。本项目应根据“其他综合收益”科目的期末余额填列，与“资本公积”相区分。

（26）“盈余公积”项目，反映企业从净利润中提取的盈余公积的期末余额。本项目应根据“盈余公积”科目的期末余额填列。

（27）“未分配利润”项目，反映企业尚未分配的利润。本项目应根据“利润分配——未分配利润”明细科目的期末余额填列。期末累计未分配利润为负数的，以“-”号填列。

下面举例说明资产负债表的编制方法：华兴公司2021年1月1日和2021年12月31日各个账户余额，见表9-6。

表9-6　华兴公司总账和有关明细账余额　单位：元

总账账户	明细账账户	2021年1月1日		2021年12月31日	
		借方余额	贷方余额	借方余额	贷方余额
库存现金		20 000		3 000	
银行存款		125 000		150 000	
交易性金融资产		25 000		30 000	
应收账款		55 000		64 000	
	A企业	63 000		67 000	
	B企业		8 000		3 000
坏账准备			5 000		6 000
预付账款		28 000		34 000	
	D企业	30 000		35 000	
	E企业		2 000		1 000
原材料		35 000		50 000	
生产成本		2 000			
库存商品		67 000		77 000	
长期股权投资		150 000		170 000	
固定资产		260 000		220 000	
累计折旧			56 000		68 000
无形资产		8 000		5 000	
应付账款			63 000		83 000
	M公司		70 000		90 000
	N企业	7 000		7 000	
预收账款			16 000		18 000
	P公司	4 000		4 000	
	M企业		20 000		22 000
应交税费			25 000		38 000
应付职工薪酬			40 000		35 000
应付利息					9 000
长期借款			115 000		70 000
实收资本			373 000		373 000
盈余公积			4 000		6 000
利润分配			78 000		97 000

根据上述账户资料编制2021年12月31日资产负债表，见表9-7。

表 9-7　　资产负债表　　会企 01 表

编制单位：华兴公司　　2021 年 12 月 31 日　　单位：元

资产	期末余额	上年年末余额	负债和所有者权益（或股东权益）	期末余额	上年年末余额
流动资产：			流动负债：		
货币资金	153 000	145 000	短期借款		
交易性金融资产	30 000	25 000	交易性金融负债		
应收票据			应付票据		
应收账款	65 000	62 000	应付账款	91 000	72 000
预付款项	42 000	37 000	预收款项	25 000	28 000
其他应收款			应付职工薪酬	35 000	40 000
存货	127 000	104 000	应交税费	38 000	25 000
持有待售资产			其他应付款	9 000	
一年内到期的非流动资产			一年内到期的非流动负债		
其他流动资产			其他流动负债		
流动资产合计	417 000	373 000	流动负债合计	198 000	165 000
非流动资产：			非流动负债：		
债权投资			长期借款	70 000	115 000
其他债权投资			其他非流动负债		
长期股权投资	170 000	150 000	非流动负债合计	70 000	115 000
投资性房地产			负债合计	268 000	280 000
固定资产	152 000	204 000	所有者权益（或股东权益）：		
在建工程			实收资本	373 000	373 000
无形资产	5 000	8 000	资本公积		
其他非流动资产			其他综合收益		
非流动资产合计	327 000	362 000	盈余公积	6 000	4 000
			未分配利润	97 000	78 000
			所有者权益（或股东权益）合计	476 000	455 000
资产总计	744 000	735 000	负债和所有者权益（或股东权益）总计	744 000	735 000

二维码 9-3

资产负债表的编制方法

第三节　利润表

一、利润表

（一）利润表的性质及作用

利润表，又称收益表、损益表，是反映企业在一定会计期间的经营成果的财务报表，反映了企业经营业绩的主要来源和构成。利润是企业所得扣除所耗后的剩余，是经济效益的综合体现。企业是不同利益集团的结合体，追求利润是企业经营的主要目的，因而利润表受到投资者、债权人及其他关注企业未来盈利能力的使用者的重视。它的编制基础是

“收入-费用=利润”的会计等式，体现了收入与费用的配比原则。

利润表的内容主要有：企业在一定时期内取得的全部收入；企业在一定时期内发生的全部费用和支出；全部收入与支出配比的结果。通过该表反映的信息，可以从总体上了解企业的收入、成本和利润的构成情况，借以分析企业的盈利能力。利润表的作用表现在：

（1）通过利润表反映的信息，可以了解利润的形成，据以评判企业的经营业绩。

（2）通过利润表反映的信息，可以分析企业利润增减变动的原因，促进企业改善经营管理。

（3）通过利润表反映的信息，可以分析企业资金的营运能力及偿债能力，为债权人进行决策提供重要依据。

（4）通过利润表反映利润的分配情况，预测企业未来的盈利能力和投资报酬率，为投资人分析企业的盈利趋势及获取投资报酬提供决策依据。

（二）利润表的结构

利润表的格式主要有两种：

（1）单步式

这种结构的利润表分别将所有的收入加在一起，所有的支出加在一起，然后一次性计算当期的损益。其格式见表9-8。

表9-8　利润表（单步式）

编制单位：　年　月　单位：元

项目	行次	本月数	本年累计数
一、收入与收益			
营业收入			
其他业务收入			
营业外收入			
投资收益			
收入与收益合计			
二、费用与支出			
营业成本			
税金及附加			
销售费用			
管理费用			
财务费用			
其他业务成本			
营业外支出			
所得税费用			
费用与支出合计			
三、净利润			

按照这种格式编制的利润表比较简单、直观，易于理解。但是，它不能反映营业性收益和非营业性收益对实现利润的影响，也没有揭示收入与费用之间的联系，不便于企业之间进行比较评价。

（2）多步式

多步式利润表的特点是采用上下加减的报表式结构，将利润总额的计算分解为营业利润、利润总额、净利润和每股收益四部分。

多步式利润表将不同性质的收入与其相应的耗费和支出进行比较，分别计算各层次的损益。将营业利润放在突出地位，能有效地分析企业主要经营项目的盈利能力，借以考核各部门的管理绩效，并有利于对前后各期相应项目进行比较。我国已执行新金融工具准则、新收入准则和新租赁准则的企业，利润表格式见表9-9。

表9-9 利润表（多步式） 会企02表

编制单位： ____年度 单位：元

项目	本期金额	上期金额
一、营业收入		
减：营业成本		
税金及附加		
销售费用		
管理费用		
研发费用		
财务费用		
其中：利息费用		
利息收入		
加：其他收益		
投资收益（损失以“-”号填列）		
其中：对联营企业和合营企业的投资收益		
以摊余成本计量的金融资产终止确认收益（损失以“-”号填列）		
净敞口套期收益（损失以“-”号填列）		
公允价值变动收益（损失以“-”号填列）		
信用减值损失		
资产减值损失（损失以“-”号填列）		
资产处置收益（损失以“-”号填列）		
二、营业利润（亏损以“-”号填列）		
加：营业外收入		
减：营业外支出		
三、利润总额（亏损总额以“-”号填列）		
减：所得税费用		
四、净利润（净亏损以“-”号填列）		
（一）持续经营净利润（净亏损以“-”号填列）		
（二）终止经营净利润（净亏损以“-”号填列）		
五、其他综合收益的税后净额		
（一）不能重分类进损益的其他综合收益		
1.重新计量设定受益计划变动额		
2.权益法下不能转损益的其他综合收益		
3.其他权益工具投资公允价值变动		
4.企业自身信用风险公允价值变动		
……		
（二）将重分类进损益的其他综合收益		
1.权益法下可转损益的其他综合收益		
2.其他债权投资公允价值变动		
3.金融资产重分类计入其他综合收益的金额		
4.其他债权投资信用减值准备		
5.现金流量套期储备		
6.外币财务报表折算差额		
……		
六、综合收益总额		
七、每股收益：		
（一）基本每股收益		
（二）稀释每股收益		

表9-9不仅采用多步计算体现了净利润的形成过程，而且列示了“其他综合收益的税后净额”“综合收益总额”项目。这样的利润表也称为“综合收益表”。

企业通过在“其他综合收益的税后净额”项目中报告当期直接计入所有者权益的利得和损失，将提供资产或负债价值变动对当期以及未来业绩影响的信息。

因为“净利润”项目是缴纳企业所得税后的利润，所以“其他综合收益的税后净额”项目在利润表中也以扣除企业所得税以后的净额反映。两者相加，体现企业的综合收益。在利润表中报告综合收益是突出综合收益的理念，让投资者在评价企业当期和未来业绩时，会更加关注未包含在净利润中的其他利得和损失项目。

二维码9-4

利润表的格式和内容

我国目前的月度利润表中设“本月金额”“本年累计”两栏，年度利润表则设“本期金额”和“上期金额”两栏。

二、利润表的编制方法

（一）利润表的填列规则

由于利润表是动态报表，因而其填列依据主要是各损益类账户和所有者权益类账户的本期发生额。各收入类项目应根据相应的收入类账户的贷方净发生额填列，各费用类项目则应根据相应的费用类账户的借方净发生额填列。

利润表中的收入项目和费用项目的金额应以总额列示，除《企业会计准则》规定允许抵消的项目外，不能以相关项目相互抵消后的金额列示。例如，企业销售商品、提供劳务等实现的营业利润，应当分别列示实现的营业收入、结转的营业成本、税金及附加等，而不能以商品销售的营业收入直接抵减营业成本后的营业利润进行列报；营业外收入和营业外支出，应当分别以总额列报，不能以营业外收入直接扣减营业外支出后的净额列报。

（二）利润表各项目的内容及填列

利润表“本期金额”栏内各项数字一般应当反映以下内容：

（1）“营业收入”项目，反映企业经营主要业务和其他业务所确认的收入总额。本项目应根据“主营业务收入”账户和“其他业务收入”账户的本期发生额分析填列。

（2）“营业成本”项目，反映企业经营主要业务和其他业务发生的实际成本总额。本项目应根据“主营业务成本”账户和“其他业务成本”账户的本期发生额分析填列。

（3）“税金及附加”项目，反映企业经营业务应负担的消费税、城市维护建设税、资源税和教育费附加等。本项目应根据“税金及附加”账户的本期发生额分析填列。

（4）“销售费用”项目，反映企业在销售商品过程中发生的包装费、广告费等费用和为销售本企业商品而专设的销售机构的职工薪酬、业务费等经营费用。本项目应根据“销售费用”账户的本期发生额分析填列。

（5）“管理费用”项目，反映企业为组织和管理生产经营发生的管理费用。本项目应根据“管理费用”账户的本期发生额分析填列（“研发费用”明细账户不在此填列）。

（6）“研发费用”项目，反映企业进行研究与开发过程中发生的费用化支出，以及计入管理费用的自行开发无形资产的摊销。该项目应根据“管理费用”科目下的“研究费用”明细科目的发生额，以及“管理费用”科目下的“无形资产摊销”明细科目的发生额分析填列。

(7)“财务费用”项目，反映企业为筹集资金等而发生的筹资费用。本项目应根据“财务费用”账户的本期发生额分析填列。

(8)“资产减值损失”项目，反映企业各项资产发生的减值损失。本项目应根据“资产减值损失”账户的本期发生额分析填列。

(9)“公允价值变动收益”项目，反映企业按照规定应当计入当期损益的资产或负债公允价值变动净收益，如交易性金融资产当期公允价值的变动额为净损失，以“-”号填列。

(10)“投资收益”项目，反映企业对外投资所取得的收益，如为净损失，以“-”号填列。本项目下应当单独列示对联营企业和合营企业的投资收益。

(11)“其他收益”项目，反映计入其他收益的政府补助，以及其他与日常活动相关且计入其他收益的项目。该项目应根据“其他收益”科目的发生额分析填列。企业作为个人所得税的扣缴义务人，根据《中华人民共和国个人所得税法》收到的扣缴税款手续费，应作为其他与日常活动相关的收益在该项目中填列。

(12)“资产处置收益”项目，反映企业出售划分为持有待售的非流动资产（金融工具、长期股权投资和投资性房地产除外）或处置组（子公司和业务除外）时确认的处置利得或损失，以及处置未划分为持有待售的固定资产、在建工程、生产性生物资产及无形资产而产生的处置利得或损失。债务重组中因处置非流动资产（金融工具、长期股权投资和投资性房地产除外）产生的利得或损失和非货币性资产交换中换出非流动资产（金融工具、长期股权投资和投资性房地产除外）产生的利得或损失也包括在本项目内。

(13)“营业外收入”项目，反映企业发生的除营业利润以外的收益，主要包括与企业日常活动无关的政府补助、盘盈利得、捐赠利得（企业接受股东或股东的子公司直接或间接的捐赠，经济实质属于股东对企业的资本性投入的除外）等。该项目应根据“营业外收入”科目的发生额分析填列。

(14)“营业外支出”项目，反映企业发生的除营业利润以外的支出，主要包括公益性捐赠支出、非常损失、盘亏损失、非流动资产毁损报废损失等。该项目应根据“营业外支出”科目的发生额分析填列。“非流动资产毁损报废损失”通常包括因自然灾害发生毁损、已丧失使用功能等原因而报废清理产生的损失。企业在不同交易中形成的非流动资产毁损报废利得和损失不得相互抵消，应分别在“营业外收入”项目和“营业外支出”项目进行填列。

(15)“利润总额”项目，反映企业本期实现的总利润，如为亏损额，以“-”号填列。

(16)“所得税费用”项目，反映企业确认的应从当期利润总额中扣除的所得税费用。本项目应根据“所得税费用”账户的本期发生额分析填列。

(17)“其他综合收益的税后净额”项目及其各组成部分，应根据“其他综合收益”科目及其所属明细科目的本期发生额分析填列。

(18)“基本每股收益”项目，应根据每股收益准则规定计算的金额填列。

(19)“稀释每股收益”项目，应根据每股收益准则规定计算的金额填列。

利润表中的“营业利润”“利润总额”“净利润”“综合收益总额”项目，应根据相关项目的金额计算填列。

下面举例说明利润表的编制方法，华兴公司2021年各损益类账户发生额见表9-10。

表9-10　　**华兴公司损益类账户发生额**　　单位：元

账　户	借方发生额	贷方发生额
主营业务收入		320 000
其他业务收入		20 000
主营业务成本	204 000	
其他业务成本	8 000	
税金及附加	17 000	
管理费用	48 000	
财务费用	15 000	
销售费用	32 000	
投资收益		2 000
公允价值变动损益		5 000
资产减值损失	2 000	
营业外收入		10 000
营业外支出	3 000	
所得税费用	7 000	

东兴公司2021年利润表见表9-11。

表9-11　　利　润　表　　会企02表

编制单位：华兴公司　　2021年度　　单位：元

项　目	行次	本期金额	上期金额（略）
一、营业收入		340 000	
减：营业成本		212 000	
税金及附加		17 000	
销售费用		32 000	
管理费用		48 000	
研发费用			
财务费用		15 000	
加：其他收益			
投资收益		2 000	
其中：对联营企业和合营企业的投资收益			
公允价值变动收益		5 000	
信用减值损失			
资产减值损失		−2 000	
二、营业利润		21 000	
加：营业外收入		10 000	
减：营业外支出		3 000	
三、利润总额		28 000	
减：所得税费用		7 000	
四、净利润		21 000	

二维码9-5

利润表的编制方法

第四节　现金流量表

一、现金流量表的概念和作用

（一）现金流量的概念

（1）现金

现金是指企业的库存现金以及可以随时用于支付的存款。

会计学上所说的现金通常指企业的库存现金。而现金流量表中的“现金”不仅包括“库存现金”账户核算的库存现金，还包括企业“银行存款”账户核算的存入金融企业、随时可以用于支付的存款，也包括“其他货币资金”账户核算的外埠存款、银行汇票存款、银行本票存款和在途货币资金等其他货币资金。

银行存款和其他货币资金中有些不能随时用于支付的存款，如不能随时支取的定期存款等，不应作为现金，而应列为投资；提前通知金融企业便可支取的定期存款，则应包括在现金范围内。

（2）现金等价物

现金等价物是指企业持有的期限短、流动性强、易于转换为已知金额现金、价值变动风险很小的投资。现金等价物虽然不是现金，但其支付能力与现金的差别不大，可视为现金。一项投资要被确认为现金等价物必须同时具备四个条件：期限短、流动性强、易于转换为已知金额现金、价值变动风险很小。其中，期限较短，一般是指从购买日起，3个月内到期。例如，可在证券市场上流通的3个月内到期的短期债券投资等。

（3）现金流量

现金流量是指企业在某一期间内现金和现金等价物的流入金额与流出金额，即现金和现金等价物的收入与支出。现金和现金等价物各项目之间的流动，不属于现金流量。例如，企业从银行提取现金就不属于现金流量。

影响现金流量的因素主要是企业的日常经营业务，但不是所有的业务都对现金流量有影响。企业的经营业务按其与现金流量的关系可以分为：

（1）现金各项目之间的增减变动。这一类业务不会影响现金流量的增减变动。

（2）非现金各项目之间的增减变动。这一类业务不涉及现金，不会影响现金流量的增减变动。

（3）现金各项目与非现金各项目之间的增减变动。此类业务一方是现金，另一方不是现金，必然影响现金流量的增减变动。

现金流量表主要反映上述第三类业务，即现金各项目与非现金各项目之间的增减变动对现金流量净额的影响。非现金各项目之间的增减变动如属于重要的投资和筹资活动应在现金流量表的附表中予以披露。

（二）现金流量的分类

企业一定时期内现金流入和流出是由各种因素导致的，如企业为生产产品需要用现金支付原材料的价款，支付职工工资、购买固定资产也需要支付现金。现金流量表首先要对企业各项业务活动产生或运作的现金流量进行合理的分类，通常按照企业业务活动发生的性质将一定期间内产生的现金流量归为三类：

（1）经营活动产生的现金流量。经营活动是指企业投资活动和筹资活动以外的所有交易和事项，包括销售商品或提供劳务、购买货物、接受劳务、制造产品、推销产品、缴纳税款等。经营活动产生的现金流量是企业通过运用所拥有或控制的资产获得的现金流量，主要是与企业净利润有关的现金流量。经营活动的现金流量是收付实现制下计算的利润，通过现金流量表中反映的经营活动产生的现金流入和流出，说明企业经营活动对现金流入和流出净额的影响程度。

（2）投资活动产生的现金流量。投资活动是指企业长期资产的购建和不包括在现金等价物范围内的投资及其处置活动。这里的长期资产是指固定资产、在建工程、无形资产和其他长期资产等，持有期限在1年或1个营业周期以上的资产，主要包括取得或收回投资、购建和处置固定资产、无形资产和其他长期资产等。通过现金流量表中反映的投资活动产生的现金流量，可以分析企业通过投资获取现金流量的能力，以及投资产生的现金流量对企业现金流量净额的影响程度。

（3）筹资活动产生的现金流量。筹资活动是指导致企业资本及债务规模和构成发生变化的活动，包括借款、发行股票、分配利润等。这里的债务是指企业对外举债所借入的款项，如发行债券、向金融机构借入款项以及偿还债务等。通过现金流量表中筹资活动产生的现金流量，可以分析企业筹资的能力，以及筹资产生的现金流量对企业现金流量净额的影响程度。

（三）编制现金流量表的目的和作用

现金流量表是以现金为基础编制的财务状况变动表。编制现金流量表的目的，是为财务报表使用者提供企业在一定会计期间内现金和现金等价物流入和流出的信息，以便报表使用者了解和评价企业获取现金和现金等价物的能力，并据以预测企业未来现金流量。

现金流量表的作用，主要有以下几个方面：

（1）现金流量表可以提供企业的现金流量信息，从而对企业整体财务状况做出客观评价。

在市场经济条件下，竞争异常激烈，企业要想站稳脚跟，不但要把产品或劳务销售出去，更重要的是要及时地收回货款，以便日后的经营活动能顺利开展。除了经营活动以外，企业从事的投资和筹资活动同样影响现金流量，从而影响财务状况。如果企业进行投资，而没能取得相应的现金回报，就会对企业的财务状况（比如流动性、偿债能力）产生不良影响。从企业的现金流量情况，可以大致判断其经营周转是否顺畅。

（2）现金流量表是在以营运资金为基础编制的财务状况变动表基础上发展起来的，它提供了新的信息。

营运资金是流动资产和流动负债的差额。流动资产中不但包括现金，还包括存货、应收账款等其他流动资产。如果一家企业的现金大幅减少，但应收账款和存货却大量增加，那么企业的营运资金不一定会减少，反而可能增加，这会给报表使用者一种印象——似乎企业的财务状况不错。但如果应收账款存在大量坏账，存货存在质量问题，就会误导会计信息使用者，而了解现金流量信息可避免这种风险。投资者和债权人通过现金流量表，可以对企业的支付能力和偿债能力，以及企业对外部资金的需求情况做出较为可靠的判断。

（3）通过现金流量表，不但可以了解企业当前的财务状况，还可能预测企业未来的发展情况。

一方面，如果现金流量表中各部分现金流量结构合理，现金流入、流出无重大异常波动，一般来说企业的财务状况基本良好。另一方面，企业最常见的失败原因、症状也可在现金流量表中得到反映，比如，从投资活动流出的现金、筹资活动流入的现金和筹资活动流出的现金（主要是利息支出）中，可以分析企业是否过度扩大经营规模；通过比较当期净利润与当期现金流量，可以看出非现金流动资产产生利润的情况，评价企业产生净现金流量的能力是否偏低。

二、现金流量表的编制依据及内容

现金流量表是按收付实现制反映企业报告期内的现金流动信息的，而企业编制的资产负债表、利润表和所有者权益变动表及有关账户记录反映的会计信息，都是按权责发生制基础记录报告的。现金流量表的编制依据是资产负债表、利润表和所有者权益变动表及有关账户记录资料，编制现金流量表的过程就是将权责发生制下的会计信息转换为按收付实现制表示的现金流动。

现金流量表包括经营活动、投资活动和筹资活动的现金流量信息。现金流量表的内容，见表9-12。

表9-12　　　　现金流量表　　　　会企03表

编制单位：　　　　____年度　　　　单位：元

项目	本期金额	上期金额
一、经营活动产生的现金流量：		
销售商品、提供劳务收到的现金		
收到的税费返还		
收到其他与经营活动有关的现金		
经营活动现金流入小计		
购买商品、接受劳务支付的现金		
支付给职工以及为职工支付的现金		
支付的各项税费		
支付其他与经营活动有关的现金		
经营活动现金流出小计		
经营活动产生的现金流量净额		
二、投资活动产生的现金流量：		
收回投资收到的现金		
取得投资收益收到的现金		
处置固定资产、无形资产和其他长期资产收回的现金净额		
处置子公司及其他营业单位收到的现金净额		
收到其他与投资活动有关的现金		
投资活动现金流入小计		
购建固定资产、无形资产和其他长期资产支付的现金		
投资支付的现金		
取得子公司及其他营业单位支付的现金净额		

续表

项目	本期金额	上期金额
支付其他与投资活动有关的现金		
投资活动现金流出小计		
投资活动产生的现金流量净额		
三、筹资活动产生的现金流量：		
吸收投资收到的现金		
取得借款收到的现金		
收到其他与筹资活动有关的现金		
筹资活动现金流入小计		
偿还债务支付的现金		
分配股利、利润或偿付利息支付的现金		
支付其他与筹资活动有关的现金		
筹资活动现金流出小计		
筹资活动产生的现金流量净额		
四、汇率变动对现金及现金等价物的影响		
五、现金及现金等价物净增加额		
加：期初现金及现金等价物余额		
六、期末现金及现金等价物余额		

二维码9-6

现金流量表的格式和内容

第五节　所有者权益变动表

一、所有者权益变动表的概念及作用

所有者权益变动表（或股东权益变动表），是反映构成企业所有者权益的各组成部分当期的增减变动情况的报表。所有者权益变动表反映各项交易和事项导致的所有者权益的增减变动，以及所有者权益各组成部分增减变动的结构性信息。该表体现了对所有者权益的界定，体现了企业的综合收益。

二、所有者权益变动表的格式

所有者权益变动表由表首和正表两部分组成。其中，表首说明报表名称、编制单位、编制日期、报表编号、货币名称、计量单位等；正表是所有者权益变动表的主体，反映企业所有者权益的增减变动及年初、年末余额情况。一般企业所有者权益变动表的具体格式见表9-13。

表9-13

所有者权益变动表

____年度

编制单位：

会企04表

单位：元

项目	本年金额										上年金额									
	实收资本（或股本）	其他权益工具			资本公积	减：库存股	其他综合收益	盈余公积	未分配利润	所有者权益合计	实收资本（或股本）	其他权益工具			资本公积	减：库存股	其他综合收益	盈余公积	未分配利润	所有者权益合计
		优先股	永续债	其他								优先股	永续债	其他						
一、上年年末余额																				
加：会计政策变更																				
前期差错更正																				
其他																				
二、本年年初余额																				
三、本年增减变动金额（减少以“-”号填列）																				
（一）综合收益总额																				
（二）所有者投入和减少资本																				
1.所有者投入的普通股																				
2.其他权益工具持有者投入资本																				
3.股份支付计入所有者权益的金额																				
4.其他																				
（三）利润分配																				
1.提取盈余公积																				
2.对所有者（或股东）的分配																				
3.其他																				
（四）所有者权益内部结转																				
1.资本公积转增资本（或股本）																				
2.盈余公积转增资本（或股本）																				
3.盈余公积弥补亏损																				
4.设定受益计划变动额结转留存收益																				
5.其他综合收益结转留存收益																				
6.其他																				
四、本年年末余额																				

所有者权益变动表以矩阵的形式列示：一方面，列示导致所有者权益变动的交易或事项，即所有者权益变动的来源，对一定时期所有者权益的变动情况进行全面反映；另一方面，按照所有者权益各组成部分（即实收资本、资本公积、盈余公积、未分配利润和库存股）列示交易或事项对所有者权益各部分的影响。

提供所有者权益变动表，是企业所有者的权益日益受到重视的体现，能更好地为利润表和资产负债表提供辅助信息。所有者权益变动表揭示了当期所有者权益各个项目的比重及其变动情况，解释了所有者权益构成项目的变动原因。

企业已实现的利得与损失计入本期利润表，未实现确认的利得与损失在资产负债表中确认，而所有者权益变动表则同时涵盖了这些信息。会计政策和会计差错更正的累积影响的信息，让报表使用者区分合理的会计政策变动和不合理的会计政策变动对会计信息的影响。向股东分配利润的信息，体现了不同的利润分配方案对所有者权益的影响程度。

三、财务报表之间的钩稽关系

企业的经济活动均在财务报表中得到反映，会计信息使用者需要具备较全面的财务会计知识才能够准确地理解财务报表，在阅读财务报表时，可以首先关注报表间的钩稽关系。

钩稽关系，是指某张财务报表和另一张财务报表之间，以及本报表项目之间的内在逻辑对应关系。如果不相等或不对应，说明财务报表存在差错。根据会计基本原理以及财务报表的设计理念，报表的有关项目具有逻辑上的钩稽关系。

财务报表中有些钩稽关系是精确的，各个项目之间构成等式关系，如：

资产=负债+所有者权益

收入-费用=利润

资产负债表中“未分配利润”年初数和年末数，分别与所有者权益变动表中“未分配利润”（上年金额）和“未分配利润”（本年金额）相等。所有者权益变动表中“综合收益总额”项目，来自利润表“综合收益总额”的数据。这些钩稽关系是基本的钩稽关系，也是报表编制者判断报表是否正确的最基本的衡量标准。

此外，财务报表间还存在不太精确的钩稽关系，即报表项目在一定前提条件下构成等式关系。比如现金流量表中的“现金及现金等价物净增加额”一般与资产负债表“货币资金”年末数年初数之差相等，前提是企业不存在现金等价物。现金流量表中的“销售商品、提供劳务收到的现金”，与利润表中的“营业收入”，资产负债表中“应收票据”“应收账款”“预收款项”等项目期初数和期末数的差额之间存在钩稽关系。现金流量表中的“购买商品、接受劳务支付的现金”，与利润表中的“营业成本”，资产负债表中的“应付票据”“应付账款”“预付款项”等项目期初数和期末数的差额之间存在钩稽关系。

二维码9-7

所有者权益变动表的格式和内容

报表分析者需要掌握在何种情况下这些项目之间构成等式，在何种情况下这些项目之间的钩稽关系会被打破。考察报表中这些相关项目之间的关系，从报表及报表附注中发现相关证据，进而形成对财务报表信息准确性的初步判断。

第六节　财务报表附注

一、财务报表附注的作用

附注是对在资产负债表、利润表、现金流量表和所有者权益变动表等报表中列示项目的文字描述或明细资料，以及对未能在这些报表中列示项目的说明等。财务报表附注是企业财务报表不可缺少的组成部分，是对财务报表本身无法或难以充分表述的内容和项目所做的补充说明与详细解释。为了便于使用者理解，一些在报表中被高度浓缩的项目需要进一步分解、解释或补充，因此，附注就逐渐成为财务报表的组成部分。

提供报表附注，其主要原因有以下三个方面：

（1）突出报表信息的重要性

财务报表中所包含的数量信息已比较全面，但内容繁多，报表使用者可能抓不住重点，对其中的重要信息可能了解得不够全面、详细。通过注释，可将财务报表中的重要数据进一步予以分解、说明，有助于报表使用者了解哪些是重要的信息，应当引起注意，并在决策中有所考虑。

（2）提高报表内信息的可比性

财务报表通常依据会计准则编制而成，会计准则在不同方面规定了不同的会计处理方法，并允许企业根据本行业特点及所处的经济环境选择能最恰当、公允地反映财务状况和经营成果的会计原则、程序和方法，但这就会导致不同行业或同一行业各企业所提供的会计信息产生较大的差异。此外，为使财务报表编制所采用方法具有一贯性，使产生的信息具有可比性，会计准则要求企业慎重选择其所采用的会计程序、方法与原则，一经选择不得随意变更，但这并不意味着这些程序、方法与原则在确定后就绝对不能变更。只要新的经济环境表明，采用另一种会计程序、方法与原则，能更为准确地反映企业的经济情况，那么改变原来的会计程序、方法或原则就是合理的。改变程序、方法或原则会影响信息的可比性，因而，在财务报表中用适当的方式通过注释来说明企业所采用的会计方法及其变更，有助于提高财务报表的可比性。

（3）增加报表内信息的可理解性

企业财务报表的使用者人数颇多，其知识结构必然有异，而且信息需求及侧重点各不相同，仅有财务报表肯定不能满足所有报表使用者的需要。对表中数据进行解释，将一个抽象的数据分解成若干具体项目，并说明产生各项目的会计方法，有助于报表使用者进一步理解财务报表中的信息。

二、财务报表附注的形式

在会计实务中，财务报表附注可采用旁注、附表和底注等形式。

（1）旁注。旁注是指在财务报表的有关项目旁直接用括号加注说明。旁注是最简单的报表注释方法，如果报表上有关项目的名称或金额受到限制或需简要补充时，可以直接用括号加以说明。

（2）附表。附表是指为了使得财务报表简明易懂而另行编制一些反映其构成项目及年度内的增减来源与数额的表格。

（3）底注。底注也称脚注，指在财务报表后面用一定文字和数字所做的补充说明。

按照《企业会计准则第30号——财务报表列报》的规定，财务报表附注披露的内容如下：①财务报表的编制基础；②遵循企业会计准则的声明；③重要会计政策的说明，包括财务报表项目的计量基础和会计政策的确定依据等；④重要会计估计的说明，包括下一会计期间内很可能导致资产、负债账面价值重大调整的会计估计的确定依据等；⑤会计政策和会计估计变更以及差错更正的说明；⑥对已在资产负债表、利润表、现金流量表和所有者权益变动表中列示的重要项目的进一步说明，包括终止经营税后利润的金额及其构成情况等；⑦或有和承诺事项、资产负债表日后非调整事项、关联方关系及其交易等需要说明的事项。

三、财务报表附注的内容

财务报表附注的信息非常丰富，能帮助报表阅读者更透彻地理解报表中的数据信息，了解公司的基本情况、特殊事项和发展战略。财务报表附注主要内容包括：

（1）经营业务范围

在判断企业发展前景时，有必要对企业的主要经营业务和所处行业的发展现状、发展前景进行分析。

（2）会计政策

现行《企业会计准则》允许企业根据实际情况选择不同的会计政策和会计处理方法，使得同样的经济业务在不同企业的财务报表中表现为不同的数据。因此，报表阅读者需要关注企业选择的会计政策和会计政策变更情况，判断会计政策选择的合理性，辨析企业是否选择了不当的会计政策以操纵经营业绩。

（3）重大事项

分析报表附注中披露的资产负债表日后重大事项和或有事项，这些事项对当期经营业绩可能没有重大影响，但可能对企业未来的经营活动产生重大影响。

（4）关联方交易

对关联方交易进行分析，可以了解其对当期财务报表中的财务状况、经营成果和现金流量产生的影响，可以判断企业经营是否依赖关联公司，利润是否反映企业真实的经营能力。

二维码9-8

报表附注的主要内容

案例九评析

瑞幸咖啡财务造假性质恶劣，不仅违法，而且严重破坏商业道德。财务人员要在遵守《企业会计准则》以及国家相关规定的前提下，进行会计处理与企业决策等。编制报表的目的在于帮助投资者决策。通常经营效率最高的公司能够最先吸引投资者或获得贷款，也最有可能获得更高的投资回报。同时，财务报表也是内部使用者和外部使用者做出决策的重要依据。财务报表的内部使用者包括管理人员和其他员工，外部使用者包括投资者、债权人、分析师、竞争对手和政府机构等。

重要会计信息以公开报告的形式定期提供给信息使用者；会计信息披露通过财务报表和报表附注的形式进行；公开上市的公司通常通过公司网站、报纸、期刊、电视以及信息发布会等渠道披露会计信息。

练习题

一、名词解释

财务会计报告　资产负债表　利润表　现金流量表

二、填空题

1.按照财务报表编制基础的不同，可分为________、________和________三类报表。

2.利润表中的各个项目，都是根据有关账户记录的________填制的。

3.资产负债表的编制依据是________。

4.________是沟通资产负债表和利润表的桥梁。

5.现金流量表的编制基础是________。

三、单项选择题

1.财务报表中各项目的数据，其直接来源一般是（　　）。

A.原始凭证　B.记账凭证　C.日记账　D.账簿记录

2.根据现行会计准则的规定，下列交易或事项不影响利润表中营业利润金额的是（　　）。

A.支付贷款利息　B.出售产品并结转成本

C.支付管理部门水电费　D.盘亏设备发生的净损失

3.资产负债表项目（　　）。

A.都是根据账户余额填列的

B.都是根据发生额填列的

C.根据上述A、B项填列

D.大多数项目可以直接根据账户余额填列，少数项目需要根据有关账户余额分析计算后才能填列

4.下列经济业务所产生的现金流量，属于“经营活动产生的现金流量”的是（　　）。

A.变卖固定资产收到的现金　B.取得债券利息收入的现金

C.支付增值税所支出的现金　D.支付现金股利所支出的现金

5.多步式利润表是通过多步计算出当期损益，通常把利润计算分解为（　　）。

A.营业利润、利润总额和净利润　B.毛利、营业利润和利润分配额

C.营业收入、营业利润和净利润　D.毛利、营业利润和利润总额

四、多项选择题

1.财务报表按反映的经济内容分类，有（　　）。

A.资产负债表　B.利润表

C.现金流量表　D.财务情况说明书

2.资产负债表中的流动资产项目包括（　　）。

A.“货币资金”　B.“交易性金融资产”

C.“预付款项”　D.“长期股权投资”

3.现金流量表中的现金包括（　　）。

A.库存现金　B.企业购买的股票

C.被冻结存款　D.可随时支用的银行存款

4.流动负债包括的项目有（　　）。

A.“应交税费”　B.“短期借款”

C.“应付债券”　D.“其他应付款”

5.下列各项，应包括在资产负债表中的“存货”项目中的有（　　）。

A.库存商品　B.生产成本账户期末借方余额

C.原材料　D.在途物资账户期末借方余额

五、简答题

1.什么是财务报表？财务报表的作用是什么？

2.什么是资产负债表？资产负债表的作用是什么？

3.什么是利润表？如何编制利润表？

4.现金流量表的作用是什么？

六、业务题

（一）资料：2021年年末，甲公司有关账户余额情况如下：

材料采购	100 000元（借方）	预付账款——W公司	20 000元（贷方）
材料成本差异	1 000元（贷方）	应付账款	180 000元（贷方）
原材料	100 000元（借方）	其中：A公司	220 000元（贷方）
生产成本	15 000元（借方）	B公司	40 000元（借方）
工程物资	30 000元（借方）	预收账款	20 000元（贷方）
固定资产	5 000 000元（借方）	其中：C公司	30 000元（贷方）
累计折旧	1 200 000元（贷方）	D公司	10 000元（借方）
应收账款	200 000元（借方）		
其中：M公司	250 000元（借方）		
N公司	50 000元（贷方）		

要求：试分别计算资产负债表中“存货”、“应收票据”、“应收账款”、“预付款项”、“应付票据”“应付账款”、“预收款项”和“固定资产”项目的数额。

（二）资料：华晨公司2021年1月份损益类账户发生额资料见表9-14：

表9-14　损益类账户发生额

2021年1月　单位：元

账户名称	借方发生额	贷方发生额
主营业务收入		300 000
主营业务成本	150 000	
销售费用	1 000	
税金及附加	600	
管理费用	1 000	
财务费用	800	1 200
营业外收入		
营业外支出	500	
所得税费用	48 609	

要求：根据以上资料编制华晨公司2021年1月份利润表。

七、案例分析题

獐子岛于2006年9月在深交所上市，在最初上市的8年间，年报业绩基本均以亿元计数，曾有“海底银行”之称。然而，就在2014年后，其年报净利润呈现“过山车式”的剧烈变化。在2014年、2015年已连续两年亏损的情况下，客观上利用海底库存及采捕情况难调查、难核实的特点，不以实际采捕海域为依据进行成本结转，导致财务报告严重失真；2016年，通过虚减营业成本、营业外支出的方法将利润由亏损披露为盈利；2017年，将以前年度已采捕海域列入核销海域或减值海域，虚增营业成本、资产减值损失逾7 000万元，夸大亏损幅度。此外，该集团还涉及《年终盘点报告》披露不真实、不及时披露业绩变化情况等多项违法事实。2020年9月11日，中国证券监督管理委员会（简称"证监会"）做出如下处罚：獐子岛（002069.SZ）涉嫌构成违规披露、不披露重要信息罪，根据《行政执法机关移送涉嫌犯罪案件的规定》，证监会决定将獐子岛及相关人员涉嫌证券犯罪案件依法移送公安机关追究刑事责任。

獐子岛财务造假的原因可能有哪些？獐子岛使用了哪些财务造假手段？财务报告中存在哪些风险点？如何抑制企业财务造假行为？企业会计人员应当具备何种职业道德观念？请结合社会现实，谈谈你的感悟。

二维码9-9

练习题
参考答案

第十章　账务处理程序

会计学原理

Principles of Accounting

第十章　账务处理程序

▶【学习目标】

- 理解账务处理程序的意义和作用；
- 了解不同账务处理程序的特点；
- 掌握科目汇总表的编制方法；
- 理解会计信息化账务处理特点。

▶【本章重点】

- 手工账务处理程序的流程、优缺点及适用范围；
- 科目汇总表账务处理程序的流程、优缺点及适用范围。

▶【本章难点】

- 对各种账务处理程序的理解及应用。

案例十

小林暑期到HS化工贸易有限公司财务部实习，协助财务经理做一些工作。这是一家中等规模的商贸企业，主营几类化工产品批发，每个月的采购和销售活动比较多，公司现阶段还是手工进行会计账务处理。公司财务部共6人：

财务经理1人，管理日常的会计工作，登记总账，报税和编制财务报表等；

出纳1人，负责现金和银行存款收付相关业务，登记库存现金日记账和银行存款日记账；

会计3人，负责凭证编制和明细账登记，一人负责往来款项和费用业务，一人负责存货和固定资产业务，一人负责其他业务的明细账；

稽核1人，负责审核会计凭证，凭证装订和会计档案保管。

小林学过一些会计课程，知道会计循环的过程大致是填制、审核会计凭证—登记账簿—编制报表。

他的疑问是，这些不同的会计岗位之间，要如何进行合作完成会计循环工作？3位明细账会计平时依据会计凭证登记了各自负责的明细账，那么会计主管是否需要把这些凭证再全部登记一次总账，这样做是不是重复劳动？现在很多企业引入了会计信息化替代手工会计，如果公司利用会计软件进行核算，需要设置的会计岗位和账务处理流程还会和现在一样吗？

第一节 账务处理程序概述

一、账务处理程序的含义和作用

账务处理程序是以账簿体系为核心，把会计凭证、会计账簿、记账程序和记账方法有机地结合起来的技术组织方式，又称为会计核算形式，或称会计核算组织程序。

会计凭证、账簿和财务报表，是记录经济业务的手段，是会计信息的载体。建立合理的账务处理程序，对保证会计信息真实、系统、全面、及时有效，具有重要的意义和作用：

（1）建立适合的账务处理程序，可以简化会计记账流程，减少信息处理上的重复和迂回。

（2）保证会计核算质量，满足企业内外对会计核算数据的需要。

（3）便于会计核算工作的组织和协调分工，节约人力物力，有利于岗位责任制的考核。

（4）节约核算费用。

二、账务处理程序的基本模式

各个企业会计核算的具体做法虽然不同，但是会计核算的基本程序是相同的，一般都是在经济业务发生以后，经过以下几个步骤：①取得或填制原始凭证，作为原始记录；②根据原始凭证编制记账凭证，编制会计分录；③根据记账凭证，按经济业务所涉及的会计账户，登记各分类账；④会计期末，进行账项的调整和试算平衡；⑤根据各分类账的发生额或余额对照表编制各种财务报表。

三、账务处理程序的种类

各企业的经营规模有大有小，经济业务有繁有简，经营管理的要求也不尽相同，在账务处理程序上自然不应强求一致。因此，各单位可根据自身的具体情况，在基本会计核算程序的指导下，建立不同的账务处理程序，以便取得必需的会计信息，并简化不必要的会计核算工作。

在实际工作中，常用的手工账务处理程序主要包括：记账凭证账务处理程序、汇总记账凭证账务处理程序、科目汇总表账务处理程序、日记总账账务处理程序和通用日记账账务处理程序。上述几种账务处理程序有很多相同点，又有各自不同的特点，不同之处主要表现为登记总账的依据和方法不同。本书主要介绍记账凭证账务处理程序和科目汇总表账务处理程序。

随着计算机技术在会计领域的广泛应用，会计信息化取代手工会计已成为必然。由于两者的会计信息处理方式和方法不同，导致其取数途径、数据存储介质、记账过程等不同，因此，账务处理程序的方法和步骤也存在较大差别。

选择何种账务处理程序，主要取决于企业的具体条件，应充分考虑本单位的实际情况，结合经济规模、业务性质、生产特点、管理要求上的不同，以及现有会计人员的配备、手工处理或信息化程度，选择适用的账务处理程序。

第二节　手工账务处理程序

一、记账凭证账务处理程序

记账凭证账务处理程序直接根据记账凭证，逐笔登记总账和明细账，它是最基本的一种账务处理程序。在这种核算组织形式下，凭证和账簿按一般规定设置。

（一）设置记账凭证和账簿

（1）在记账凭证账务处理程序下，记账凭证可以采用一种通用格式，也可以采用收、付、转三种格式的记账凭证。

（2）序时账簿和总账一般采用三栏式格式，即总账、库存现金日记账与银行存款日记账均采用普通三栏式格式登记，而明细账则根据需要分别采用普通三栏式、数量金额式以及各种形式的多栏式账簿登记。

（二）账务处理的特点

（1）记账凭证无须汇总，直接据以登记总账和明细账。

（2）总账除具有分类作用之外，同时还具有序时账簿的作用。

（三）记账凭证账务处理程序的一般程序

（1）根据原始凭证或原始凭证汇总表编制记账凭证。

（2）根据收、付记账凭证逐笔登记库存现金日记账、银行存款日记账。

（3）根据记账凭证逐笔登记总分类账。

（4）根据原始凭证、原始凭证汇总表和记账凭证登记各种明细账。

（5）期末，库存现金日记账和银行存款日记账的余额，以及各种明细账的余额，分别与总分类账中有关账户的余额核对。

（6）期末，根据总分类账和有关明细账编制财务报表。

记账凭证账务处理程序如图10-1所示。

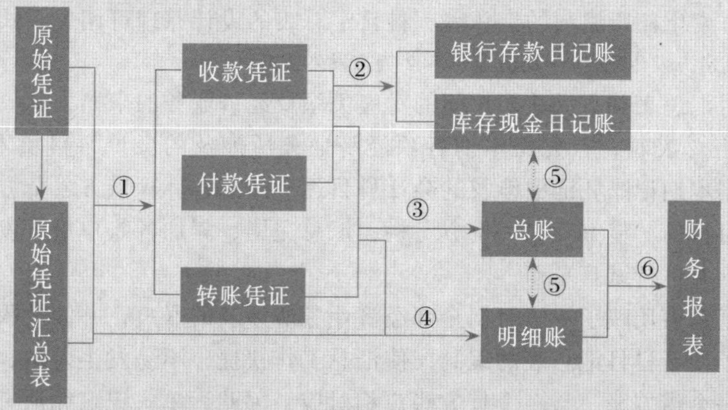

图10-1　记账凭证账务处理程序图

（四）记账凭证账务处理程序的优缺点和适用范围

记账凭证账务处理程序是最基本的账务处理程序，其他各种账务处理程序都是在它的基础上，根据自身业务特点和经济管理需要而发展形成的。这种账务处理程序的优点表现在核算工作简单明了，易于理解和掌握，它可以直接根据记账凭证登记各种账簿，使会计处理程序简单，手续简便，减少了汇总记账凭证的工作量，容易操作。另外，由于总分类账是直接根据记账凭证逐笔过账的，因此，总账便具有序时账簿的作用，详细地记录和反映了经济业务动态，便于查账。其缺点是登记总账的工作量较大，并且与明细账的内容明显重复。记账凭证账务处理程序适用于经济规模较小、业务简单、记账凭证不多的单位。

二、科目汇总表账务处理程序

科目汇总表账务处理程序，又称科目汇总表核算形式。其特点是定期根据记账凭证编制科目汇总表，再根据科目汇总表登记总分类账。科目汇总表是一种不反映账户对应关系的汇总凭证。与记账凭证账务处理程序相比，科目汇总表账务处理程序增加了一个编制科目汇总表的程序，除此之外，与记账凭证核算形式相同，因此，它是记账凭证核算形式的发展。

（一）记账凭证和账簿的设置

（1）可以分别设置收、付、转记账凭证，也可以只设置一种通用记账凭证。

（2）设置科目汇总表，其格式一般为账户式，左、右两方只填列各账户在一定时期内的借方、贷方发生额，不反映账户间的对应关系。

（3）科目汇总表账务处理程序对账簿的设置也无特殊要求，与其他核算形式基本相同。实行会计信息化的单位，也可以不另设总账，在科目汇总表的基础上增加期初、期末余额栏，便可直接代替总账。

（二）账务处理的特点

（1）收、付、转凭证作为登记日记账和明细账的依据。

（2）科目汇总表作为登记总分类账的依据。

（三）科目汇总表的编制方法

科目汇总表是指根据一定时期内的全部记账凭证，按科目归类，计算每一总账科目的本期借方、贷方发生额所编制的汇总表。科目汇总表的设计原理可用关系式表达如下：

所有账户本期借方发生额合计=所有账户本期贷方发生额合计

因此，科目汇总表并不反映账户间的对应关系及经济业务的来龙去脉。

编制科目汇总表时，首先将本期各项经济业务所涉及的会计科目填入“会计科目”栏；然后，根据本期记账凭证中涉及的会计科目逐一加总，计算借方、贷方发生额，填列到相应会计科目行的“借方”和“贷方”栏；汇总完毕，累加各账户借方发生额合计和贷方发生额合计，并进行试算平衡。

由于科目汇总表反映了一定时期全部经济业务所涉及的账户，并涉及收、付、转全部记账凭证，为了便于科目汇总表的编制，使汇总工作快捷，不易发生差错，在编制记账凭证时，最好是一个借方账户与一个贷方账户相对应，因此，单式记账凭证有利于科目汇总表的汇编。

科目汇总表没有统一格式，常见的格式分别见表10-1、表10-2。

表 10-1　科目汇总表（格式一）

年　月　日—　月　日　编号：

会计科目	总账页数	本期发生额		记账凭证起讫号数
		借方	贷方	
合计				

表 10-2　科目汇总表（格式二）

年　月　日—　月　日　编号：

会计科目	1—10 日		11—20 日		21—30 日		合计		总账页数
	借方	贷方	借方	贷方	借方	贷方	借方	贷方	
合计									

（四）科目汇总表账务处理程序的一般程序

（1）根据原始凭证和原始凭证汇总表，编制收款凭证、付款凭证和转账凭证。

（2）根据收款凭证和付款凭证，登记库存现金日记账和银行存款日记账。

（3）根据一定时期内的全部记账凭证，汇总编制科目汇总表。

（4）根据科目汇总表，登记总分类账。

（5）根据原始凭证、原始凭证汇总表和记账凭证，登记各种明细分类账。

（6）期末，库存现金日记账及银行存款日记账的余额、各种明细账的余额，分别与总分类账中有关账户的余额核对。

（7）期末，根据总分类账和有关明细账编制财务报表。

科目汇总表账务处理程序如图 10-2 所示。

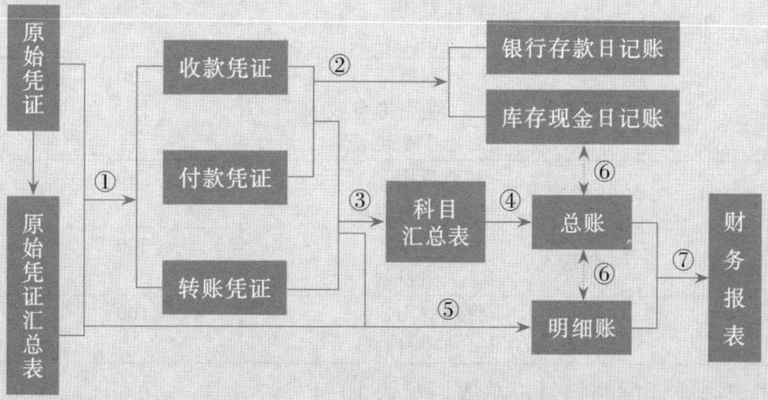

图 10-2　科目汇总表账务处理程序图

（五）科目汇总表账务处理程序的优缺点和适用范围

科目汇总表采用了汇总登记总分类账的形式，使登记总账的工作大为简化；同时，由于定期汇总进行试算平衡，可以及时发现问题，减少会计核算的差错；与汇总记账凭证账务处理程序分别填写三种汇总记账凭证，还要按账户的对应关系汇总相比，科目汇总表的编制手续既简单又省时；科目汇总表不仅可以作为登记总账的依据，而且可以作为各期发生额试算平衡表，用以核对各种明细账。这种账务处理程序可以减少登记总账的工作量，直接用科目汇总表代替总账反映经济业务的总括情况。其不足之处是：虽然减少了登记总账的工作量，但汇总记账凭证的工作量较大；另外，根据科目汇总表登记的总分类账只能反映借方、贷方发生额的总金额，不能反映账户间的对应关系。这种账务处理程序适用于经济业务面广量大、涉及会计科目较多的大型企业单位。

现举例说明“科目汇总表”的编制方法。华兴公司2021年3月1日至10日发生12笔经济业务，并已编制记账凭证（以会计分录代替），见表10-3。

表10-3　华兴公司3月1日—10日经济业务的会计分录

2021年		业务号	凭证种类	会计科目	借方金额	贷方金额
月	日					
3	1	①	转账1	在途物资 应交税费 　　应付账款	500 65	 565
	2	②	银付字1	在途物资 应交税费 　　银行存款	400 52	 452
	3	③	转账2	原材料 　　在途物资	500	 500
	5	④	转账3	原材料 　　在途物资	400	 400
	6	⑤	银付字2	应付账款 　　银行存款	565	 565
	7	⑥	银付字3	库存现金 　　银行存款	600	 600
	7	⑦	银收字1	银行存款 　　主营业务收入 　　应交税费	1 130	 1 000 130
	8	⑧	银付字4	管理费用 　　银行存款	350	 350
	9	⑨	转账4	应收账款 　　主营业务收入 　　应交税费	2 260	 2 000 260
	9	⑩	现付字1	制造费用 　　库存现金	80	 80
	10	⑪	转账5	生产成本 　　原材料	700	 700
	10	⑫	转账6	管理费用 　　原材料	100	 100

根据上述记账凭证编制科目汇总表，见表10-4。

表 10-4　科目汇总表

2021 年 3 月 1 日—10 日　编号：科汇 1

会计科目	总账页数	本期发生额		记账凭证起讫号数
		借方	贷方	
库存现金		600	80	现付字 1，银付字 3
银行存款		1 130	1 967	银收字 1，银付字 1 ~ 4
应收账款		2 260		转账 4
在途物资		900	900	转账 1 ~ 3，银付字 1
原材料		900	800	转账 2 ~ 3，转账 5 ~ 6
应付账款		565	565	转账 1，银付字 2
应交税费		117	390	转账 1，转账 4，银付字 1，银收字 1
主营业务收入			3 000	转账 4，银收字 1
生产成本		700		转账 5
制造费用		80		现付字 1
管理费用		450		转账 6，银付字 4
合计		7 702	7 702	

手工账务处理流程可简单概括为填制、审核会计凭证—登记账簿—编制报表。手工会计核算的工作重点是登记账簿，即由不同的会计人员依据审核无误的记账凭证分别登记各种日记账和各种分类账。在此期间，登记日记账、登记明细分类账、登记总分类账、试算平衡、对账和结账等诸多程序，要经过多数人的手工才能完成，增加了数据处理差错的可能性。

二维码 10-1

手工账务处理程序

第三节　电算化会计账务处理程序

一、会计电算化的概念

会计电算化有狭义和广义之分。狭义的会计电算化是指以电子计算机为主体的电子信息技术在会计工作中的应用；广义的会计电算化是指与实现电算化有关的所有工作，包括会计软件的开发应用、会计电算化人才的培训、会计电算化的宏观规划和管理、会计电算化制度建设等。

电算化会计账务处理程序与手工会计不同，数据一旦通过填制会计凭证进入系统，记账、对账、汇总、编制财务报表等，都是由计算机自动处理完成，实现数出一门（都从凭证上来）、数据共享（同时产生所需账表）。整个账务处理流程具有高度的连续性、严密性，呈现出一体化趋势，极大地提高了财务会计报告的时效性。因此，手工会计中根据登记总账依据不同而划分不同账务处理程序已没有必要，电算化会计改变了原来的记账规则和组织结构。

初级阶段的会计电算化实现了数据处理的自动化，解决了会计核算的效率问题，但企业会计信息与业务信息仍无法集成共享，其目标仅仅是替代手工做账。企业还可以利用计算机、网络通信、大数据等现代技术手段开展会计工作，将会计核算与其他经营管理活动有机结合，实现会计信息化。会计信息化是财务业务信息一体化、实时化，其目标是为企业经营管理、控制决策和经济运行提供充足、实时、全方位的信息。

二、电算化会计账务处理基本流程

（一）填制记账凭证

在电算化环境下，填制记账凭证可以采用以下几种方式：

（1）根据原始凭证直接在计算机上编制记账凭证。采用这种方式应当在记账前打印出会计凭证，并由经办人签章。

（2）由账务处理模块以外的其他核算模块自动生成会计凭证数据。

（3）扫描原始票据生成会计凭证数据。

（二）凭证审核

凭证审核由负责审核的会计人员在计算机中对生成的记账凭证进行审查，对审查通过的记账凭证作审核确认。会计核算软件可根据审核情况进行自动控制，已通过审核的凭证，不能再由凭证录入人员进行修改。未通过审核的凭证，不能记账。

（三）记账

记账是由有记账权限的人员，通过记账功能发出指令，由计算机按照记账程序自动进行的。在电算化环境中，记账有以下特点：

（1）记账是一个功能项，由计算机自动完成账簿登记。

（2）同时登记总账、明细账和日记账。

（3）各种会计账簿的数据都来源于记账凭证数据，记账只是对记账凭证做记账标记，不产生新的会计核算数据。

（四）结账和编制财务报表

在手工会计核算流程中，结账和编制财务报表是两个工作环节，工作量大且复杂；在电算化会计核算中，通过一次性预先定义账户结转关系和账户与报表的数据对应关系，结账和编制财务报表是作为一个步骤由计算机在短时间内同时自动完成的。

电算化会计业务流程如图10-3所示。

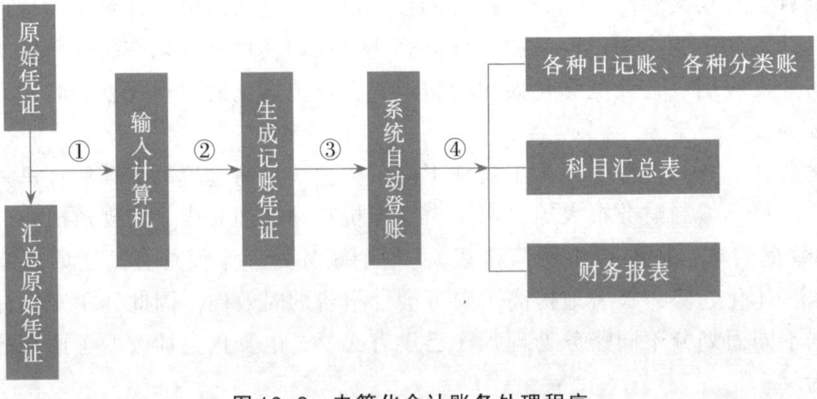

图10-3 电算化会计账务处理程序

三、基于ERP系统的会计信息化

通过图10-3可以看出，电算化会计业务流程仍需要财务工作者手工对各项财务信息进行核算，会计业务流程没有从根本上得到优化，仍需要沿用传统会计业务流程的工作模式。随着科技手段不断发展，传统会计业务流程降低了企业生产水平与业务处理速度，已经不能满足经济管理需要。企业应根据已有的业务流程重新设计一个更加完善的业务流程，以降低流程所消耗的成本和时间。

ERP系统是企业资源计划的简称，是指建立在信息技术基础上，集信息技术与先进管理思想于一身，以系统化的管理思想，为企业员工及决策层提供决策手段的管理平台。ERP系统的实施不仅调整与优化了企业财务业务流程，而且改变了会计工作的方式，弥补了传统会计账务处理程序的弊端。ERP环境下重组后的会计业务流程为：

（1）业务事件产生，各业务部门工作人员把相关数据录入相关管理子系统并且保存到企业全局数据库中。

（2）系统审核各项业务的货币信息，审核后系统自动编制记账凭证，最后将记账凭证存入数据库。

（3）系统根据业务数据编码规则，将企业各项业务数据进行编码之后存入企业数据库。

（4）信息使用者需要用到某项业务信息，通过ERP系统输入业务代码，就可以得到完整的会计信息。

（5）会计系统根据系统模型库的各项业务模型，对企业各项业务数据进行处理。

（6）系统自动定期为企业提供各种财务账簿与财务报表，供会计工作者和企业其他信息使用者使用。

随着社会的发展，企业开始进行流程重组，会计业务流程重组是企业流程重组的重要组成部分。在会计业务重组中，需要以业务财务一体化为导向，建立基于经济业务驱动的业务财务一体化信息处理流程，使会计数据和业务数据融为一体。当经济业务发生时，利用业务驱动来记录会计信息，将企业的财务、业务和管理信息集中于一个数据库，体现会计职能的变化。

第四节 财务共享服务中心账务处理程序

一、财务共享服务中心概述

财务共享服务中心（Financial Shared Service Center，FSSC）是通过将易于标准化的财务业务进行流程再造与标准化，并由共享服务中心统一对其进行处理，达到降低成本、提升客户满意度、改进服务质量、提升业务处理效率目的的作业管理模式，是企业集中式管理模式在财务管理上的最新应用。其目的在于通过一种有效的运作模式来解决大型集团公司财务职能建设中的重复投入和效率低下的弊端，一般为人员素质较高的制造业企业所属各分支机构、办事处服务。例如DELL在中国各个地区的销售网点，仅由一个销售团队及服务人员构成，通过设在厦门的总部统一处理业务，财务则可以共享至厦门。一般情况下，财务共享服务中心一般包括综合管理部、业务管理部、运营管理部等部门，具体如图10-4所示。

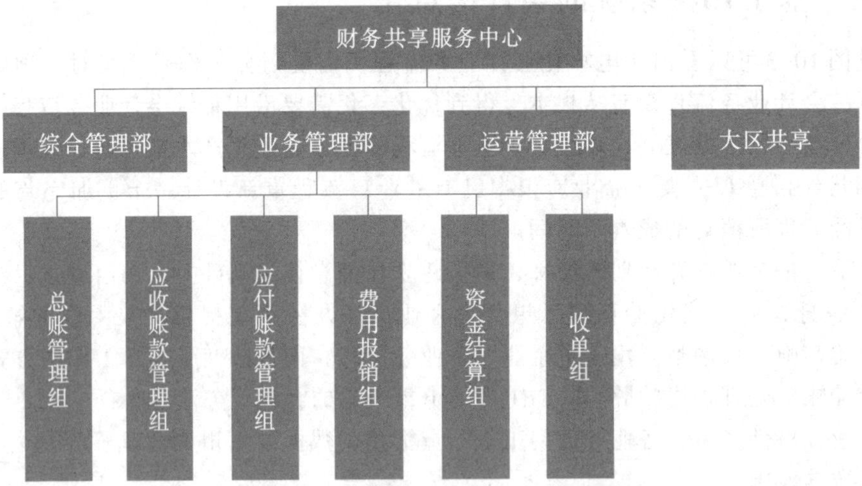

图10-4 财务共享服务中心组织结构

适合建立财务共享服务中心的企业主要有：金融企业、服务企业、制造业的销售网点、连锁企业、通信服务业等。现有技术条件下不适合建立财务共享服务中心的企业主要有：制造业的工厂、勘探业、信息化程度较低的企业等。

与普通的企业财务管理模式不同，财务共享服务中心的优势在于其规模效应下的成本降低、财务管理水平及效率提高和企业核心竞争力上升。与此同时，也存在财务人员脱离业务、信息管理与信息系统成本加大、人工成本可能不降反升、面临巨大的税务风险及税务机会成本等弊端。

二、财务共享服务中心账务处理基本流程

一般财务共享服务中心的账务处理流程包括总账管理、应收账款管理、应付账款管理、费用报销、资金结算五大部分。

（1）总账管理流程

总账管理主要包括在系统内进行审核并记账；月末计提、摊销、结转记账凭证；完成结账工作；编制财务报表；对会计档案进行管理等。

（2）应收账款管理流程

应收账款业务主要负责销售后开发票、审核是否符合收入确认条件、收到款项时核销、与客户及时对账反馈。此外，应收账款需要对客户的资信情况进行分析，划分资信等级，制定收款政策，实现信息流、资金流的实时对接。

从流程上来看，应收账款共享业务需要对集团内分、子公司的应收业务集中处理，在信息系统中录入订单以及合同的信息。财务人员需要将订单的信息与合同的条款进行比对，检查其是否合规；如果合规就开具销售发票，否则将重新录入订单以及合同信息；之后将发票数据的信息导入ERP系统中，在应收账款模块进行账务的集中处理。共享中心收到客户的款项后，进行核销的账务处理，并将信息共享给总账。

（3）应付账款管理流程

应付账款流程的核心业务包括：订单及合同管理、开票及收入确认、收款及票据管

理、对账反馈和内部控制等具体流程。

从流程上来看，各分、子公司通过影像采集和传输将票据信息扫描后录入系统后，财务共享服务中心的人员对单据的一致性、合规性、真实性进行审核，确保无误后进行后续付款操作流程，由此完成信息采集、会计处理、付款操作的流程。

（4）费用报销流程

报销人在系统上填制报销单据后发起申请流程，首先系统会自动完成智能审核，符合要求后流转到业务领导审批，最后流转到财务共享服务中心。费用报销组成员根据地域和分、子公司等划分，分别分管不同的费用报销业务。审核人员根据要求完成单据的合规性审核和网上审批流程。如存在纸质单据，报销人还需要将其寄送到收单组，此时就需要收单组核实影像与纸质单据的一致性。费用报销流程至此完成。费用报销流程图如图10-5所示。

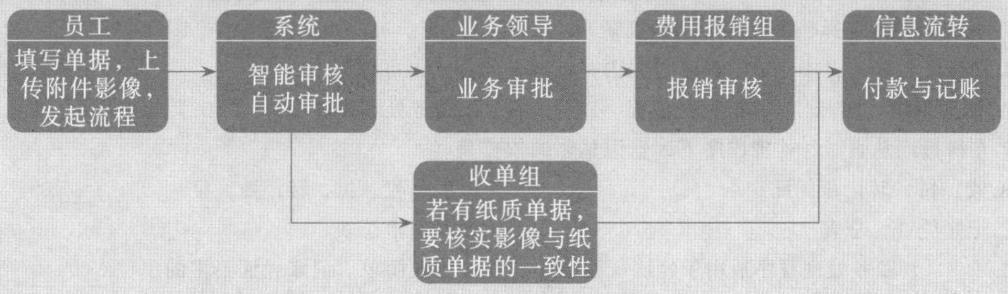

图10-5　费用报销流程图

（5）资金结算流程

资金结算流程主要是完成各业务板块单位的资金收支及银行对账业务、内部资金的上划与下拨、公司内部资金拆借、调剂各单位资金余缺等工作。

从流程上来看，在其他岗位完成经济业务审核后，由核算岗位判定该业务是否需要进行资金支付；如需要，则转交出纳岗进行业务审核，包括业务资料的合规性、支付指令/银行票据等信息是否与付款审批单据一致、是否符合已审批的经济业务事项申请等；审核无误完成支付，并将付款信息反馈至业务部门。

会计作为一门应用性学科，其发展动力来自社会经济环境的变化及会计信息使用者对信息需求的变化。以“大数据、人工智能、移动支付、云计算、物联网”为代表的信息技术发展，改变了人们的行为方式和思维方式，因此，会计职业不可避免地受到信息技术飞速发展所带来的机遇与挑战。这种冲击给传统会计的工作内容、账务处理流程带来了颠覆性改变。会计人员需要与时俱进，树立创新意识，并加强学习，适应技术变革带来的影响。

二维码10-2

信息技术的发展对会计的影响

案例十评析

不同的账务处理流程要与本单位的业务性质、规模大小、繁简程度、经营管理的要求和特点等相适应，有利于加强会计核算工作的分工协作，有利于实现会计控制和监督目标。

仅登记明细账或总账无法确保会计数据的真实和完整，因此会计主管登记总账是必要的，但是否将全部记账凭证重新登记一次，取决于企业的账务处理程序。账务处理程序要在保证会计核算工作质量的前提下，力求简化核算手续，节约人力和物力，降低会计信息成本，提高会计核算的工作效率。采用会计电算化软件进行核算时，可以减少明细账和总账的登记工作，从而减少岗位设置。

练习题

一、名词解释

账务处理程序　记账凭证账务处理程序　科目汇总表

二、填空题

1.各种账务处理程序有很多种相同点，又有各自不同的特点，不同之处主要表现为________的依据和方法不同。

2.在手工账务处理程序中，最基本的是________。

3.科目汇总表核算形式的特点是根据________定期编制，再根据________登记总分类账。

4.科目汇总表的设计原理是________。

5.电算化会计账务处理基本流程是________、________、________、________。

三、选择题（选择一个或多个正确答案）

1.会计证、账、表按一定的程序与方法有机结合的方式，可称为（　　）。

A.账簿组织　　B.记账流程　　C.账务处理程序　　D.会计循环

2.在科目汇总表账务处理程序下，登记总账的依据是（　　）。

A.收、付、转记账凭证　　B.汇总收、付、转记账凭证

C.记账凭证汇总表　　D.科目汇总表

3.（　　）账务处理程序适用于经济规模较小、业务比较简单、记账凭证不多的单位。

A.记账凭证　　B.汇总记账凭证　　C.科目汇总表　　D.日记总账

4.记账凭证账务处理程序的主要特点是（　　）。

A.根据各种记账凭证编制汇总记账凭证　　B.根据各种记账凭证逐笔登记总分类账

C.根据各种记账凭证编制科目汇总表　　D.根据各种汇总记账凭证登记总分类账

5.手工账务处理程序的相同之处表现为（　　）。

A.根据原始凭证编制汇总原始凭证　　B.根据原始凭证或原始凭证汇总表编制记账凭证

C.根据记账凭证逐笔登记总账　　D.根据总账及明细账编制财务报表

四、简答题

1.账务处理程序的设计原则是什么？

2.记账凭证账务处理程序和科目汇总表账务处理程序各有何优缺点？适用于哪些企业？

五、业务题

资料：海顺公司采用科目汇总表账务处理程序，每5天填制一次科目汇总表。

（1）2021年12月1日总分类账户余额见表10-5：

表10-5　总分类账户余额表　单位：元

账户名称	借方余额	贷方余额
库存现金	900	
银行存款	180 000	
原材料	63 000	
库存商品	32 000	
应收账款	40 000	
短期借款		46 000
应交税费		3 000
应付账款		5 000
实收资本		244 000
本年利润		17 900
合　计	315 900	315 900

（2）公司12月1日至10日发生下列经济业务：（一般纳税人，增值税税率13%）

①12月1日，收到股东张明投入资本60 000元，存入银行。（银收字01号）

②12月1日，从和平公司购进A材料800千克，每千克50元，增值税进项税额为5 200元，共计45 200元。材料已验收入库，款项已用银行存款支付。（银付字01号）

③12月2日，生产甲产品领用A材料300千克，每千克50元，共计15 000元。（转字01号）

④12月2日，南海公司偿还货款28 300元，款已收存银行。（银收字02号）

⑤12月3日，销售甲产品200件给兴旺公司，每件300元，增值税销项税额为7 800元。款已收到，存入银行。（银收字03号）

⑥12月3日，用银行存款归还前欠利新公司货款2 000元。（银付字02号）

⑦12月4日，用银行存款归还短期借款6 000元。（银付字03号）

⑧12月5日，销售甲产品100件给吉祥公司，每件300元，增值税销项税额为3 900元。货款尚未收到。（转字02号）

⑨12月6日，张前出差，预借差旅费800元，出纳支付现金800元。（现付字01号）

⑩12月6日，用银行存款支付产品广告费3 800元。（银付字04号）

⑪12月7日，张前出差归来，报销差旅费700元，余额100元退回。（现收字01号）（转字03号）

⑫12月8日，从银行提取现金 2 800元备用。（银付字05号）

⑬12月8日，用现金2 500元支付职工培训讲课费。（现付字02号）

⑭12月9日，结转销售产品成本29 000元。（转字04号）

要求：

（1）根据以上业务资料编制记账凭证和科目汇总表；

（2）开设并登记“库存现金”“银行存款”总账。

六、案例分析题

2010年10月至2020年4月间，杨旭雁在担任“东沟公司”出纳期间，利用职务的便利及单位管理、会计监督等方面漏洞，以非法占有为目的，通过私刻银行业务清讫章填写现金交款单、变造现金交款单、偷盖财务专用章和法人印鉴、修改同事报账现金支票的金额等方式先后多次侵吞、窃取公司的公款。经司法鉴定，截至2020年4月20日案发，杨旭雁共侵吞、窃取公款约1.43亿元，最终被决定执行无期徒刑，并处罚金501万元，剥夺政治权利终身。

请思考：会计信息化时代的到来能避免这种情况的发生吗？会计从业者应当具备何种职业素养？在全面依法治国的时代，你从本案例中有何感悟？

二维码10-3

练习题
参考答案

第十一章　会计工作组织

【案例十一】
第一节　会计工作组织概述
第二节　会计机构
第三节　会计人员
第四节　会计工作管理体制
【案例十一评析】
【练习题】

会计学

原理

Principles of Accounting

第十一章　会计工作组织

【学习目标】

- 了解会计工作组织的原则和内容；
- 理解会计机构、会计岗位的设置方法及会计人员的配备规定；
- 掌握会计人员的职责、权限；
- 理解内部控制原理及其具体措施。

【本章重点】

- 会计机构的设置；
- 会计人员的职责及权限。

【本章难点】

- 单位内部的会计工作管理与内部控制。

案例十一

鸿达公司是国有企业，本年度有关资料如下：

（1）单独设置了内审部门，但内审人员王大宇没有取得会计专业技术资格证书。

（2）会计人员李小琳负责收入账目的登记工作，同时负责会计档案保管。

（3）该公司的会计机构负责人赵申为单位负责人范和泷的舅舅。

（4）该公司规定，各部门定期对财产物资进行清查，对于账实不符的情况，会计机构负责人赵申负责处理所有事宜。

根据以上情况，请分析该公司在会计工作组织中存在什么问题。

第一节　会计工作组织概述

一、会计工作组织的意义

会计工作组织就是为了适应会计工作的综合性、政策性和严密细致性的特点，对会计机构的设置、会计人员的配备、会计工作管理体制的完善以及会计电算化的实施等各方面所做的统筹安排。

正确、科学、合理地组织会计工作，对全面完成会计任务、充分发挥会计在经济管理工作中的作用具有重要意义。会计工作组织的意义如下：

（一）科学地组织会计工作，可以提高会计工作的质量和效率

会计工作是一项复杂、细致而又严密的工作。会计所反映和监督的经济活动是错综复杂的。它所提供的信息要经过一系列计算、记录、分类、汇总、分析、检查的手续和处理

程序。每个手续和程序、数据之间都存在密切的联系。一步遗漏或错计，往往会使会计信息不正确、不及时，进而影响整个经济管理、预测和决策。因此，科学、合理地组织会计工作，才能保证会计工作有条不紊地进行，提高会计工作的质量和效率。

（二）科学地组织会计工作，有利于提高单位的经营管理水平

会计是经济管理的重要组成部分，会计工作的对象和性质决定了会计工作需要借助其他各部门的通力协作以及相关人员的有效协调和分工来完成，同时会计工作的成果又为各部门的管理活动提供了依据和指导。由此可知，会计工作是一项综合性的经济管理工作。随着现代会计的不断发展，会计工作在单位经营管理中的作用不断增强，如参与企业预测、决策、计划、分析、考核等。因此，只有合理地组织会计工作，科学地协调好各职能部门的管理工作，才能加强各单位内部的岗位责任制，促使各部门更好地履行自己的职责；才能加强核算与考核，挖掘增产节约、增收节支的潜力，提高单位的经济效益和经营管理水平。

（三）科学地组织会计工作，有利于认真贯彻执行党和国家的方针政策，维护财经纪律

会计工作是一项政策性很强的工作。一个单位、组织在生产经营活动和开展各项业务的过程中，能否贯彻执行党和国家的方针、政策、法令和制度；能否在经济领域中打击不法行为和破坏活动，反对铺张浪费，保护企业财产的安全与完整，正确处理好国家、投资者和职工个人等各方面的利益关系，维护利益相关者的经济利益和社会主义市场经济秩序，都离不开会计的核算和监督。因此，设置有效的会计工作机构、制定严格的会计制度、配备称职的财会人员，是在经济工作中全面贯彻执行党和国家方针、政策和财经法规，维护财经纪律的重要保证。

二、会计工作组织的具体内容

（一）会计机构（包括会计岗位）的设置

会计机构，是指各单位设置的专门办理会计事务的职能部门，由专职会计人员组成，负责组织、领导和处理会计工作。

在我国，由于会计工作和财务工作都是综合性经济管理工作，它们之间的关系非常密切，因此通常把两者合并在一起，设置一个财务会计机构。例如，企业设置的财务会计科（处），或称财务科（处）等。所以，会计机构通常是指财务会计部门。

会计岗位是指一个单位会计机构内部根据业务分工而设置的，从事会计工作，办理会计事项的具体职位。

会计机构的设置是否合理、各会计岗位之间是否协调，将直接影响会计工作效率和会计信息质量。

（二）会计人员的配备

会计人员，是指单位内部直接从事会计工作的人员。

各企事业单位都应根据实际需要配备一定数量具有专业素质的会计人员，这是做好会计工作的决定性因素。

（三）会计工作的管理体制

会计工作的管理体制，是指各级会计工作管理部门之间及具体会计核算单位之间在权

责管理方面的关系，包括宏观会计工作的管理体制和微观会计工作的管理体制，是经济管理体制的重要组成部分。

三、会计工作组织的总体原则

（一）合法性原则

会计工作组织必须符合国家会计法规、会计准则和财经制度的规定。

（二）适应性原则

会计工作组织必须适应本单位生产经营管理的特点。单位可在不违背有关会计法规、会计准则和财经制度的前提条件下，结合本单位的具体情况制定本单位的会计核算办法。

（三）信息性原则

会计工作组织要尽可能地满足政府部门、投资者、债权人、企业经营管理者对会计信息的需要。

（四）成本效益原则

会计工作组织在保证会计信息质量的前提下，应坚持成本效益原则，合理设置会计机构，配备会计人员，建立有效的会计工作程序和办事规则，防止机构重叠、重复劳动和不必要的工作程序和手续，应尽可能地节约人力、物力，提高会计工作效率。

（五）协调性原则

会计工作是一项综合性的经济管理工作。它既有独立的工作内容和范围，又与其他经济管理工作具有十分密切的联系。各单位发生的经济业务，都要通过会计予以反映和监督。会计工作同其他经济管理工作之间既有分工，又有协作，会计工作要同其他各项经济管理工作互相协调、互相配合，共同完成任务。

第二节　会计机构

根据《会计法》的要求，企事业单位、行政机关等应当根据会计业务的需要，设置会计机构。会计机构是各单位办理会计事务的职能机构，是各单位做好会计工作、充分发挥会计职能作用的重要保证。

一、会计机构的设置

各单位是否设置会计机构，应当根据会计业务的需要来决定，各单位可以根据本单位会计业务的繁简情况决定是否设置会计机构。一个单位是否需要设置会计机构，一般取决于以下几方面的因素：

第一，单位规模的大小。从有效发挥会计职能作用的角度看，实行企业化管理的事业单位，大、中型企业应当设置会计机构；业务较多的行政单位、社会团体和其他组织也应设置会计机构。而对于那些规模很小的企业，以及业务和人员都不多的行政单位等，可以不单独设置会计机构。

第二，经济业务和财务收支的繁简程度。大、中型单位的经济业务复杂多样，在会计机构和会计人员的设置上应当考虑全面、合理、有效的原则，但是不能忽视单位经济业务的性质和财务收支的繁简问题。有些单位的规模相对较小，但经济业务复杂多样，财务收支频繁，也要设置相应的会计机构和会计人员。

第三，经营管理的要求。经营管理对会计机构和会计人员的设置要求是最基本的。单位设置会计机构和会计人员的目的，就是满足单位在经营管理上的需要。随着科学技术的进步，单位对会计机构和会计人员的要求与手工会计核算相比更高。因此，如何设置会计结构和配备会计人员是单位会计管理的一项重要工作。

各单位应根据会计业务的需要，设置会计机构，或者在有关机构中设置会计人员并指定会计主管人员；不具备设置条件的，应当委托经批准设立从事会计代理记账业务的中介机构代理记账。

（一）单位设置独立的会计机构

大、中型企业和具有一定规模的行政事业单位，以及财务收支数额较大、会计业务较多的社会团体和其他经济组织，应单独设置会计机构。

（二）单位不设置独立的会计机构，但配备相应的会计人员

一些规模不大的企业，会计业务简单、人员不多的行政单位，可以不单独设置会计机构，允许其在有关机构中配备专职会计人员。这类机构一般应是单位内部与财务会计工作接近的机构，如计划、统计或经营管理部门，或者是有利于发挥会计职能作用的内部综合部门，如办公室等。

（三）实行代理记账

没有设置会计机构和配备会计人员的单位，应当根据《代理记账管理办法》，委托会计师事务所或者持有代理记账许可证书的其他代理记账机构进行代理记账。此项规定适应了不具备设置会计机构、配备会计人员的小型经济组织解决记账、算账、报账问题的要求。

代理记账是指从事代理记账业务的社会中介机构接受委托人的委托办理会计业务。委托人是指委托代理记账机构办理会计业务的单位。代理记账机构是指从事代理记账业务的中介机构。

二、会计岗位的设置

《会计法》和《会计基础工作规范》对会计工作岗位的设置规定了基本原则，提出了示范性的要求，具体包括以下几个方面：

（一）各单位应当根据会计业务需要设置会计岗位

由于各单位的业务量和经营状况不同，所以会计人员配备数量、会计岗位设置类型等存在很大差异。会计人员多则数十人，少则两三人。会计岗位一般分为：

1.会计机构负责人或会计主管岗位；

2.出纳岗位；

3.稽核岗位；

4.资本、基金核算岗位；

5.收入、利润、财务成果核算岗位；

6.职工薪酬、成本费用核算岗位；

7.债权、债务核算岗位；

8.存货、固定资产等财产物资核算岗位；

9.总账岗位；

10.财务会计报告编制岗位；

11.会计电算化岗位；

12.会计档案管理岗位。

会计机构负责人是指单位设置的独立会计机构的负责人，而会计主管人员则是指未设置独立会计机构的单位，在相关机构中设置会计岗位并指定负责会计工作的主管人员。

（二）会计岗位的设置应符合内部牵制制度的要求

在会计岗位设置上可以一人一岗、一人多岗或多人一岗，但在确定岗位时，应贯彻内部牵制原则。例如，出纳人员不得兼管稽核，会计档案保管，收入、费用、债权债务账目的登记工作。

（三）会计人员的工作岗位应有计划地进行轮换

一方面，有计划地进行岗位轮换，有利于会计人员全面熟悉业务，不断提高业务素质；另一方面，轮岗制在一定程度上也有助于防止会计舞弊行为的发生，同时保护会计人员。

企业应当结合岗位特点和重要程度，明确财会等关键岗位员工轮岗的期限和有关要求，建立规范的岗位轮换制度。对关键岗位的员工，可以实行强制休假制度，并确保在最长不超过5年的时间内进行岗位轮换，防范并及时发现在岗位职责履行过程中可能存在的重要风险，以强化职责分工控制的有效性。

（四）会计岗位设置应有利于实施岗位责任制

岗位责任制是指明确规定各种工作岗位的职能及其责任并予以严格执行的管理制度。它要求明确各种岗位的工作内容、数量和质量，以及应承担的责任等，从而保证各项业务活动有序进行。

实行岗位责任制的主要内容是对机关（单位）的总体职责，各科室和岗位承担的工作内容、数量、质量及完成的程序、标准和时限，应有的权力和应负的责任等做出明确规定。

三、会计机构的内部控制

会计机构内部的岗位分工必须遵循内部控制规范，主要体现在会计岗位的内部牵制上。

会计机构内部应建立稽核制度和内部牵制制度，以防止会计核算工作上的差错和有关会计人员的舞弊。

（一）内部牵制

内部牵制是一种以事务分管为核心的自检系统，通过职责分工和业务程序的适当安排，使各项业务内容能自动被其他作业人员核对查证，从而起到相互制约、相互监督的作用。内部牵制有两种方式：

1.纵向牵制。每项经济业务的处理都要经过上、下级有关人员之手，从而使下级受上级监督，上级受下级制约。

2.横向牵制。每项经济业务的处理至少要经过彼此不相隶属的两个部门的处理，从而使每个部门的工作或记录受另一个部门的牵制。

（二）内部牵制制度

内部牵制制度也称钱账分管制度，是指凡是涉及款项和财务收付、结算及登记的任何一项工作，都必须由两人或两人以上分工办理，以起到相互制约作用的一种工作制度。例如，库存现金和银行存款的支付，应由会计主管人员或其授权的代理人审核、批准，出纳人员付款，记账人员记账，不得一人兼办。

实行内部牵制制度，主要是为了加强会计人员之间相互制约、相互监督、相互核对，提高会计核算工作质量，从而防止在会计事务处理过程中发生失误和差错以及营私舞弊等行为。

第三节 会计人员

会计人员是指从事财务会计工作的人员，是做好会计工作、发挥会计作用、完成会计任务的决定性因素。

我国《会计法》以及有关会计人员管理条例，对会计人员的职责、权限、专业技术职务等都做了明确的规定。财政部门负责会计专业技术资格、会计人员评优表彰奖惩以及会计人员继续教育等。

一、会计专业职务和会计专业技术资格

2017年新《会计法》颁布，取消了“从事会计工作的人员，必须取得会计从业资格证书”的规定，取而代之的是“会计人员应当具备从事会计工作所需要的专业能力”。会计从业资格证书随之取消。

会计人员的专业知识和专业技能主要通过设置会计专业职务和会计专业技术资格考试来进行考核和确认。

（一）会计专业职务

会计专业职务是区分会计人员从事业务工作的技术等级。会计专业职务分为会计员、助理会计师、会计师、高级会计师四种，其中会计员、助理会计师为初级职务，会计师为中级职务，高级会计师为高级职务。

（二）会计专业技术资格

会计专业技术资格指会计专业职务的任职资格，分为初级资格、中级资格和高级资格三个级别。

1.会计专业技术资格的取得

（1）会计专业技术初级资格和中级资格实施统一考试制度。通过全国统一考试，取得会计专业技术资格的会计人员，表明其已具备相应级别会计专业技术职务的任职资格。

初级资格的考试科目包括“初级会计实务”和“经济法基础”。

中级资格的考试科目包括“中级会计实务”、“财务管理”和“经济法”。参加中级资格考试的人员，应在连续的两个考试年度内通过全部科目的考试，方可获得中级资格证书。

（2）会计专业技术高级资格则实施考评结合的制度。从2003年开始，凡申请参加高

级会计师资格评审的人员，须经考试合格后，方可参加评审。

高级资格考试科目为"高级会计实务"，参加高级资格考试并达到国家合格标准的人员，在网上下载打印考试合格成绩单，3年内参加高级会计师资格评审有效。

2.报名参加会计专业技术资格考试的人员，应具备下列基本条件：

（1）坚持原则，具备良好的职业道德品质；

（2）认真执行《中华人民共和国会计法》和国家统一的会计制度，以及有关财经法律、法规、规章制度，无严重违反财经纪律的行为；

（3）履行岗位职责，热爱本职工作；

（4）具备国家教育部门认可的高中毕业以上学历。

3.报名参加中级资格考试的人员，除具备基本条件外，还应具备下列条件之一：

（1）取得大学专科学历，从事会计工作满5年；

（2）取得大学本科学历，从事会计工作满4年；

（3）取得双学士学位或研究生班毕业，从事会计工作满2年；

（4）取得硕士学位，从事会计工作满1年；

（5）取得博士学位。

上述有关学历或学位，是指经国家教育行政部门认可的学历（学位）。有关工作年限，是指报考人员取得规定学历前后从事会计工作时间的总和，其截止日期为考试报名年度当年年底前。对通过全国统一考试，取得经济、统计、审计专业技术中级资格，并具备上述基本条件的人员，可报名参加中级资格考试。

4.报名参加高级资格考试的人员，除具备基本条件外，还应符合下列条件之一：

（1）《会计专业职务试行条例》规定的高级会计师职务任职基本条件。

（2）省级财政、人力资源和社会保障部门或中央单位批准的本地区、本部门申报高级会计师职务任职资格评审条件。报考人员应根据各省（区、市）具体要求提交相应材料。

二、总会计师

（一）总会计师的设置范围

《会计法》规定，国有和国有资产占控股地位或主导地位的大中型企业必须设置总会计师。

1990年12月，国务院发布了《总会计师条例》，对总会计师的任职条件、职责、权限等都做了明确的规定。总会计师的任职资格、任免程序、职责权限由国务院规定。其他单位可以根据需要，视情况自行决定是否设置总会计师。《总会计师条例》于2011年修订。

（二）总会计师的地位和任职条件

1.地位

总会计师是单位内部的一个行政职位，是单位领导成员，主管经济核算和财务会计工作，直接对单位负责人负责，参与本单位的重大经营决策活动。凡设置总会计师的单位，在单位行政领导成员中，不设与总会计师职权重叠的副职。

2.任职条件

总会计师必须具备下列条件：

（1）坚持社会主义方向，积极为社会主义市场经济建设和改革开放服务；

（2）坚持原则，廉洁奉公；

（3）取得会计师专业技术资格后，主管一个单位或者单位内部一个重要方面的财务会计工作的时间不少于3年；

（4）要有较高的理论水平，熟悉国家财经纪律、法规、方针和政策，掌握现代化管理的有关知识；

（5）具备本行业的基本业务知识，熟悉行业情况，有较强的组织领导能力；

（6）身体健康，能胜任本职工作。

（三）总会计师的职责和权限

1.总会计师的职责

（1）由总会计师负责组织的工作包括：

①组织编制计划和执行预算，有效地使用资金；

②建立、健全经济核算制度，提高经济效益；

③负责本单位财务会计机构的设置和会计人员的配备，组织对会计人员进行业务培训和考核；

④支持会计人员依法行使职权等。

（2）由总会计师协助、参与的工作包括：

①协助单位负责人对本单位的生产经营和业务管理等问题做出决策；

②参与相关经营管理活动方案的制订；

③参与重大经济合同和经济协议的研究、审查。

2.总会计师的权限

（1）对违法违纪问题的制止和纠正权，制止或纠正无效时，提请单位负责人处理；

（2）建立、健全单位经济核算和组织指挥权；

（3）对单位财务收支具有审批签署权；

（4）有对本单位会计人员的管理权，包括对本单位会计机构设置、会计人员配备、继续教育、考核、奖惩等。

三、会计人员继续教育

会计人员继续教育，是指由国家实施的、以提高会计人员政治素质、业务能力、职业道德水平，使其知识和技能不断得到更新、补充、拓展和提高而对会计人员进行的综合素质教育。其培训对象包括从事会计工作和已取得或受聘会计专业技术资格（职称）的会计人员。

会计专业技术人员参加继续教育情况，应当作为聘任会计专业技术职务或者申报评定上一级资格的重要条件。

对未按规定参加继续教育或者参加继续教育未取得规定学分的会计专业技术人员，继续教育管理部门应当责令其限期改正。

四、会计人员的职责和权限

（一）会计人员的职责

会计人员的职责是指会计人员在自己的工作岗位上应尽的职务和责任。

《会计法》规定，国家机关、社会团体、公司、企业、事业单位和其他组织（以下统称单位）必须依法设置会计账簿，并保证其真实、完整。会计机构、会计人员应依法进行会计核算，实行会计监督。各单位必须根据实际发生的经济业务事项进行会计核算，填制会计凭证，登记会计账簿，编制财务会计报告。任何单位不得以虚假的经济业务事项或者资料进行会计核算。

1.单位负责人的基本职责

《会计法》第四条明确规定："单位负责人对本单位的会计工作和会计资料的真实性、完整性负责。"这一规定明确了单位负责人为本单位会计行为的责任主体。单位会计工作和会计资料出现问题，单位负责人首先要承担法律责任。

单位负责人负责单位内部的会计工作管理，应当保证会计机构、会计人员依法履行职责。任何单位或者个人不得对依法履行职责、抵制违反本法规定行为的会计人员实行打击报复。

2.会计机构、会计人员的基本职责

《会计法》在明确单位负责人为单位会计责任主体的同时，也规定了会计机构、会计人员的基本职责，即"会计机构、会计人员依照本法规定进行会计核算，实行会计监督"。会计人员的职责是指会计人员在自己的工作岗位上应尽的职责。其具体包括以下内容：

（1）进行会计核算。会计人员要按照会计制度的具体规定，运用科学、合理而严密的会计核算方法和程序，真实、准确、完整地记录和反映本单位的各项经济业务，提供真实可靠的经济信息。

（2）实行会计监督。会计人员要以国家法令、财政、财务制度为依据，通过日常会计工作，对本单位各项经济业务的合法性、合理性进行监督。

（3）根据国家统一的会计法规，结合本单位的具体情况，拟定本单位办理会计事项的制度和具体办法，并组织贯彻执行。

（4）参与拟订经济计划、业务计划，考核、分析预算和财务计划的执行情况，提出改善经营管理、提高经济效益的建议和措施。

（5）按照国家会计制度的规定，妥善保管会计凭证、账簿、报表等会计档案资料。

（二）会计人员的权限

会计人员的权限是指会计人员在自己的工作岗位上拥有的权利范围。

1.会计人员有权要求单位有关部门、人员认真执行计划、预算，遵守国家财经纪律和财务会计制度。

会计机构、会计人员是会计工作的主要承担者，其基本职责是进行会计核算和实行会计监督。但是，进行会计核算、实行会计监督不仅是会计机构、会计人员的事情，单位负责人和本单位其他人员以及其他单位的有关人员，都有责任、义务保证会计机构、会计人员依法行使职权，不能阻碍会计机构、会计人员行使这一职权，更不能对会计机构、会计人员行使职权进行违法干预。

2.会计人员有权参与本单位编制计划、制定定额，签订经济合同，参与有关的生产、经营管理会议。

领导人和有关部门对会计人员提出的财务开支和经济效益方面的问题和意见，要认真考虑，合理的意见要加以采纳。

3. 会计人员有权监督和检查本单位有关部门的财务收支、资金使用和财产保管、收发、计量、检验等情况。

二维码 11-1

会计机构和会计人员

有关部门应当提供资料，如实反映情况。为了保障会计人员行使工作权限，各级领导和有关人员要支持会计人员行使工作权限。《会计法》第五条规定："任何单位或者个人不得以任何方式授意、指使、强令会计机构、会计人员伪造、变造会计凭证、会计账簿和其他会计资料，提供虚假财务会计报告。"这一规定，体现了法律对会计机构、会计人员依法行使职权的保护，也是对经济生活中任意干扰会计工作的情况所做的有针对性的规定。

第四节 会计工作管理体制

会计工作管理体制是划分管理会计工作职责权限关系的制度，包括会计工作管理组织形式、管理权限划分、管理机构设置等内容，一般分为会计工作的行政管理、会计工作的自律管理和单位内部的会计工作管理。

一、会计工作的行政管理

（一）会计工作行政管理体制

会计工作的宏观管理体制是指政府部门的会计工作管理体制。我国作为社会主义市场经济国家，公有制占主导地位。会计工作对维护社会主义市场经济秩序具有特殊的作用，基层单位的会计工作在为本单位的经营管理和业务活动服务的同时，也要为国家宏观调控服务。

1. 会计工作的行政主管部门

中华人民共和国成立后就在财政部设立了专门管理会计工作的机构。几十年来，会计工作一直由财政部门管理。财政部门主管会计工作，有利于相互结合、相互促进，更好地为财税工作和其他经济工作服务。审计、税务、金融等主管部门虽然在履行职责中也涉及会计工作，但受行业、业务范围的限制，这些部门所涉及的会计单位没有财政部门广泛。

国务院财政部门主管全国的会计工作，县级以上地方各级人民政府财政部门管理本行政区域内的会计工作。财政部门主管会计工作应遵循"统一领导，分级管理"的原则。这是划分会计工作管理权责的重要原则，也体现了管理的效率原则。

对会计工作的监管，除了发挥财政部门的作用外，还要发挥业务主管部门、政府其他管理部门的作用。审计、税务、中国人民银行、证券监管、保险监管、银行监管等部门依照有关法律、行政法规规定的职责和权限，可以对有关单位的会计资料实施监督检查。它们也是国家监督的重要组成部分。其他部门必须在"法定的职责和权限"内实施监督检查，并尽可能避免重复查账。

2. 会计制度的制定权限

《会计法》规定，国家实行统一的会计制度。国家统一的会计制度由国务院财政部门根据《会计法》制定并公布。

国务院有关部门对会计核算和会计监督有特殊要求的行业，依照《会计法》和国家统一的会计制度，制定实施国家统一的会计制度的具体办法或者补充规定，报国务院财政部门审核批准。中国人民解放军总后勤部可以依照《会计法》和国家统一的会计制度制定军队实施国家统一的会计制度的具体办法，报国务院财政部门备案。

3.我国会计工作行政管理的机构设置

（1）财政部设置会计事务管理司

财政部会计事务管理司，是全国会计机构的最高领导，主管全国会计工作。其主要职责是：制定和组织贯彻实施会计准则和会计制度，以及各项全国性的会计法令、规章制度；制定全国会计专业技术人员继续教育政策，会同人力资源和社会保障部监督指导全国会计专业技术人员继续教育工作的组织实施；管理全国会计人员专业技术资格考试等。

（2）地方财政部门设置会计事务管理局（处）

地方财政部门会计事务管理局（处），主管本地区的会计工作。其主要职责是根据国家的统一规定，结合本部门、本地区的具体情况，补充制定会计制度；会同人力资源和社会保障部门共同负责本地区会计专业技术人员继续教育工作；管理会计人员专业技术资格考试与考核等工作。

（二）会计工作行政管理的内容

会计工作的行政管理主要包括以下内容：

（1）制定国家统一的会计制度

国家统一的会计制度由国务院财政部门根据《会计法》制定并公布。

国家实行统一的会计制度，是规范会计行为的重要保证。我国的会计制度既是规范各单位会计行为的标准，是各单位组织会计管理工作和产生相互可比、口径一致的会计资料的依据，又是国家财政经济政策在会计工作中的具体体现，还是维护社会经济秩序的重要保证。

（2）会计市场管理

会计市场管理包括会计市场的准入管理、运行管理和退出管理三个方面。

第一，准入管理主要是指财政部门对代理记账机构的设立、注册会计师资格的取得及会计师事务所的设立等所进行的条件设定。

第二，运行管理主要是指财政部门对获准进入会计市场的机构和人员，是否遵守各项法律法规，依据相关准则、制度和规范执行业务的过程及结果所进行的监督和检查。对于获准进入会计市场的机构和人员是否持续符合相关的资格和条件，也属于会计市场运行管理的范畴。

第三，退出管理主要是指财政部门对在执业过程中有违反会计法规行为的机构和个人进行处罚、吊销其执业资格、强制其退出会计市场等。

（3）会计专业人才评价

会计专业人才评价主要包括初级、中级、高级会计人才考评机制，会计领军人才的培养评价和对会计人员的表彰奖励等方面。财政部坚持从实际出发，以社会需求为导向，着力完善会计专业技术资格评价体系，创新会计人才选拔评价方式，形成初级、中级、高级层次清晰、相互衔接、体系完整的会计专业技术资格评价制度，使会计人才选拔、培养的导向作用发挥得更加明显，适应经济社会发展对会计人才的新需求，引导、激发会计人才创新活力。

（4）会计监督检查

会计监督检查是指财政部依法履行《会计法》《注册会计师法》赋予的会计监督职责，组织驻各地财政监察专员办事处和地方财政部门，切实强化会计执法检查，整顿规范会计秩序等。

财政部门实施的会计监督检查主要包括会计信息质量检查和会计师事务所执业质量检查。

二、会计工作的自律管理

（一）中国注册会计师协会

中国注册会计师协会是依据《注册会计师法》和《社会团体登记条例》的有关规定设立，在财政部党组和理事会领导下开展行业管理和服务的法定组织。该协会实行强制会员制，即会计师事务所和注册会计师必须加入注册会计师协会，前者为团体会员，后者为个人会员。

中国注册会计师协会分别于1996年10月和1997年5月加入亚太会计师联合会（CAPA）和国际会计师联合会（IFAC），同时，与50多个境外会计师职业组织建立了友好合作和交往关系，并出版期刊《中国注册会计师》。

（二）中国会计学会

中国会计学会创建于1980年，是财政部所属由全国会计领域各类专业组织，以及会计理论界、实务界会计工作者自愿结成的学术性、专业性、非营利性社会组织。

中国会计学会在财政部领导的重视与支持下，围绕财政、会计工作的改革与发展，较好地发挥了理论先导、政策宣传、知识传播、发现人才的作用。目前中国会计学会已成为联系政府机构、工商界和学术界的桥梁和纽带，是会计精英就财务会计改革与实践进行交流的高层次平台。

（三）中国总会计师协会

中国总会计师协会成立于1990年，是经民政部批准，依法注册登记成立的跨地区、跨部门、跨行业的全国非营利一级社团组织，业务指导单位是财政部，是总会计师行业的全国性自律组织。

该协会的单位会员主要为各省、自治区、直辖市、计划单列市总会计师协会或研究会，具有一定规模的大中型企业、事业单位等。

三、单位内部的会计工作管理

（一）单位内部的会计工作管理责任主体

单位内部会计工作管理的责任主体是单位负责人。《会计法》规定：单位负责人对本单位的会计工作和会计资料的真实性、完整性负责。

单位负责人是指单位法定代表人或者法律、行政法规规定代表单位行使职权的主要负责人。

单位法定代表人，是指依法代表法人单位行使职权的负责人，如国家机关、事业单位、社会团体、企业（经济组织）的负责人。法律、行政法规规定代表单位行使职权的主要负责人是指依法代表非法人单位行使职权的负责人，如合伙企业的合伙人、个人独资企业的投资人。

（二）单位内部的会计机构设置

会计机构是一个综合性经济管理部门。它和单位内部其他各职能部门、各生产经营业务单位的工作具有十分密切的联系。它们相互促进，相互制约；还要接受上级管理机构、国家财政、税务和审计等部门的指导与监督，并按规定向它们报送财务报表。因此，会计机构要主动为各职能部门、各业务单位服务，并依靠各职能部门和业务单位共同做好会计工作，完成会计任务。

（三）单位内部会计人员配备制度

单位内部会计人员配备制度主要包括单位内部岗位任职资格制度、单位内部会计人员聘用制度、单位内部会计人员回避制度等。

1.单位内部会计岗位任职资格制度

（1）任职会计岗位的会计人员应当具备从事会计工作所需要的专业能力。

（2）会计机构负责人岗位（会计主管人员岗位）须选用具有以下资格的人员：具备会计师以上专业技术职务资格或者从事会计工作3年以上经历。

（3）总会计师岗位的任职资格：取得会计师专业技术资格后，主管一个单位或者单位内部一个重要方面的财务会计工作时间不少于3年。

2.单位内部会计人员聘用制度

会计人员聘用制度包括会计委派制度（由上级单位聘用并任命）、自行聘用制度（由本单位聘用并任命）、自行聘用上级核准制度（由本单位聘用，报请上级批准后任命）等。

3.单位内部会计人员回避制度

国家机关、国有企业、事业单位任用会计人员应当实行回避制度。单位负责人的直系亲属不得担任本单位的会计机构负责人、会计主管人员；会计机构负责人、会计主管人员的直系亲属不得在本单位会计机构中担任出纳工作。

这里，直系亲属包括夫妻关系、直系血亲关系、三代以内旁系血亲以及近姻亲关系。

（四）单位内部会计工作交接制度

会计工作交接是会计工作中的一项重要制度，也是会计基础工作的重要内容。办理好会计工作交接，有利于分清移交人员和接管人员的责任，可以使会计工作前后衔接，保证会计工作顺利进行，防止账目不清、财务混乱。《会计基础工作规范》对会计工作交接有专门的规定。

1.单位内部会计工作交接的范围

会计人员调动工作、离职或者因病暂时不能工作，应与接管人员办理工作交接手续。

2.单位内部会计工作交接监管的具体要求

（1）一般会计人员办理交接手续，由单位的会计机构负责人、会计主管人员负责监交。

（2）会计机构负责人、会计主管人员办理交接手续，由单位领导人负责监交；必要时，主管单位可以派人会同监交。会同监交的具体情况如下：

①所属单位负责人不能监交，需要由上级主管单位派人代表主管单位监交。

②所属单位负责人不能尽快监交的，需要由上级主管单位派人督促监交。

③不宜由单位负责人单独监交的，需要上级主管单位会同监交。

④上级主管单位认为存在某些问题需要派人会同监交的，也可以派人会同监交。

3.单位内部会计工作交接的基本程序

（1）现金要根据会计账簿记录的余额进行当面点交，不得短缺。接管人员发现不一致或者“白条顶库”现象时，移交人员在规定期限内负责查清处理。

（2）有价证券的数量要与会计账簿记录一致。有价证券面额与发行价不一致时，按照会计账簿余额交接。

（3）会计凭证、账簿、报表和其他会计资料必须完整无缺，不得遗漏。

（4）银行存款账户余额要与银行对账单核对一致。

（5）公章、收据、空白支票、发票、科目印章以及其他物品等必须交接清楚。

（6）实行会计电算化的单位，交接双方应在电子计算机上对有关数据进行实际操作，确认有关数字正确无误后方可交接。

交接完毕后，交接双方和监交人要在移交清册上签名盖章。

4.单位内部会计工作交接人员的责任

移交人员对移交的会计凭证、会计账簿、财务报表和其他会计资料的合法性、真实性承担法律责任。会计资料移交后，如发现是在其经办会计工作期间内发生的问题，由原移交人员负责。接管人员不得擅自另立账簿，以保证会计记录前后衔接，内容完整。

（五）单位内部会计档案管理制度

会计档案是国家档案的重要组成部分。建立会计档案可以防止资料毁损、散失和泄露，有利于会计资料有序存放，方便查阅，对于总结、分析过去的工作，研究经济活动发展规律，制定经济发展规划都具有重要意义。2015年12月，财政部和国家档案局发布修订后的《会计档案管理办法》，以加强会计档案管理，有效保护和利用会计档案。

会计档案是指单位在进行会计核算等过程中接收或形成的，记录和反映单位经济业务事项的，具有保存价值的文字、图表等各种形式的会计资料，包括通过计算机等电子设备形成、传输和存储的电子会计档案。

单位应当加强会计档案管理工作，建立和完善会计档案的收集、整理、保管、利用和鉴定销毁等管理制度，采取可靠的安全防护技术和措施，保证会计档案的真实、完整、可用、安全。

四、单位内部的会计工作管理与内部控制

单位内部的会计工作管理属于内部控制。内部控制是现代企业、事业单位在对经济活动进行管理时所采用的一种管理手段，是企事业单位有效的管理体系中不可缺少的组成部分。

（一）内部控制的意义

内部控制是为实现经营管理目标、组织内部经营活动而建立的各职能部门之间对业务活动进行组织、制约、考核和调节的方法、程序和措施。

在社会化大生产中，内部控制作为企业生产经营活动的自我调节和自我制约的内在机制，处于企业中枢神经系统的重要位置。企业规模越大，其重要性越显著。可以说，内部控制健全与否是单位经营成败的关键。具体而言，企业内部控制主要有以下几方面的作用：

（1）保证会计信息的真实性和准确性。健全的内部控制可以保证会计信息的采集、归类、记录和汇总过程规范有序，从而真实地反映企业的生产经营活动的实际情况，并及时发现和纠正各种错误，从而保证会计信息的真实性和准确性。

（2）有效地防范企业经营风险。在企业的生产经营活动中，企业要达到生存发展的目标，就必须对各类风险进行有效的预防和控制。内部控制作为企业管理的中枢环节，是防范企业风险最为行之有效的一种手段。它通过对企业风险的有效评估，不断加强对企业经营薄弱环节的控制，把企业的各种风险消灭在萌芽之中，是企业风险防范的一种最佳方法。

（3）维护财产和资源的安全完整。健全、完善的内部控制能够科学有效地监督和制约财产物资的采购、计量、验收等各个环节，从而确保财产物资的安全完整，并能有效地纠正各种损失浪费现象。

（4）促进企业的有效经营。健全、有效的内部控制，可以利用会计、统计、业务等各部门的制度规定及有关报告，把企业的生产、营销、财务等各部门及其工作结合在一起，从而使各部门密切配合，充分发挥整体的作用，以顺利达到企业的经营目标。同时，健全、有效的内部控制以及严密的监督与考核，能真实地反映工作实绩，再配合合理的奖惩制度，便能激发员工的工作热情及潜能，从而促进整个企业经营效率的提高。

（二）内部控制理论的发展历程

对内部控制的认识经历了一个逐渐发展的过程。内部控制的最初形式是内部牵制。内部牵制以账目间的相互核对为主要内容，并实行岗位分离。内部牵制机制在减少错误和舞弊行为上起到了十分重要的作用。随着经济的发展和企业组织规模的扩大，内部牵制已经越来越不能适应大型企业的需要，因此对内部控制的研究也越发深入。

（三）我国内部控制理论的发展和应用

1.内部会计控制规范

为了引导企业进一步加强内部控制，财政部制定发布了《内部会计控制规范——基本规范》等内部会计控制规范；审计署、国资委、证监会、银保监会以及上海、深圳证券交易所等也从不同角度对加强内部控制提出了明确要求。

（1）内部会计控制的含义

内部会计控制是指企业为了提高会计信息质量，保护资产的安全、完整，确保有关法律法规和规章制度的贯彻执行等，制定并在单位内部实施的一系列会计控制方法、措施和程序。

内部会计控制实际上是内部控制理论在会计中的具体应用。会计制度中规定的各种会计方法和程序本身就具有内部控制的功能，以保证会计信息的质量。

（2）内部会计控制的常用方法

①不相容职务相互分离控制。

根据内部控制的要求，单位在确定和完善组织结构的过程中，应当遵循不相容职务相互分离的原则，合理设计会计及相关工作岗位，明确职责权限，形成相互制衡机制。应当加以分离的不相容职务主要包括授权批准与业务经办相分离、业务经办与会计记录相分离、会计记录与财产保管相分离、业务经办与稽核检查相分离、授权批准与监督检查相分离等。

②授权批准控制。

授权批准控制是指单位在办理各项经济业务时，必须经过规定程序的授权批准。这种控制方法要求单位明确涉及会计及相关工作的授权批准的范围、权限、程序、责任等内容，单位内部的各级管理层必须在授权范围内行使职权并承担责任，经办人员也必须在授权范围内办理业务。

③会计系统控制。

会计系统控制要求单位在实际工作中，严格遵照会计制度要求，从会计人员岗位责任制开始，对会计人员进行科学分工，使之相互分离和制约；对会计凭证进行编号，防止经济业务的遗漏、重复，并可根据连续编号的凭证是否缺号，揭示某些弊端和问题；记账方式要采取复式记账，并进行科学的凭证传递程序。这种方法要求对每种经济业务的处理程序和手续制定标准化模式，从而形成各环节之间步步核查、环环监督的格局，以便及时发现差错和弊端，加以处理。

④预算控制。

预算控制又称全面预算控制，是内部控制的一种重要方法，其内容可以涵盖单位经营活动的全过程，包括筹资、融资、采购、生产、销售、投资、管理等诸多方面。通过预算的编制和检查预算的执行情况，比较分析内部各单位未完成预算的原因，并对未完成预算的不良后果采取改进措施，确保各项预算的严格执行。

⑤财产保全控制。

广义的财产保全控制可以包括对实物的采购、保管、发货及销售等各个环节进行控制。狭义的财产保全控制主要包括接近控制、定期盘点控制等。

⑥风险控制。

风险一般是指某一行动的结果具有变动性。风险控制就是尽可能地防止和避免出现不利的结果。风险分为来自生产经营方面的经营风险和举债带来的财务风险。按其形成的原因不同，风险一般可分为经营风险和财务风险两类。

⑦内部报告控制。

内部报告控制要求单位建立会计的内部报告制度，完善内部管理报告体系，全面反映经济活动情况，及时提供业务活动中的重要信息，增强内部管理的时效性和针对性。内部报告应反映部门经营责任，符合例外管理的要求，报告形式和内容简明易懂，并要统筹规划，避免重复。内部报告要根据管理层次设计报告频率和内容详略。

⑧电子信息技术控制。

电子信息技术控制的内容包括两个方面：第一，实现内部控制手段的电子信息化，尽可能地减少和消除人为操纵的因素，变人工管理、人工控制为计算机、网络管理和控制。第二，实现对电子信息系统的控制。既要加强对系统开发、维护人员的控制，又要加强对数据、文字输入、输出、保存等有关人员的控制，保障电子信息系统及网络的安全，确保内部会计控制的有效实施。

2.企业内部控制规范及配套指引

2008年6月28日，我国第一部《企业内部控制基本规范》发布。该基本规范于2009年7月1日起首先在上市公司范围内施行，并鼓励非上市的其他大中型企业执行。基本规范共七章五十条，包括总则、内部环境、风险评估、控制活动、信息与沟通、内部监督和附则。此次基本规范的印发，标志着中国企业内部控制规范体系建设取得重大突破，体现了我国内部控制理论研究的最新成果。

内部控制规范的主要内容包括：

（1）企业建立与实施有效的内部控制，应当包括下列要素：

①内部环境。内部环境是企业实施内部控制的基础，一般包括治理结构、机构设置及权责分配、内部审计、人力资源政策、企业文化等。

②风险评估。风险评估是企业及时识别、系统分析经营活动中与实现内部控制目标相关的风险，合理确定风险应对策略。

③控制活动。控制活动是企业根据风险评估结果，采用相应的控制措施，将风险控制在可承受度之内。

④信息与沟通。信息与沟通是企业及时、准确地收集、传递与内部控制相关的信息，确保信息在企业内部、企业外部之间进行有效沟通。

⑤内部监督。内部监督是企业对内部控制建立与实施情况进行监督检查，评价内部控制的有效性，发现内部控制缺陷应当及时加以改进。

（2）企业应当结合风险评估结果，通过手工控制与自动控制、预防性控制与发现性控制相结合的方法，运用相应的控制措施，将风险控制在可承受度之内。

①不相容职务分离控制要求企业全面系统地分析、梳理业务流程中所涉及的不相容职务，实施相应的分离措施，形成各司其职、各负其责、相互制约的工作机制。

②授权审批控制要求企业根据常规授权和特别授权的规定，明确各岗位办理业务和事项的权限范围、审批程序和相应责任。

企业应当编制常规授权的权限指引，规范特别授权的范围、权限、程序和责任，严格控制特别授权。常规授权是指企业在日常经营管理活动中按照既定的职责和程序进行的授权。特别授权是指企业在特殊情况、特定条件下进行的授权。

③会计系统控制要求企业严格执行国家统一的会计准则制度，加强会计基础工作，明确会计凭证、会计账簿和财务会计报告的处理程序，保证会计资料真实完整。

企业应当依法设置会计机构，配备会计从业人员。从事会计工作的人员应当具备从事会计工作所需要的专业能力。会计机构负责人应当具备会计师以上专业技术职务资格或者从事会计工作三年以上经历。国有的和国有资产占控股地位或者主导地位的大、中型企业必须设置总会计师。总会计师的任职资格、任免程序、职责权限由国务院规定。

④财产保护控制要求企业建立财产日常管理制度和定期清查制度，采取财产记录、实物保管、定期盘点、账实核对等措施，确保财产安全。

⑤预算控制要求企业实施全面预算管理制度，明确各责任单位在预算管理中的职责权限，规范预算的编制、审定、下达和执行程序，强化预算约束。

⑥运营分析控制要求企业建立运营情况分析制度，经理层应当综合运用生产、购销、投资、筹资、财务等方面的信息，通过因素分析、对比分析、趋势分析等方法，定期开展运营情况分析，发现存在的问题，及时查明原因并加以改进。

⑦绩效考评控制要求企业建立和实施绩效考评制度，科学设置考核指标体系，对企业内部各责任单位和全体员工的业绩进行定期考核和客观评价，将考评结果作为确定员工薪酬以及职务晋升、评优、降级、调岗、辞退等的依据。

（3）企业应当制定内部控制监督制度，明确内部审计机构（或经授权的其他监督机构）和其他内部机构在内部监督中的职责权限，规范内部监督的程序、方法和要求。

（4）企业应当结合内部监督情况，定期对内部控制的有效性进行自我评价，出具内部控制自我评价报告。内部控制自我评价的方式、范围、程序和频率，由企业根据经营业务调整、经营环境变化、业务发展状况、实际风险水平等自行确定。

2010年4月26日，财政部等五部委又联合发布了企业内部控制配套指引（以下简称“配套指引”），包括18项应用指引、1项评价指引和1项审计指引，为企业实施内部控制规范体系提供了具体的操作指南。配套指引自2011年1月1日起首先在境内外同时上市的公司施行，自2012年1月1日起扩大到在上海证券交易所、深圳证券交易所主板上市公司施行。

为统一规范内部控制评价信息的披露，2014年1月3日，证监会联合财政部发布了《公开发行证券的公司信息披露编报规则第21号——年度内部控制评价报告的一般规定》（中国证券监督管理委员会公告〔2014〕1号），对纳入实施范围的上市公司披露的内部控制评价报告提出了具体的要求。

2021年4月8日，财政部、证监会发布深交所主板与中小板合并后原中小板上市公司实施企业内部控制规范体系的通知。原中小板上市公司应当于2022年1月1日起全面实施企业内部控制规范体系，并在披露2022年公司年报的同时，披露公司内部控制评价报告以及财务报告内部控制审计报告。自通知发布之日起至2021年12月31日为过渡期。过渡期内原中小板上市公司应当按照深交所的有关规定，披露内部控制相关的信息。鼓励原中小板上市公司在自愿的基础上提前执行企业内部控制规范体系的披露要求。

3. 行政事业单位内部控制规范

2012年11月29日，财政部以财会〔2012〕21号印发《行政事业单位内部控制规范（试行）》。该《规范》分总则、风险评估和控制方法、单位层面内部控制、业务层面内部控制、评价与监督、附则共6章65条，自2014年1月1日起施行。

2017年1月25日，财政部以财会〔2017〕1号印发《行政事业单位内部控制报告管理制度（试行）》，自2017年3月1日起施行。

4. 小企业内部控制规范

《小企业内部控制规范（试行）》（财会〔2017〕21号）是为了指导小企业建立和有效实施内部控制，提高经营管理水平和风险防范能力，促进小企业健康可持续发展，根据《中华人民共和国会计法》《中华人民共和国公司法》等法律法规及《企业内部控制基本规范》制定的。2017年6月29日，由财政部发布，自2018年1月1日起施行。

（四）内部审计与内部控制

1. 内部审计是对会计的控制和再监督

内部审计是指由被审计单位内部机构或人员，对其内部控制的有效性、财务信息的真实性和完整性以及经营活动的效率和效果等开展的一种评价活动。内部审计是“外部审计”的对应称呼，是与独立审计、政府审计并列的三种审计类型之一。

在一个组织内部，内部审计对各种经营活动与控制系统进行独立评价，以确定既定政策是否得以贯彻，建立的标准是否得以遵循，资源的利用是否合理有效，以及单位的目标是否达到。内部审计在我国审计组织体系中起着以国家审计为主导、以内部审计为基础的重要作用，支撑着企业的审计工作。内部审计的本质在于，作为企业管理部门的组成部分，对企业管理手段妥善与否、有无弊端以及是否经济有效，进行经常性的检查、分析和评价。由于内部审计在本单位领导下进行，其独立性表现稍弱，但具有及时性、连续性、针对性、预防性等特点。

2. 内部审计属于内部控制

对会计资料进行内部审计，既是内部控制的一个组成部分，又是内部控制的一种特殊形式。内部审计对会计资料的监督、审查，不仅是内部控制的有效手段，而且是保证会计资料真实、完整的重要措施。内部审计的内容十分广泛，一般包括财务审计、经营审计和管理审计。

我国的内部控制研究是随着审计事业的发展而发展起来的。内部审计通过对内部控制进行测试，可以评价企业内部控制制度的健全性、遵循性和有效性，能针对内部控制中的薄弱环节及时提出相应改进建议，促使企业以合理的成本促进有效控制，达到改善企业内部经营状况的目的。

二维码11-2

会计工作管理

案例十一评析

鸿达公司在会计工作组织中存在的问题分析如下：

（1）分析：内部审计岗位不属于会计岗位，王某不需要取得会计专业技术资格。

（2）分析：李某同时负责收入账目的登记工作和会计档案保管，不符合设置会计工作岗位的不相容职务分离原则，不能满足内部控制的要求。

（3）分析：该公司的做法不符合规定，赵某与范某属于直系亲属关系，赵某不能担任会计机构负责人。

（4）分析：该公司的做法不符合规定，对于账实不符的情况，按照国家统一的会计制度的规定：会计机构、会计人员有权自行处理的，应当及时处理；无权处理的，应当立即向单位负责人报告，请求查明原因，做出处理。

练习题

一、名词解释

内部控制　内部牵制　会计岗位　内部审计

二、简答题

1. 会计工作组织的具体内容有哪些？

2. 宏观会计工作管理体制具体包括什么内容？

3. 企业实施内部控制的措施主要有哪些？

三、业务题

资料一：

M企业发生有关事项如下：

（1）2021年5月，会计刘某临时离职。因刘某当时正生病住院，无法到场办理会计工作交接手续，经会计机构负责人批准，委托会计人员杨某代办交接手续。

（2）交接之后，由于财务部门人手紧张，会计杨某兼任稽核和固定资产账目登记。

（3）2018年6月，会计机构负责人林某因提供虚假财务会计报告被依法追究刑事责任。2021年1月，林某在当地另一家国有企业再就业，重新从事会计工作。

（4）张某于2018年9月开始从事会计工作，2021年10月开始担任该企业会计机构负责人，但尚未取得会计师专业技术职务资格。

根据以上情况，请回答下列问题：

【单选】（1）针对事项（1），下列说法中正确的是（　　）。

A.刘某的做法正确

B.刘某的做法不正确，必须亲自办理交接

C.刘某可以委托他人代办交接手续，但应经单位负责人批准

D.刘某可以委托他人代办交接手续，但应经单位审计机构负责人批准

【单选】（2）针对事项（2），下列说法中正确的是（　　）。

A.作为会计的杨某既不能兼任稽核，又不能兼任固定资产账目登记

B.作为会计的杨某不能兼任稽核，但可以兼任固定资产账目登记

C.作为会计的杨某可以兼任稽核，但不能兼任固定资产账目登记

D.作为会计的杨某可以兼任稽核和固定资产账目登记

【多选】（3）根据《会计法》的规定，针对事项（3），下列说法中正确的有（　　）。

A.截至2021年1月，林某被依法追究刑事责任尚未满5年，不得重新从事会计工作

B.林某可以重新从事会计工作

C.因有提供虚假财务会计报告，做假账，隐匿或者故意销毁会计凭证、会计账簿、财务会计报告，贪污，挪用公款，职务侵占等与会计职务有关的违法行为被依法追究刑事责任的人员，不得再从事会计工作

D.伪造、变造会计凭证、会计账簿，编制虚假财务会计报告，构成犯罪的，依法追究刑事责任。有前款行为，尚不构成犯罪的，由县级以上人民政府财政部门予以通报，可以对单位并处5 000元以上100 000元以下的罚款；对其直接负责的主管人员和其他直接责任人员，可以处3 000元以上50 000元以下的罚款；属于国家工作人员的，还应当由其所在单位或者有关单位依法给予撤职直至开除的行政处分；其中的会计人员，五年内不得从事会计工作

【多选】（4）针对事项（4），下列说法中正确的有（　　）。

A.张某可以担任M企业的会计机构负责人

B.张某不可以担任M企业的会计机构负责人

C.根据《会计法》规定，担任单位会计机构负责人（会计主管人员）的，应当具备会计师以上专业技术职务资格或者从事会计工作3年以上经历

D.属于任用会计人员不符合《会计法》规定的行为，由县级以上人民政府财政部门责令限期改正，可以对单位并处3 000元以上50 000元以下的罚款；对其直接负责的主管人员和其他直接责任人员，可以处2 000元以上20 000元以下的罚款；属于国家工作人员的，还应当由其所在单位或者有关单位依法给予行政处分

资料二：

某上市公司的董事长张平（单位负责人）为粉饰公司的业绩，授意公司的副总经理刘东、财务负责人李军采取虚提返利、推迟财务费用列账等手段，虚增利润3 000多万元。造成极坏的社会影响。

事发后，该公司的董事长以“会计工作应当由会计机构负责人李军承担责任、自己不懂会计”为由推脱责任；他辩解说：“我没在财务会计报告上签章，这事我不清楚，我不承担责任。我已经全权委托给了公司主管财务工作的副总经理刘东，应当由他来承担责任。”

根据上述资料，请指出当事人存在何种违法行为，并说明理由。

二维码11-3

练习题
参考答案

主要参考文献

［1］中华人民共和国财政部．企业会计准则（2024版）［M］．上海：立信会计出版社，2024．

［2］财政部会计司编写组．企业会计准则应用指南汇编2024［M］．北京：中国财政经济出版社，2024．

［3］企业会计准则编审委员会．企业会计准则详解与实务［M］．北京：人民邮电出版社，2024．

［4］中国证券监督管理委员会会计司．上市公司执行企业会计准则案例解析（2024）［M］．北京：中国财政经济出版社，2024．

［5］财政部会计财务评价中心．初级会计实务［M］．北京：经济科学出版社，2024．

［6］徐经长，孙蔓莉，周华．会计学［M］．7版．北京：中国人民大学出版社，2023．

［7］张志康．会计学原理［M］．5版．大连：东北财经大学出版社，2023．

［8］施先旺，龚翔．会计学原理［M］．2版．大连：东北财经大学出版社，2021．

附录1　专业授课学时计划表

项目	建议学时
第一章　总　论	4学时
第二章　会计要素	6学时
第三章　复式记账	4学时
第四章　制造业企业生产经营过程核算	8学时
第五章　会计凭证	4学时
第六章　会计账簿	4学时
第七章　财产清查	2学时
第八章　资产计价	4学时
第九章　财务会计报告	8学时
第十章　账务处理程序	2学时
第十一章　会计工作组织	2学时
合计	48学时

附录2　课程思政要点归纳表

章节标题	教学内容		
	专业知识点	思政切入点	党的二十大精神
第一章 总论	①会计及其产生和发展 ②会计规范体系	①诚实守信职业道德 ②依法依规进行经济活动	①历史自信和文化自信
第二章 会计要素	①会计六要素 ②会计等式	①资源合理配置 ②勤俭节约	①数字中国建设
第三章 复式记账	①复式记账思想 ②借贷记账法	①中国复式记账 ②倡导与时俱进	①遏制腐败行为
第四章 制造业企业生产经营过程核算	①企业经营业务 ②会计核算方法	①实事求是 ②企业的社会责任	①绿色发展理念
第五章 会计凭证	①会计凭证的填制 ②会计凭证的审核	①公平公正价值观 ②认真负责的工作态度	①环保节约意识
第六章 会计账簿	①会计账簿的种类 ②会计账簿的登记	①团队协作精神 ②增强责任意识	①大局意识和整体意识
第七章 财产清查	①财产清查的方法 ②财产清查的会计处理	①物尽其用 ②权责分明	①高质量发展 ②产权保护
第八章 资产计价	①资产计量属性 ②资产价值披露	①多角度认识问题 ②坚持底线思维	①求真务实精神 ②全面性和系统性原则
第九章 财务会计报告	①财务报表概述 ②报表编制方法	①诚实守信 ②严谨细致	①建设创新型国家
第十章 账务处理程序	①手工账务处理 ②大智移云下的会计发展	①树立创新意识 ②与时俱进、终身学习	①坚持系统观
第十一章 会计工作组织	①会计机构和会计人员 ②会计工作组织原则	①树立职业道德意识 ②加强内部控制实施	①弘扬诚信意识